UNE ENCYCLOPÉDIE SUCCINCTE DE L'ISLAM POUR ENFANTS

Le présent ouvrage est un humble effort pour mettre à disposition des lecteurs musulmans francophones, notamment les enfants, un nombre d'enseignements et de concepts islamiques fondamentaux.

Supervised by:
Abdul Malik Mujahid

© **Maktaba Dar-us-Salam, 2007**
King Fahd National Library Catalog-in-Publication Data
Ibn Razzuq , Al-Arabi
Lencyclopedia succincte de Islam pour enfants.
Al-Arabi Ibn Razzuq - Riyadh , 2008
254p ; 29cm
ISBN: 978-9960-59-603-7 1-Islam - Encyclopedia 1-Title
210.34 dc 1429/1017
L.D. no. 1429/1017 **ISBN: 978-9960-59-603-7**

Darussalam Contacts

HEAD OFFICE
P.O. Box: 22743, Riyadh 11416 K.S.A.Tel: 0096 -1-4033962/4043432 Fax: 4021659
E-mail: darussalam@awalnet.net.sa, riyadh@dar-us-salam.com Website: www.dar-us-salam.com

K.S.A. Darussalam Showrooms:
Riyadh
Olaya branch: Tel 00966-1-4614483 Fax: 4644945
Malaz branch: Tel 00966-1-4735220 Fax: 4735221
Suwailam branch: Tel & Fax-1-2860422

- **Jeddah**
  Tel: 00966-2-6879254 Fax: 6336270
- **Madinah**
  Tel: 00966-503417155 Fax: 04-8151121
- **Al-Khobar**
  Tel: 00966-3-8692900 Fax: 8691551
- **Khamis Mushayt**
  Tel & Fax: 00966-072207055
- **Yanbu Al-Bahr** Tel: 0500887341 Fax: 04-3908027
- **Al-Buraida** Tel: 0503417156 Fax: 063696124

U.A.E
- **Darussalam, Sharjah U.A.E**
  Tel: 00971-6-5632623 Fax: 5632624
  Sharjah@dar-us-salam.com.

PAKISTAN
- **Darussalam,** 36 B Lower Mall, Lahore
  Tel: 0092-42-724 0024 Fax: 7354072
- **Rahman Market, Ghazni Street,**Urdu Bazar Lahore
  Tel: 0092-42-7120054 Fax: 7320703
- **Karachi,** Tel: 0092-21-4393936 Fax: 4393937
- **Islamabad,** Tel: 0092-51-2500237 Fax: 512281513

U.S.A
- **Darussalam, Houston**
  P.O Box: 79194 Tx 77279
  Tel: 001-713-722 0419 Fax: 001-713-722 0431
  E-mail: houston @dar-us-salam.com
- **Darussalam, New York** 486 Atlantic Ave, Brooklyn
  New York-11217, Tel: 001-718-625 5925
  Fax: 718-625 1511
  E-mail: darussalamny@hotmail.com

U.K
- **Darussalam International Publications Ltd.**
  Leyton Business Centre
  Unit-17, Etloe Road, Leyton, London, E10 7BT
  Tel: 0044 20 8539 4885 Fax:0044 20 8539 4889
  Website: www.darussalam.com
  Email: info@darussalam.com
- **Darussalam International Publications Limited**
  Regents Park Mosque, 146 Park Road
  London NW8 7RG Tel: 0044- 207 725 2246
  Fax: 0044 20 8539 4889

AUSTRALIA
- **Darussalam:** 153, Haldon St, Lakemba (Sydney)
  NSW 2195, Australia
  Tel: 0061-2-97407188 Fax: 0061-2-97407199
  Mobile: 0061-414580813 Res: 0061-2-97580190
  Email: abumuaaz@hotamail.com

CANADA
- Islmic Books Service
  2200 South Sheridan way Mississauga,
  Ontario Canada L5K 2C8
  Tel: 001-905-403-8406 Ext. 218 Fax: 905-8409

HONG KONG
- **Peacetech**
  A2, 4/F Tsim Sha Mansion
  83-87 Nathan Road Tsimbatsui
  Kowloon, Hong Kong
  Tel: 00852 2369 2722 Fax: 00852-23692944
  Mobile: 00852 97123624

MALAYSIA
- **Darussalam International Publication Ltd.**
  No.109A, Jalan SS 21/1A, Damansara Utama,
  47400, Petaling Jaya, Selangor, Darul Ehsan, Malaysia
  Tel: 00603 7710 9750 Fax: 7710 0749
  E-mail: darussalm@streamyx.com

FRANCE
- **Editions & Librairie Essalam**
  135, Bd de Ménilmontant- 75011 Paris
  Tél: 0033-01- 43 38 19 56/ 44 83
  Fax: 0033-01- 43 57 44 31
  E-mail: essalam@essalam com.

SINGAPORE
- Muslim Converts Association of Singapore
  32 Onan Road The Galaxy
  Singapore- 424484
  Tel: 0065-440 6924, 348 8344 Fax: 440 6724

SRI LANKA
- Darul Kitab 6, Nimal Road, Colombo-4
  Tel: 0094 115 358712 Fax: 115-358713

INDIA
- Islamic Books International
  54, Tandel Street (North)
  Dongri, Mumbai 4000 09,
  Tel: 0091-22-2373 4180, Fax: 0091-22-2373 0689
  E-mail: sales@irf.net

SOUTH AFRICA
- Islamic Da`wah Movement (IDM)
  48009 Qualbert 4078 Durban,South Africa
  Tel: 0027-31-304-6883 Fax: 0027-31-305-1292
  E-mail: idm@ion.co.za

Table des matières

Table des matières

Table des matières

Table des matières

Introduction

Au nom d'Allah, Le Tout Miséricordieux, Le Très Miséricordieux

La louange toute entière appartient à Allah. Nous Le louons et recherchons Son aide et Son pardon. Nous cherchons refuge auprès d'Allah contre le mal de nos personnes et de nos viles œuvres. Quiconque Allah guide, il n'y a personne pour l'égarer. Quiconque Allah égare, il n'y a personne pour le guider. Je témoigne qu'il n'y a nulle divinité, digne d'adoration, excepté Allah et je témoigne que Muhammad est Son serviteur et Messager. Que la paix et la bénédiction d'Allah soient sur notre Prophète Muhammad, sa bonne et pure famille ainsi que sur l'ensemble des nobles compagnons et ceux qui les suivent en toute vertu jusqu'au Jour de la Rétribution.

Le présent ouvrage est un humble effort visant à mettre à la disposition des enfants musulmans francophones un nombre d'enseignements et de concepts islamiques de base. Principalement, il vise des enfants de dix ans, et plus, présentant des sujets classés par ordre alphabétique simple d'accès. Il couvre aussi une large gamme de sujets et de contenus référencés afin d'attirer l'attention sur les sujets relatés.

Etant donné que certains de ces enseignements et concepts islamiques ont été oubliés par nombre de musulmans et étant donné aussi que certains d'entre eux ont été mal définis ou faussement interprétés, soit délibérément soit par ignorance, par certains non musulmans, un effort a été accompli, ici, afin de les présenter clairement et sous leur vrai jour.

Les définitions ne couvrent pas seulement une large gamme de concepts tels que le monothéisme (*tawhîd*), le repentir (*tawbah*), le polythéisme (*chirk*), la foi (*imân*), la vertu (*ihsân*) mais elles incluent aussi des Prophètes et Messagers d'Allah célèbres, que la paix d'Allah soit sur eux tous. Elles expliquent les significations de certains évènements importants comme 'Achoura [le 10ème jour du mois de Muharram] et le 'Id. Elles expliquent les bénéfices de l'observation de certaines pratiques. Enfin, elles donnent une brève biographie des quatre califes bien guidés qui ont contribué à ce que la nouvelle foi prenne forme.

Bien que ce présent guide de référence soit destiné, spécifiquement, aux enfants musulmans, les lecteurs et étudiants de tout âge, et de foi différente, qui souhaiteraient mieux connaître cette religion [l'Islam], religion qui à le taux d'expansion le plus rapide au monde, trouveront certainement cette encyclopédie enrichissante et richement informative.

Les explications fournies et l'outil de référence proviennent en majeure partie du Coran et de la Tradition authentique du Prophète (ﷺ). Lorsque la référence concerne une sourate du Coran, le nom de la sourate est mentionné suivi de son numéro puis du numéro du verset. Ainsi, (Sourate : Marie, 19 :11) signifie le onzième verset de la dix-neuvième sourate du Coran qui est la sourate Marie.

Lorsque la référence est un hadith, dans la majeure partie des cas, il est suivi par le narrateur qui le rapporte, avec parfois son degré s'il n'est pas rapporté par Boukhârî ou Mouslim.

Pour compiler ce présent ouvrage, un nombre conséquent de livres et de sites web ont été consultés. Une partie d'entre eux est aussi le produit de la traduction de nombreux textes fournis par notre frère 'Abdoul Mâlik Moujahid, directeur de Daroussalam. Une liste des livres et des sites web consultés est à la fin de cette encyclopédie.

Nous demandons à Allah (سبحانه وتعالى) la réussite et l'acceptation de cet humble effort, uniquement accompli pour Son visage. Qu'Il fasse que cette encyclopédie constitue un véritable bénéfice pour tous ceux qui la lisent, sachant que ce qui compte réellement, finalement, est l'acceptation d'Allah. Et la réussite est auprès d'Allah.

{Je ne veux que la réforme, selon ma capacité. Ma réussite ne dépend que d'Allah. En Lui je place ma confiance et vers Lui je retourne.} (Sourate: Houd, 11 :88).

{Notre seigneur, nous plaçons notre confiance en Toi, nous revenons à Toi et le retour est vers Toi.} (Sourate: L'éprouvée, 60:4}.

Auteur: Al-Arabee Ben Razzouq
Jumaadaa ath-Thaaniyah, 1428 AH/Juillet 2007

Traducteur: 'Issa Petit
Jumaadaa ath-Thaaniyah, 1429 AH/Juin 2008

Définitions usuelles:

Ce qui suit est la translittération de certaines expressions arabes qui sont contenues dans cette encyclopédie. Leurs significations en français sont les suivantes:

(سبحانه وتعالى) : *« Soubhânahou wa ta'âlâ »*, c'est-à-dire: qu'Allah soit glorifié et exalté. Généralement, cette expression est dite après la mention du nom d'Allah, Le Tout-Puissant. Il y a aussi une autre expression qui est: (عز وجل) : " 'Azza wa Jalla", c'est-à-dire : qu'Allah soit glorifié et munifié.

(صلى الله عليه وسلم): *« Salla Allah 'alayhi wa sallam »*, c'est-à-dire : que la paix et la bénédiction d'Allah soient sur lui. Cette expression est communément dite lorsque le nom du prophète Muhammad (صلى الله عليه وسلم) est mentionné.

(عليه السلام): *« 'alayhi as-salâm »*, c'est-à-dire : que la paix soit sur lui. Cette formule est généralement dite après les noms de prophète tel Moïse (عليه السلام) [Moussâ] ou d'ange comme Gabriel (عليه السلام) [Jibrîl].
Elle est aussi employée après la mention de certaines personnes pieuses mentionnées dans le Coran comme al-Khadir dont l'histoire est dans la sourate « La caverne » du verset 65 au verset 82.

(عليها السلام): *« 'Alayha as-salâm »*, c'est-à-dire : que la paix soit sur elle. Cette expression est dite après les noms de certaines femmes pieuses mentionnées dans le Coran comme Marie (عليها السلام) [Maryam], la mère du prophète Jésus (عليه السلام) [*'Issâ*].

(رضي الله عنه) : *« Radiya Allah 'anhou »*, c'est-à-dire : qu'Allah soit satisfait de lui. Cette formule est généralement utilisée pour un compagnon du Prophète (صلى الله عليه وسلم) comme Ibn 'Abbâs (رضي الله عنه) ou Abû Hurayra (رضي الله عنه).

(رضي الله عنها) : *« Radiya Allah 'anhâ »*, c'est-à-dire: qu'Allah soit satisfait d'elle. Cette expression est généralement utilisée pour une "femme-compagnon" du Prophète comme ses femmes Khadîja ou 'Aicha.

« Chaykh al Islam », c’est-à-dire: le Chaykh de l’Islam. Ce titre honorifique précède le nom de certains savants, plus particulièrement ceux qui ont atteint à travers leurs décrets religieux une certaine renommée ou l’approbation d’un large nombre de juristes musulmans. Ibn Taymiyya est l’exemple du savant érudit.

« Ibn », c'est-à-dire : fils de. C’est un titre de respect. Par exemple, ‘Umar ibn Al-Khattab signifie ‘Umar le fils d’Al-Khattab.

« Bint », c'est-à-dire : fille de. C’est un titre de respect. Par exemple, Hafsah bint ‘Umar signifie Hafsah la fille de ‘Umar.

« Abou », c’est-à-dire: père de. C’est un titre de respect. Par exemple, Abou Hourayra (رضي الله عنه) signifie le père de la petite chatte.

« Oumm », c’est-à-dire: mère de. C’est un titre de respect. Par exemple, Oumm Kalthoum signifie la mère de Kalthoum

Ablution [al Woudou']

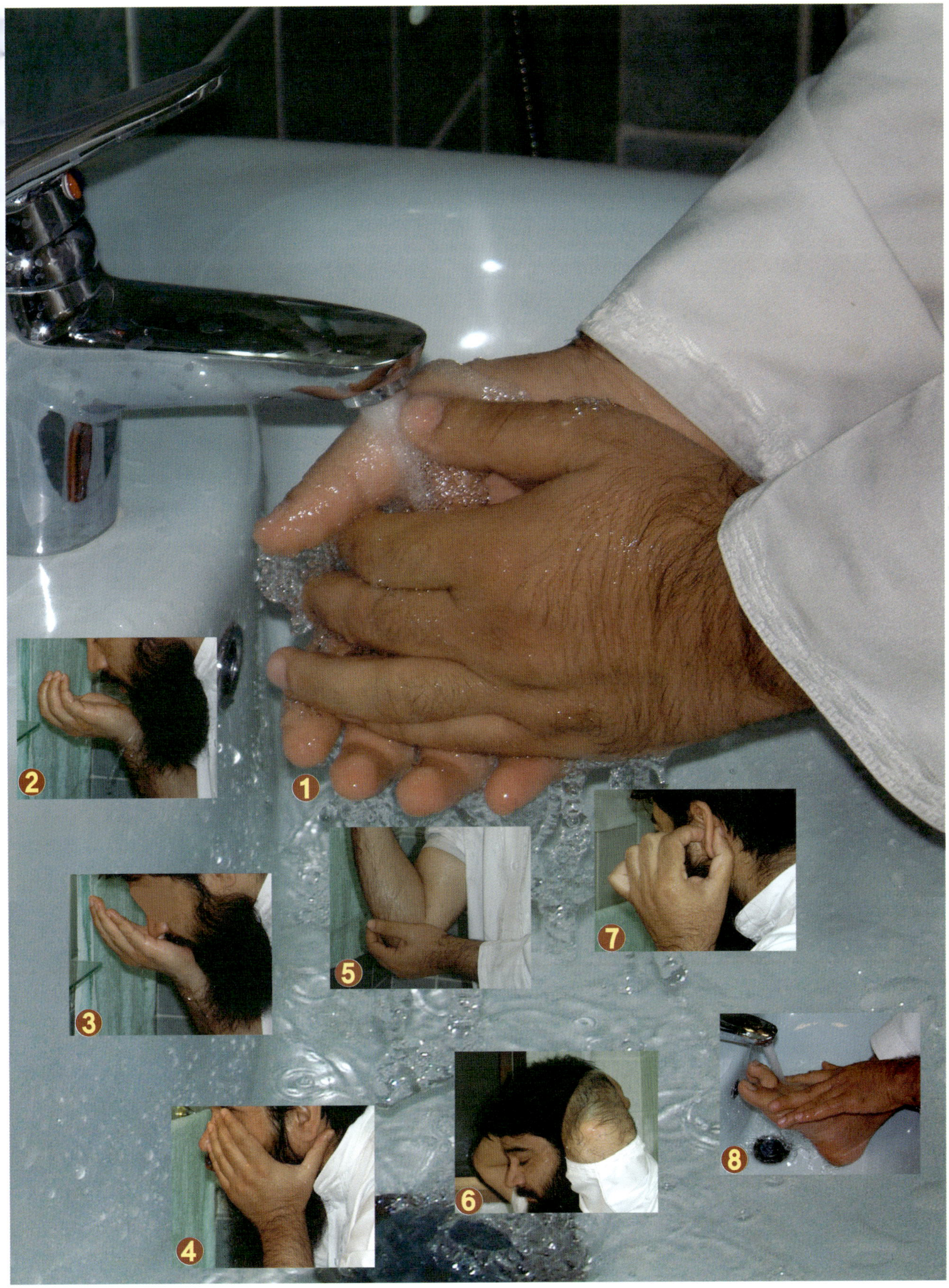

Ablution [al Woudou']

L'ablution consiste à laver certaines parties du corps spécifiées dans le Coran et la Sounnah du Prophète (ﷺ).

Allah a dit : {Ô vous qui avez cru ! Lorsque vous vous levez pour accomplir la prière, lavez vos visages et vos bras jusqu'aux coudes puis essuyez vos cheveux et [lavez] vos pieds jusqu'aux chevilles.}. (Sourate : La table servie, 5:6).

La prière sans ablution est considérée comme invalide.

Le Prophète (ﷺ) a dit : *« Allah n'accepte pas la prière de celui ayant perdu ses ablutions jusqu'à ce qu'il les refasse. »* (Rapporté par Boukhârî et Mouslim).

L'ablution est accomplie, normalement, avec de l'eau. En premier, le musulman réunit son intention, de manière silencieuse, puis il commence en disant : « Au nom d'Allah » (*bismillah*). Ensuite, il effectue son ablution de la manière suivante:

1- Se laver les mains, jusqu'aux poignets, trois fois.

2- Se rincer la bouche trois fois : prendre de l'eau, gargariser et la recracher.

3- Se rincer le nez trois fois : prendre de l'eau dans la main droite, aspirer par le nez et la faire ressortir par la main gauche.

4- Se laver le visage trois fois: du milieu aux extrémités, du menton au front, et jusqu'aux oreilles.

5- Laver trois fois le bras droit jusqu'au coude, en incluant la main. Ensuite, laver le bras gauche de la même manière.

6- Passer les mains mouillées sur les cheveux, une fois seulement, en partant du front jusqu'à la nuque puis revenir en sens inverse.

7- Essuyer l'intérieur des oreilles avec les index encore mouillés puis essuyer l'extérieur des oreilles avec les pouces [en un seul mouvement ininterrompu].

L'eau utilisée pour les actions 6 et 7 est la même. En effet, les oreilles font partie de la tête.

8- Se laver trois fois les pieds jusqu'aux chevilles en commençant par le pied droit puis le pied gauche. Et sans oublier de passer avec son petit doigt gauche entre ses orteils.

L'ablution reste valide aussi longtemps que la personne ne l'annule pas. Les choses pouvant annuler l'ablution sont : uriner, aller à la selle, avoir un gaz, manger de la viande de chameau ou dormir profondément.

L'ablution a de nombreuses vertus. Le Prophète (ﷺ) a mentionné que l'ablution efface les péchés et élève les degrés au Paradis. Une fois, il (ﷺ) a même dit que les péchés de la personne quittaient chaque partie de son corps au cours de l'ablution.

Après avoir terminé son ablution, il est recommandé de dire l'invocation suivante. En effet, dans un hadith, le Prophète (ﷺ) a dit : « *Quiconque accomplit soigneusement son ablution puis dit : « Je témoigne qu'il n'y a nulle autre divinité, digne d'adoration, excepté Allah, Seul et sans associé et je témoigne que Muhammad est Son serviteur et Messager, les huit portes du Paradis lui sont ouvertes et il entrera par celle qu'il souhaite* ». (Ach hadou an lâ ilâha illa Allah wahdahou lâ charika lah, wa ach hadou anna Muhammadan 'abdouhou wa rasoulouh). (Rapporté par Mouslim).

[Voir : Purification ; Grande Ablution ; Ablution sèche]

Ablution sèche [*at-Tayammoum*]

L’ablution sèche (*at-Tayammoum*) est une ablution avec de la terre ou du sable propre au lieu d’eau. La personne [passe ses mains dessus] et essuie son visage et ses mains avec l’intention d’accomplir la prière (*as-Salât*). Allah (سبحانه وتعالى) dit : {Et si vous ne trouvez pas d’eau, alors utilisez de la terre [ou du sable] propre et essuyez-vous-en vos visages et vos mains.} (Sourate : Les femmes, 4:43).

Le Prophète (ﷺ) a aussi dit : *« La terre entière m’a été rendue pure pour la prière ainsi que pour ceux qui me suivent. Lorsque l’un d’entre vous souhaite prier mais ne trouve pas d’eau, qu’il utilise [le sol de] la Terre en guise de purification et comme lieu de prière.»* (Rapporté par Ahmad).

Par conséquent, la personne devra accomplir l’ablution sèche (*at-Tayammoum*) [dans certains cas, comme les suivants] :

- si une personne ne trouve pas d’eau pour accomplir ses ablutions,
- si elle trouve de l’eau mais en a besoin pour boire,
- si l’utilisation de l’eau peut mettre sa vie en danger,
- si cette personne souffre d’une maladie ou d’une déficience physique,
- si la maladie dont elle souffre déjà s’aggraverait ou des complications surviendraient dans son traitement.

Il l’accomplit en prononçant le nom d’Allah [*bismillah*], il tapote le sol de ses mains puis il s’essuie, uniquement, le visage et les mains jusqu’aux poignets. Toute chose qui annule l’ablution annule aussi l’ablution sèche, sans compter évidemment la présence d’eau. Si une personne ayant accompli l’ablution sèche a fait sa prière, puis a trouvé de l’eau, elle n’a pas besoin de recommencer celle-ci, même si elle est encore dans son temps.

1

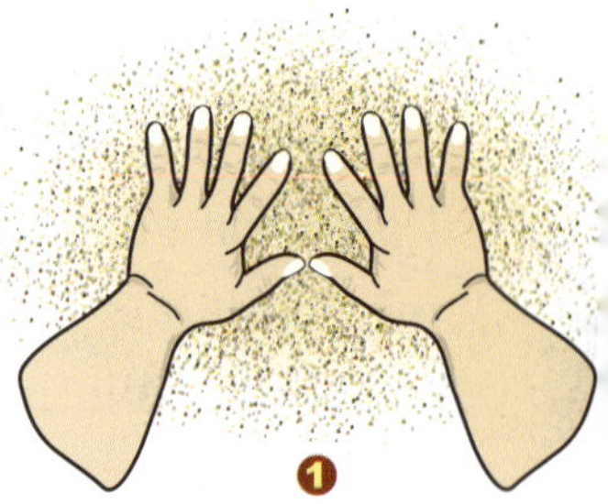

1

2

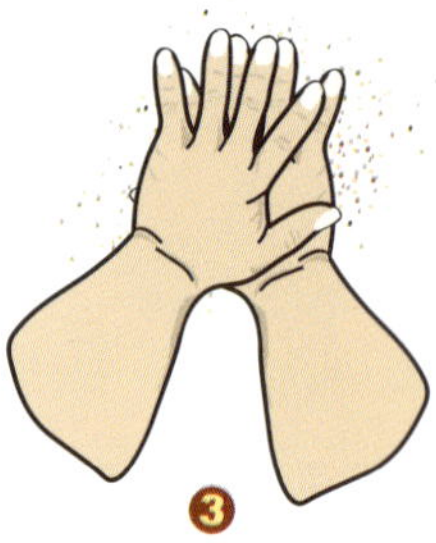

3

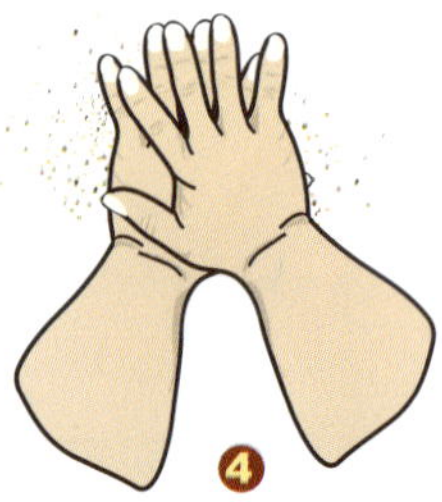

4

[Voir : Ablution ; Grande ablution ; Purification]

Abraham (عليه السلام) [*Ibrâhîm*]

Le Prophète Abraham (عليه السلام) était un des Messagers et Prophètes d'Allah (سبحانه وتعالى) les plus obéissants. En toute circonstance sa conduite était ferme et vertueuse. Au temps où certaines personnes adoraient des idoles de pierre ou de bois, des planètes, des étoiles, le soleil, la lune ou encore des rois et des gouverneurs, [Abraham, lui, était un pur monothéiste].

Le rayonnement spirituel d'Abraham (عليه السلام) l'élevait haut en degrés, bien au-dessus de ses contemporains. Ainsi, il utilisa la connaissance et la dignité afin de prêcher la vérité parmi son propre peuple. Il observait les phénomènes de la vie avec un regard perspicace alors que son peuple regardait cela avec un cœur distrait. Il était dévoué à la Vérité alors qu'eux accordaient plus d'attention aux coutumes et traditions héritées.

Le père d'Abraham n'était pas un simple idolâtre. Non seulement, il adorait les idoles mais en plus il les fabriquait de ses propres mains. Dans cette société corrompue, Abraham (عليه السلام) devait faire face à sa propre famille ainsi qu'au système entier corrompu de sa communauté.

Allah (سبحانه وتعالى) avait illuminé son cœur et son esprit tout en lui accordant la sagesse dès l'enfance, ainsi, Abraham n'arrivait pas à comprendre comment une personne sensée pouvait fabriquer une statue puis adorer ce qu'il avait lui-même conçu. Il voulait convaincre son peuple de l'inutilité de leurs fausses divinités. Il voulait qu'ils aient honte d'adorer des pierres insignifiantes. Lorsque tout le

monde quitta la ville pour célébrer une grande fête, il se rendit dans leur temple qui était désert. Il détruisit toutes les idoles, excepté la plus grande comme si un combat venait d'avoir lieu entre les idoles et que la plus grande les avait toutes détruites. S'en retourneraient-ils vers l'idole qui avait survécu ? L'interrogeraient-ils sur ce qui s'était passé ?

Lorsque les gens revinrent et virent leurs fausses idoles totalement détruites, ils exigèrent qu'Abraham (عليه السلام) soit arrêté. Lorsqu'ils lui demandèrent s'il était responsable de la destruction des idoles, il leur répondit : « *Interrogez la plus grande d'entre elles, celle qui est restée intacte !* ». Ce devait être elle la coupable ! Mais ils lui répondirent que l'idole ne pouvait ni parler, ni bouger. Cette réponse donna l'occasion au Prophète Abraham (عليه السلام) de prouver la stupidité de l'adoration des idoles.

Bien qu'ils réalisèrent alors l'absurdité de leurs fausses croyances, ils décidèrent de punir Abraham (عليه السلام) en le jetant dans le plus grand feu qu'ils pouvaient préparer. Dans cette optique-là, un puit immense fut creusé et rempli de fagots de bois que l'on alluma. Abraham (عليه السلام) fut jeté dans le feu, mais l'ordre d'Allah le sauva : {Ô feu sois une fraîcheur [et un moyen de préservation] pour Abraham.} (Sourate : Les Prophètes, 21 : 69).

Le Prophète Abraham (عليه السلام) continua à appeler son peuple à croire en Allah, déployant de grands efforts pour le guider sur le droit chemin. Il essaya tous les moyens pour le convaincre. En fait, où qu'il aille il appelait les gens à croire en Allah, jugeant équitablement entre eux et les appelant à adorer le seul Vrai Dieu, Allah (سبحانه وتعالى).

Sarah, la femme du Prophète Abraham, ne pouvait enfanter alors elle lui proposa Hajar, sa servante et il se maria avec elle. De leur union naquit Ismaël (عليه السلام) [*Ismâ'îl*]. Ensuite, Sarah donna naissance à Isaac (عليه السلام) [*Ishâq*]. Abraham (عليه السلام) émigra avec sa femme Hajar et son fils Ismaël dans une vallée désertique sans eau ni culture. De nos jours, cette vallée est connue sous le nom de La Mecque. Cependant, Allah leur accorda, pour elle et son fils, la source de *Zamzam*.

Ensuite, Abraham (عليه السلام) et son fils Ismaël (عليه السلام) construisirent ensemble la Maison Sacrée : *la Ka'ba*. Ils prièrent longuement, invoquant Allah (سبحانه وتعالى), notamment d'accepter cette œuvre de leur part, de faire d'eux des

personnes soumises [littéralement : des musulmans] et de pouvoir s'incliner devant Sa volonté, eux ainsi que leurs descendances (musulmanes).

Abraham (عليه السلام) implora, aussi, Allah de faire de La Mecque une ville de paix et qu'une partie de sa descendance puisse s'y installer et y établir régulièrement la prière. Il demanda, encore, l'octroi de fruits pour la ville afin que ses gens soient reconnaissants.

Allah répondit à la prière d'Abraham et bénit la *Ka'ba* tout comme la ville de La Mecque. Bien que La Mecque soit une terre stérile et rocailleuse, la prospérité et les bonnes choses terrestres sont manifestes en ce lieu. Aujourd'hui encore, les musulmans, des quatre coins de la planète, se tournent en direction de la *Ka'ba* lors de leurs prières et viennent visiter cette cité de paix pour accomplir le pèlerinage (*Hajj*) ou la *'Umra*.

[Voir : Ismaël ; La Mecque ; Zamzam].

Abou Bakr As-Siddîq (رضي الله عنه)

Abou Bakr (رضي الله عنه) était un des califes bien guidés. Il avait deux ans de moins que le Prophète (ﷺ) et était un des commerçants les plus riches de La Mecque. Il était issu d'une noble famille. Il était connu pour sa bonté et sa conduite droite. Son honnêteté et sa sincérité lui ont permis de gagner l'amitié du jeune Muhammad (ﷺ). Cette compagnie qui a débuté tôt dans sa jeunesse s'est prolongée durant toute sa vie.

Abou Bakr (رضي الله عنه) fut le premier homme adulte à accepter l'Islam, il le fit sans hésitation. Une fois, le Prophète (ﷺ) a dit : *« J'ai appelé les gens à l'Islam, tout le monde a marqué un instant d'hésitation. Mais ce ne fut pas le cas avec Abou Bakr. Au moment où je lui ai présenté l'Islam, il accepta sans aucune hésitation. »* (Rapporté par Tirmidhî).

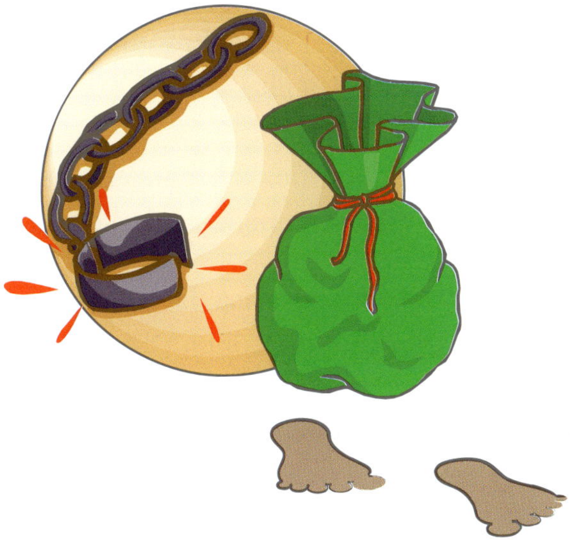

Abou Bakr (رضي الله عنه) était un homme très doux. Lorsqu'il voyait quelqu'un en difficulté, il faisait tout son possible pour lui venir en aide. Aucun sacrifice n'était assez grand à ses yeux pour la cause de la nouvelle foi. Lorsque les notables de Qouraych torturaient, sans pitié, leurs esclaves pour qu'ils abandonnent l'Islam, ils les attachaient sur le sable chaud comme ils le firent pour Bilâl ibn Rabah (رضي الله عنه). Ensuite, ils posèrent de lourdes pierres sur leurs poitrines. Abou Bakr (رضي الله عنه) utilisa sa richesse pour racheter ces esclaves musulmans, démunis, aux mains de leurs cruels maîtres. Ainsi, il les affranchit pour la cause d'Allah.

Quand le Prophète (ﷺ) demanda de l'aide pour l'expédition de Tabouk selon ce que chacun pouvait apporter, Abou Bakr (رضي الله عنه) battit tous les records de charité en apportant tout son argent et l'ensemble de ses biens puis il les posa aux pieds du Prophète (ﷺ).

Le Prophète (ﷺ) le surnomma *As-Siddîq* (le véridique) car lorsqu'il (ﷺ) entreprit avec Gabriel (عليه السلام) le voyage nocturne jusqu'aux plus hauts cieux, ses ennemis se moquèrent de lui. Lorsqu'on interrogea Abou Bakr (رضي الله عنه) sur la crédibilité d'un tel évènement, il répondit simplement : « *Je crois en tout ce que dit le Messager d'Allah* (ﷺ). »

Abou Bakr est celui qui prépara tout le nécessaire pour le voyage historique [de La Mecque] à Médine dans lequel il accompagna le Prophète (ﷺ) [lors de son émigration].

De tous les compagnons, Abou Bakr (رضي الله عنه) est celui qui a eu l'honneur d'être avec le Prophète (ﷺ) aux moments les plus critiques de sa vie.

Il participa à toutes les batailles que mena le Prophète (ﷺ). Toute sa vie, il combattit corps et biens sous la bannière [de l'Islam et] de son Prophète.

Il supervisa la compilation de la révélation [coranique] en un seul exemplaire du Coran.

Lorsque le Prophète (ﷺ) ne pouvait plus diriger les prières lors de sa dernière maladie, il désigna Abou Bakr (رضي الله عنه) pour diriger, à sa place, la prière en groupe.

Après la mort du Prophète (ﷺ), les musulmans l'élurent comme premier Calife. Sa foi inébranlable aida l'Islam à garder ses fondations intactes.

Il dut combattre ceux qui abandonnèrent l'Islam et commencèrent à se battre contre les musulmans, comme la puissante tribu des *Bani Bakr*. Il déclara la guerre à ceux qui refusèrent de verser l'infime part de l'aumône obligatoire (*Zakât*). Il attaqua de front les imposteurs qui prétendaient être des prophètes, comme le notoire Musaylima le Menteur. Abou Bakr (رضي الله عنه) leur infligea de cinglantes défaites.

Abou Bakr (رضي الله عنه) était autant sincère que ferme dans sa foi. Il vécut et travailla pour la cause de l'Islam jusqu' à son dernier souffle.

Lorsqu'il décéda à l'âge de 63 ans, il fut enterré aux côtés du Prophète (ﷺ).

Une fois, le Prophète (ﷺ) a dit de lui : *« Si je devais choisir un ami intime au sein de ma communauté, je choisirais Abou Bakr. »*. (Rapporté par Mouslim).

Un ami intime (*Khalil*) est quelqu'un pour qui on éprouve de l'amour et de l'affection. En réalité, ce degré est supérieur à l'amitié ou l'amour que l'on éprouve pour quelqu'un. Le Prophète (ﷺ) n'avait qu'un seul ami intime, Allah, Le Tout-Puissant mais il avait beaucoup d'autres amis en dehors de cela.

[Voir : Compagnons ; Califes bien guidés ; Voyage Nocturne et Ascension ; Aumône légale]

‘Achoura

'Achoura est le dixième jour du mois lunaire de Muharram. Le Prophète (ﷺ) avait l'habitude de jeûner ce jour et il encourageait aussi les musulmans à le jeûner. Ibn 'Abbâs (رضي الله عنه) a rapporté que lorsque le Prophète (ﷺ) arriva à Médine, il (ﷺ) vit les juifs en train de jeûner le jour de ‘Achoura. Il (ﷺ) leur demanda : *« Quel est ce jour que vous jeûnez ? ». Ils répondirent: « Ce jour est béni. En ce jour, Allah a sauvé les fils d'Israël de leur ennemi* [Pharaon], *alors Moïse (عليه السلام) a jeûné ce jour en guise de remerciement envers Son Seigneur. »* Alors, le Prophète (ﷺ) a dit: *« Je suis plus en droit [d'imiter] Moïse que vous. »* Ainsi donc, il (ﷺ) jeûna ce jour et ordonna qu'on le jeûne. (Rapporté par Boukhârî).

L'année suivante, Allah (ﷻ) ordonna aux musulmans de jeûner le mois de Ramadan et ainsi le jeûne du jour de *'Achoura* devint facultatif. Boukhârî a mentionné que le Prophète (ﷺ) avait l'habitude de jeûner ce jour, même à La Mecque, malgré le fait qu'il ne l'ait pas ordonné aux autres.

A la fin de sa vie, le Prophète (ﷺ) était résolu à ne pas jeûner ce jour seul, mais plutôt à le coupler avec un autre jour, soit avant soit après, afin que les musulmans se différencient des juifs [dans leurs jeûnes]. Il (ﷺ) a dit : *« Si je vis encore l'année prochaine, je jeûnerai le neuvième jour* [de Muharram] *avec le dixième. »* Mais le Prophète mourut l'année suivante. (Rapporté par Mouslim).

Il a aussi dit: *« Jeûnez le jour de 'Achoura et différenciez-vous des juifs en jeûnant un jour avant ou après. »* (Rapporté par l'Imam Ahmad)
Il y a de grands mérites à jeûner ce jour-là. Le Prophète (ﷺ) a dit : *« Le jeûne de 'Achoura expie les péchés de l'année précédente. »* (Rapporté par Mouslim).

Cependant, cette expiation des petits péchés n'est effective que si l'on évite les grands péchés. Ibn al Qayyîm a dit: *« Jeûner le mois de Ramadan et prier cinq fois par jour est bien plus important que jeûner le jour de 'Arafat ou de 'Achoura. En effet, ces deux œuvres expient les péchés du mois de Ramadan au Ramadan suivant, du vendredi au vendredi suivant, aussi longtemps que la personne évite les grands péchés. Mais, ces petits péchés ne peuvent être expiés que si l'on évite les grands péchés. »*

[Voir : Fête]

Adam (عليه السلام) ne fut pas seulement le premier être humain créé, il fut aussi un Prophète. Le Coran mentionne qu'Allah (سبحانه وتعالى) a créé Adam avec de l'argile puis Il lui a dit: « *Sois !* », et il fut. Quand Allah a dit aux anges qu'Il créerait Adam, ils demandèrent pourquoi créerait-Il un être qui accomplirait le mal. Mais, lorsqu'Il enseigna à Adam les noms, ils réalisèrent qu'Allah était bien plus savant qu'eux.

Lorsqu'Allah (سبحانه وتعالى) ordonna aux anges de se prosterner devant Adam, tous se prosternèrent excepté Iblîs, qui était un djinn. Il s'exclama avec arrogance: {Je suis meilleur que lui. Tu m'as créé de feu alors que, lui, Tu l'as créé d'argile.} (Sourate : Sad, 38: 76).

Allah (سبحانه وتعالى) lui créa une femme, Eve (*Hawâ*). La création d'Eve n'est pas décrite dans le Coran, comme c'est le cas pour celle d'Adam, bien qu'il soit dit qu'une compagne, de même nature et âme, fut créée pour Lui (عليه السلام). Le Coran dit : {Il est Celui qui vous a créés d'une seule [et même] personne [Adam] puis a extrait de lui sa compagne afin qu'il cohabite avec elle.} (Sourate : Al-A'râf, 7:189).

Adam et Eve furent autorisés à vivre, comme ils le désiraient, au Paradis mais ils ne devaient pas manger d'un certain arbre, ni goûter de ses fruits. Cependant, tous deux succombèrent à la tentation de Satan qui leur avait dit : {Votre Seigneur ne vous a interdit cet arbre qu'afin que vous ne soyez pas des anges ou que vous ne viviez pas éternellement.} (Sourate Al-A'râf, 7:20). Insidieusement, il les trompa et les fit chuter. Lorsqu'ils goûtèrent de l'arbre, ils virent leurs nudités et se couvrirent avec des feuilles du Paradis. Alors, Allah leur rappela qu'Il leur avait interdit de manger de cet arbre de même qu'Il les avait avertis des tentations de Satan.

Contrairement aux enseignements de la Bible, le Coran blâme autant Adam qu'Eve pour leur erreur. Le Coran ne dit pas qu'Eve a tenté Adam pour manger de l'arbre ou même qu'elle a mangé avant lui. Dans le Coran, Eve n'est pas quelqu'un qui trompe [ou ruse]. Tous deux ont commis un péché, ensuite ils ont demandé à Allah de leur pardonner ce qu'Il fit. Allah dit : {Notre Seigneur, nous nous sommes fait du tort à nous-mêmes, si Tu ne nous pardonnes pas et ne nous fais pas miséricorde alors nous serons parmi les perdants.} (Sourate : Al-A'râf, 7:23).

Par conséquent nulle question en Islam d'un quelconque "Péché Originel" héréditaire. Les gens ont un libre arbitre et par conséquent, ils sont responsables de leurs actes devant Allah (سبحانه وتعالى).

[Voir : Iblîs ; Satan].

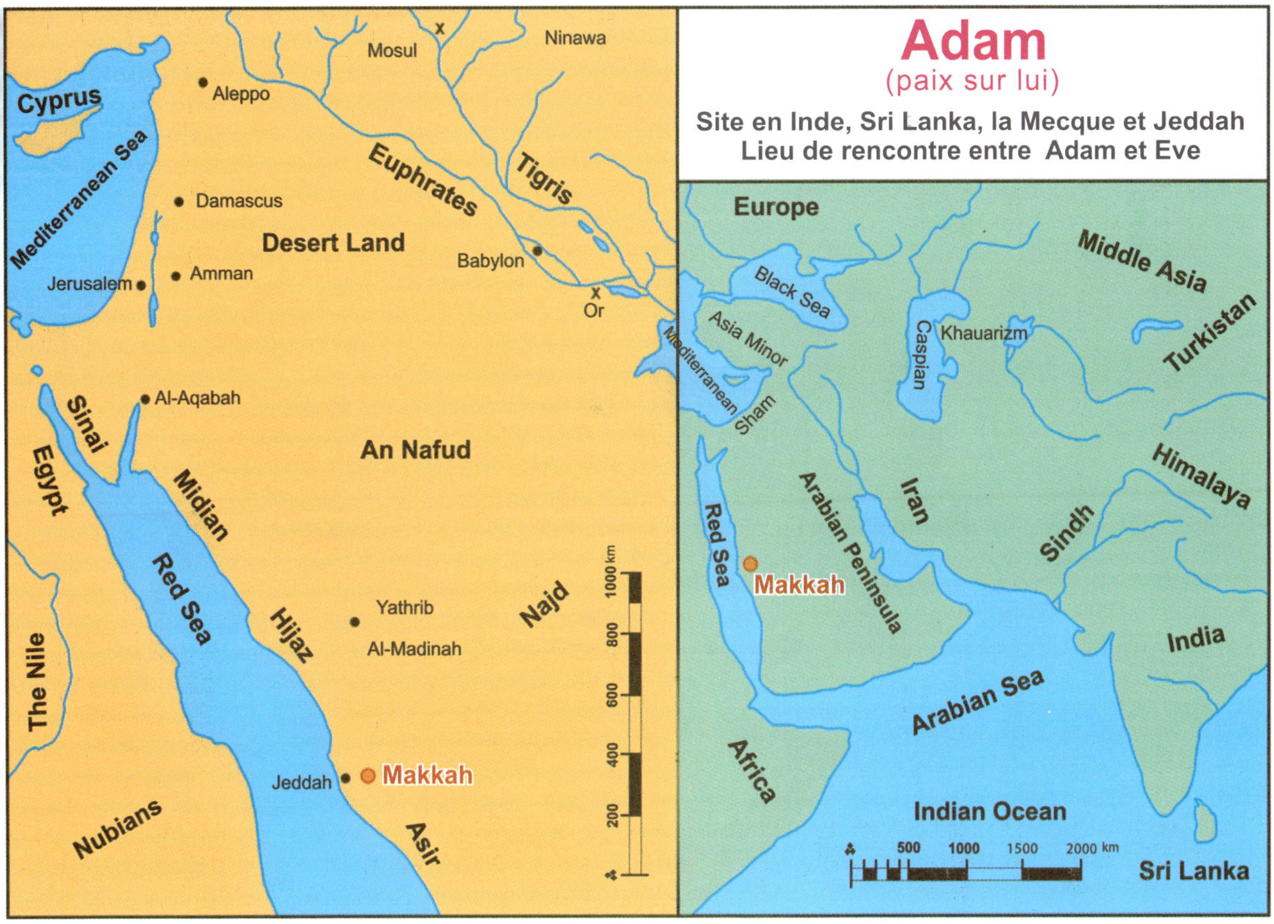

Adoration [*al-'Ibâdat*]

L'adoration (*al-'ibadat ou al-'ubudiya*) signifie une pleine obéissance et une complète soumission à Allah (سبحانه وتعالى), accompagnées d'un profond amour à Son égard.

Chaykh al Islam Ibn Taymiyya a dit: « *L'adoration est un terme général signifiant tout ce qu'Allah aime et agrée, parmi les paroles et les actes intérieurs et extérieurs.* »

En Islam, l'adoration doit remplir deux conditions:

- 1. Suivre ce qu'Allah a prescrit et à quoi Son Messager (صلى الله عليه وسلم) a appelé, tant dans les obligations que les interdictions, le licite que l'illicite. Ceci représente l'obéissance et la soumission à Allah.

- 2. Suivre les injonctions prescrites avec un cœur rempli d'amour pour Allah (سبحانه وتعالى).

Le Coran a clarifié le but de la création de l'Humanité : {Je n'ai créé les djinns et les hommes que pour qu'ils M'adorent.} (Sourate : Ceux qui éparpillent, 51:56).

Voilà la véritable raison de l'envoi des Messagers par Allah. L'adoration en Islam englobe et couvre tous les aspects de la vie de l'homme. Non seulement, elle englobe tous les actes apparents et cachés comme la prière, l'aumône légale, le jeûne, le pèlerinage, la piété filiale, la gentillesse envers les proches, les voisins, les orphelins, les pauvres et les animaux, tenir ses promesses [respecter ses engagements], honorer les traités, enjoindre le convenable et interdire le blâmable, invoquer Allah et réciter le Coran, etc. Mais aussi, elle inclut des actes du cœur comme l'amour pour Allah et Son Messager, craindre Allah, Lui demander pardon, être satisfait de Son décret, espérer Sa miséricorde et avoir peur de Son châtiment, etc.

En réalité, tout acte, aussi insignifiant soit-il, est considéré comme un acte d'adoration dès lors où il est sincèrement accompli pour la cause d'Allah, dans l'espoir de Sa récompense dans l'Au-delà et en accord avec la Tradition du Prophète (ﷺ). Même, les activités que nous accomplissons pour satisfaire nos besoins et désirs sont considérées comme des actes d'adoration si l'intention est bonne [et présente].

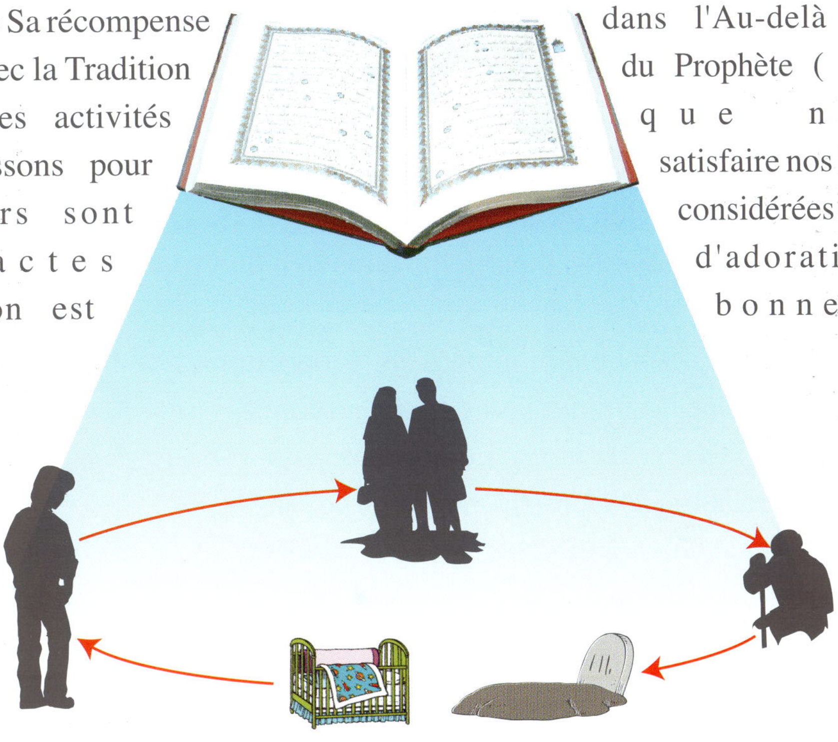

Une fois, le Prophète (ﷺ) a dit : *« Avoir un rapport intime avec sa femme est une aumône. »* Les compagnons demandèrent: *« Nous satisfaisons nos désirs et en plus nous sommes récompensés par Allah ? »* Alors, il leur répondit : *« Que diriez-vous si votre désir était accompli de manière illicite ? Commettriez-vous un péché ? »* Ils répondirent *: « Oui »,* alors à ce moment, il (ﷺ) a dit : *« Il en est ainsi. Si vous l'accomplissez de manière licite, vous en serez récompensés. »* (Rapporté par Mouslim)

‘Alî ibn Abî Ṯâlib (رضي الله عنه)

‘Alî ibn Abî Tâlib (رضي الله عنه) était le cousin du Prophète (ﷺ). Il est né trente ans après la naissance du Prophète (ﷺ). Lorsque ‘Alî naquit, le Prophète (ﷺ) était déjà adulte. Il décida de le prendre chez lui et de s'en occuper comme son propre fils afin d'alléger le fardeau des épaules de son chaleureux oncle, Abou Tâlib, qui était à la fois pauvre et avait à charge une famille très nombreuse.

Ainsi, Alî (رضي الله عنه) grandit dans une ambiance de vertu et de piété et fut le premier enfant à embrasser l'Islam.

Alî (رضي الله عنه) ne s'est jamais incliné devant une idole. Il était réputé pour sa piété, son humilité, son courage et sa force qu'il dévoua au service de la religion d'Allah et de la protection de Son Messager (ﷺ). En effet, Alî fut le héros de maintes batailles auxquelles il participa du vivant du Prophète (ﷺ).

‘Alî grandit sous le soin attentif du Prophète (ﷺ), ainsi cela lui permit d'avoir une vision profonde des réalités de la vie et de la foi. Le Prophète (ﷺ) renforça leur relation, déjà proche par le lien de sang, en le mariant à sa fille Fatîma. Fatîma (رضي الله عنها) était sa plus jeune fille et celle qu'il (ﷺ) chérissait le plus. De leur union naquit : Al-Hasan, Al-Hussayn, Muhassin et Oum Kalthoum.

‘Alî faisait partie des gens les plus savants. Il était un scribe des révélations. Il écrivit aussi des lettres que le Prophète (ﷺ) envoya. Enfin, il est un des dix compagnons ayant eu la bonne nouvelle de la récompense du Paradis de son vivant, de la bouche du Prophète (ﷺ) lui-même. Les trois premiers califes, avant lui, se référaient beaucoup à ses avis. 'Umar (رضي الله عنه) avait l'habitude de dire: *« Alî est le meilleur juge parmi nous. »*

'Alî fut poignardé dans le dos avec un couteau [à la lame] empoisonné alors qu'il était sur le chemin de la mosquée pour accomplir la prière de l'aube. Avant qu'il meure, il ordonna que son assassin – 'Abd ar-Rahmân ibn Muljîm- soit tué rapidement et dignement plutôt que torturé. Il mourut à Koufa [en Iraq] et y fut enterré. Il fut le dernier calife bien guidé.

Un jour, le Prophète (ﷺ) lui a dit : *« Ne serais-tu pas satisfait d'être auprès de moi comme l'était Aaron (عليه السلام) (Hârûn) auprès de Moïse (عليه السلام) (Mûsâ), à la différence qu'il n'y aura plus de prophète après moi. »* (Rapporté par Boukhârî).

Le Prophète (ﷺ) lui a aussi dit : *« Tu es de moi et je suis de toi. »*

'Umar (رضي الله عنه) a dit: *« le Prophète mourut en étant satisfait de lui. »* (Rapporté par Boukhârî).

[Voir : Compagnons ; Califes bien guidés]

Allah (سبحانه وتعالى)

Allah (سبحانه وتعالى) est le nom propre de l'Etre Suprême, le Seul Véridique Dieu qui mérite d'être adoré. Ce terme n'a pas de genre ni de nombre. Ceci montre son caractère unique quand on le compare avec le mot "dieu" qui peut être décliné au pluriel : "dieux", ou au féminin: "déesse". Allah (سبحانه وتعالى) est Le Seul Créateur de l'Univers, de ses Cieux et de la Terre, des humains et des djinns, des végétaux et des animaux, des objets animés et inanimés et de ce qui est visible et invisible.

La Création et l'Ordre lui appartiennent. Il décide ce qu'Il souhaite et il n'y a personne qui puisse inverser Sa décision. Il possède les clefs de la science absolue, qui va au-delà de la capacité humaine. Il est Celui qui entend tout, Celui qui voit tout et Il est bien informé de ce que font Ses créatures. Il sait ce qui se passe sur terre et dans la mer. Pas une feuille ne tombe sans qu'Il ne le sache. Pas une graine dans les profondeurs ténébreuses de la Terre, qu'elle soit verte ou sèche, sans qu'elle ne soit consignée dans un Livre Clair. Le Royaume des Cieux et de la Terre Lui appartient.

Il accomplit ce qu'Il veut. Tous Ses actes sont pleins de sagesse. Il sait tout ce qui se passe dans cet Univers et bien plus encore, avant même que cela se passe. Personne ne peut changer ce qu'Il a décrété. Il est le Dieu Unique, Le Seul qui est digne d'être adoré. Rien, pas un être, pas une chose, ne mérite d'être adoré à Ses côtés, cela n'est que fausseté.

Allah (سبحانه وتعالى) a les plus beaux noms et les attributs les plus parfaits. Ceux-ci doivent Lui être attribués et affirmés d'une manière qui sied à Sa Majesté :

1. Sans changer leurs significations claires en pensant que tel nom ou tel attribut signifie ceci ou cela, autre que ce qui a été rapporté par le Coran ou la Tradition (Sounnah).

2. Sans renier leurs significations (sens), entièrement ou partiellement, ou par des voies d'interprétations.
3. Sans les représenter ou les comparer à l'une de Ses créatures.

Allah (سبحانه وتعالى) dit dans le Coran: {Rien ne Lui ressemble, et Il est Celui qui entend tout et qui voit tout.} (Sourate: La Consultation, 42 : 11).

L'attestation de foi "Il n'y a pas de divinité, digne d'adoration [en toute vérité], excepté Allah" (*lâ ilâha illa Allah*) signifie que rien n'a le droit d'être adoré en dehors d'Allah (سبحانه وتعالى) et qu'au contraire, Il est le Seul qui mérite d'être adoré, sans aucun associé. Par conséquent, nous ne devons invoquer que Lui, craindre que Lui, n'avoir confiance qu'en Lui : {C'est Toi que nous adorons et c'est auprès de Toi que nous cherchons assistance.} (Sourate: L'Ouverture, 1 : 4).

L'adoration d'Allah est la seule et unique raison de la création des hommes et des djinns, comme le Coran le dit: {Certes, Je n'ai créé les djinns et les hommes que pour qu'ils M'adorent.} (Sourate: 51 : 56).

[Voir: Adoration ; Monothéisme ; Noms d'Allah les Plus Beaux]

Anges [*al-Malâ'ika*]

Les anges (*al-Malâ'ika, singulier : malak*) sont des êtres spirituels que l'on ne peut pas percevoir. Allah (سبحانه وتعالى) les a créés de lumière. Ils n'ont aucune part dans la divinité d'Allah, donc ils ne doivent pas être adorés. Ils ne mangent pas, ne boivent pas et n'ont pas d'enfants. Ils adorent constamment Allah, ils Le glorifient et ne Lui désobéissent jamais dans ce qu'Il leur ordonne. Ils ont un certain nombre d'ailes: deux, trois, quatre et même plus encore. Ils sont aussi capables d'accomplir des actes miraculeux. Les anges ont différentes tâches :

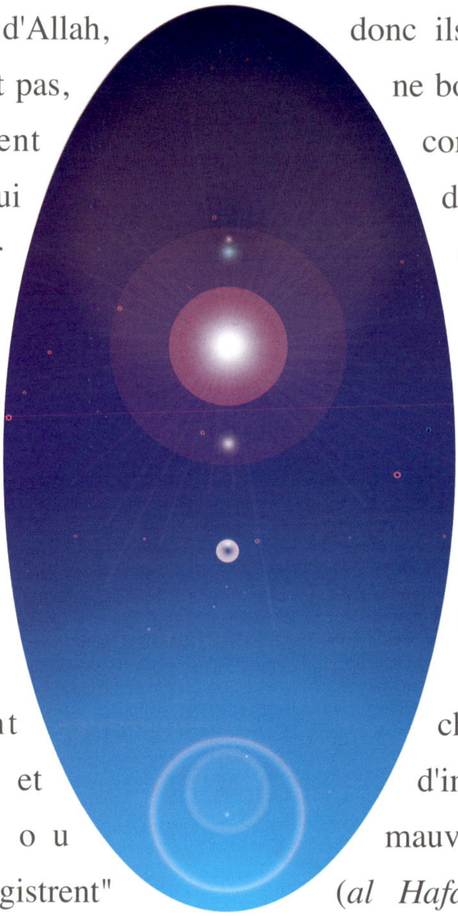

- Certains portent le trône d'Allah.
- Certains sont chargés de protéger les êtres humains et d'inscrire leurs œuvres, bonnes ou mauvaises, on les appelle : "ceux qui enregistrent" (*al Hafazât*) ou les "nobles scribes" (*al Kirâman al Kâtibîn*).
- Il y a aussi Munkir et Nakir, les deux anges chargés d'interroger chaque mort dans sa tombe [concernant son Seigneur, Sa religion et Son messager].
- Il y a Mâlik (عليه السلام), l'ange chargé de l'Enfer.
- Ridwân (عليه السلام) est l'ange chargé du Paradis.
- Gabriel (عليه السلام) [*Jibrîl*] est l'intermédiaire entre Allah et Ses Messagers concernant Ses révélations.
- *Isrâfîl* (عليه السلام) est l'ange assigné au soufflement dans le cor au Jour du Jugement Dernier.
- Michel (عليه السلام) [*Mika'îl*] est l'ange chargé de la pluie.
- Enfin, il y a l'Ange de la mort (عليه السلام) [*Malak al-Mawt*].

Voilà en bref.

Les anges sont exempts des fragilités de la chair dont souffrent les humains. Ils célèbrent les louanges d'Allah, jour et nuit, sans être fatigués. Ils demandent le pardon pour les croyants et maudissent ceux qu'Allah maudit. Ils craignent Allah, ils L'adorent avec humilité et ils accomplissent ce qu'Il leur ordonne. Ils descendent durant la Nuit du Destin avec tous les décrets. Ils entourent ceux qui se réunissent pour des assises de science et ils prient afin qu'il leur soit pardonné.

La croyance dans les anges d'Allah est un des piliers de la Foi. Quiconque renie leur existence est un apostat ou un mécréant.

[Voir: Foi]

Année de l'Eléphant [*'Âm al-fîl*]

L'année de l'éléphant est l'année où le Prophète (ﷺ) est né. Avant l'avènement de l'Islam, les Arabes n'avaient pas de calendrier.

Ils nommaient les années selon des évènements importants qui se passaient durant celle-ci ou après qu'elle fut passée. L'année où est né le Prophète est connue comme "l'année de l'éléphant" car ce fut l'année où Abraha al Achram, le gouverneur chrétien du Royaume abyssinien du Yémen marcha sur La Mecque à la tête d'une immense armée avec un éléphant. Il avait l'intention de détruire la Ka'ba afin que les Arabes accomplissent leur pèlerinage dans un temple qu'il avait bâti au Yémen, au lieu de l'accomplir à La Mecque. Les gardiens de La Maison Sacrée n'offrirent aucune résistance, ni ne se défendirent du fait que cette armée était bien trop puissante pour eux.

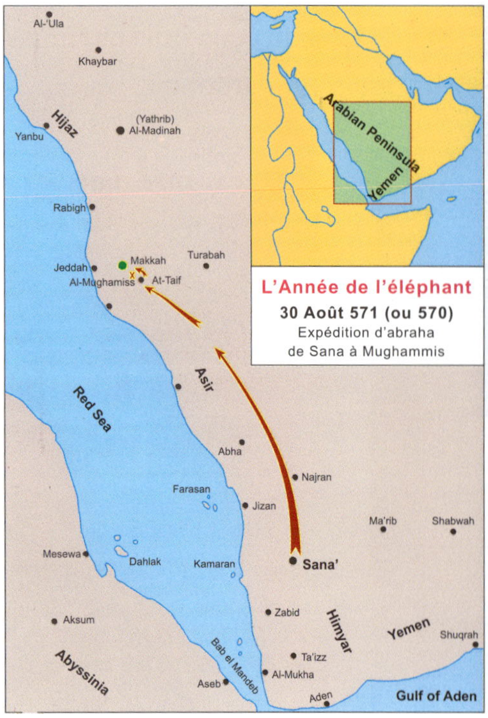

Cependant, Allah (سبحانه وتعالى) secourut Sa Maison Sacrée et rendit vain le plan diabolique d'Abraha. Il lui envoya, ainsi que sur son armée, des oiseaux qui portèrent des pierres d'argile dans leurs becs et leurs serres. Ils les jetèrent sur Abraha et son armée et les détruisirent complètement.

Le Coran nous raconte l'histoire "des gens de l'éléphant" dans la sourate: L'éléphant, 105 : {N'as-tu pas vu comment Ton Seigneur a agi envers les gens de l'éléphant ? N'a-t-il pas rendu leur ruse complètement vaine? Et envoyé sur eux des oiseaux en nuées qui leur lançaient des pierres d'argile? Et Il les a rendus semblables à une paille mâchée.}

L'armée d'Abraha fut soudainement submergée par des nuées d'oiseaux qui leur jetaient des petites pierres légèrement plus grosses que des graines de lentilles. Lorsque ces pierres atteignirent les soldats, elles faisaient tomber leurs chairs en lambeaux. Tous périrent. Abraha, lui-même, fuyait au moment où sa chair partait aussi en lambeaux mais il mourut sur le chemin du retour au Yémen.

[Voir : Mosquée Sacrée]

Appel à la Prière [*al-Adhân*]

L'appel à la prière (*al-Adhân*) est l'appel effectué pour les prières obligatoires.

Au début, les musulmans attendaient les prières à la mosquée sans appel. Ensuite, le Prophète (ﷺ) consulta ses compagnons. Certains suggérèrent d'utiliser le cor des juifs, d'autre la cloche chrétienne mais aucun n'eut ses faveurs. Alors que le sujet était toujours en discussion, 'Abdallah ibn Zayd (رضي الله عنه) vint à dire qu'on lui avait enseigné, en rêve, la manière de faire l'appel à la prière. Alors, le Prophète (ﷺ) lui demanda de l'enseigner à Bilâl ibn Rabah (رضي الله عنه), le premier muezzin de l'Islam. Quand 'Umar ibn Al-Khattâb (رضي الله عنه) entendit Bilâl proclamer l'appel à la prière, il vint au Prophète (ﷺ) et l'informa qu'il avait fait le même rêve que 'Abdallah ibn Zayd (رضي الله عنه).

La formulation de l'appel à la prière est la suivante :

Allahou Akbar
" Allah est Le plus Grand" (quatre fois).
Ach-hadou an lâ ilaha illa Allah
"J'atteste qu'il n'y a nulle autre divinité [digne d'adoration] excepté Allah" (deux fois).
Ach-hadou anna Muhammadan rasoulou Allah
"J'atteste que Muhammad est le Messager d'Allah" (deux fois).
Hayya 'alâ s-Salât
"Venez à la prière" (deux fois).
Hayya 'alâ l-Falâh
"Venez au succès" (deux fois).
Allahou Akbar
"Allah est Le plus Grand" (deux fois).
Lâ ilaha illa Allah
"Il n'y a nulle autre divinité, [digne d'adoration], excepté Allah" (une fois).

Au moment de la prière de l'aube (salât al Fajr), on dit deux fois [après *Hayya 'alâ l-Falâh*] :

As-Salât khayroun minan nawm

« La prière est meilleure que le sommeil » (deux fois).

Lorsqu'on fait l'appel à la prière, Satan fuit afin de ne pas écouter cet appel. Quand un musulman entend l'appel, il doit répéter tout ce que dit le muezzin [sauf] :

quand ce dernier dit : *« Hayya 'alâ s-Salât »*, il doit dire : « Lâ hawla wa lâ quwwata illâ billah » [il n'y a nulle force ni puissance si ce n'est en Allah].

et quand il dit: *« Hayya 'alâ l-Falâh »*, il répète: *« Lâ hawla wa lâ quwwata illâ billah »* [il n'y a nulle force ni puissance si ce n'est en Allah].

Quiconque parmi les hommes, les djinns ou les êtres animés entendant l'appel à la prière témoignera pour le muezzin le Jour de la Résurrection.

La personne, un homme, qui proclame l'appel à la prière est appelée « muezzin ».

Après l'appel à la prière, on doit dire : *« Allahoumma rabba hadhihi ad-da'wati at-tâmmati, was-salâti al qâ'imat âti Muhammadan al wasîlat wal fadîlat wa ba'thu maqâman mahmudan al-ladhî wa'adtahu. »* (Ô Allah, Seigneur de cet appel parfait et de cette prière à accomplir, accorde à Muhammad la haute position au Paradis et un rang au-dessus du reste de la création, et ressuscite-le au rang honorable que Tu lui as promis.)

[Voir : Appel précédant la prière ; Satan]

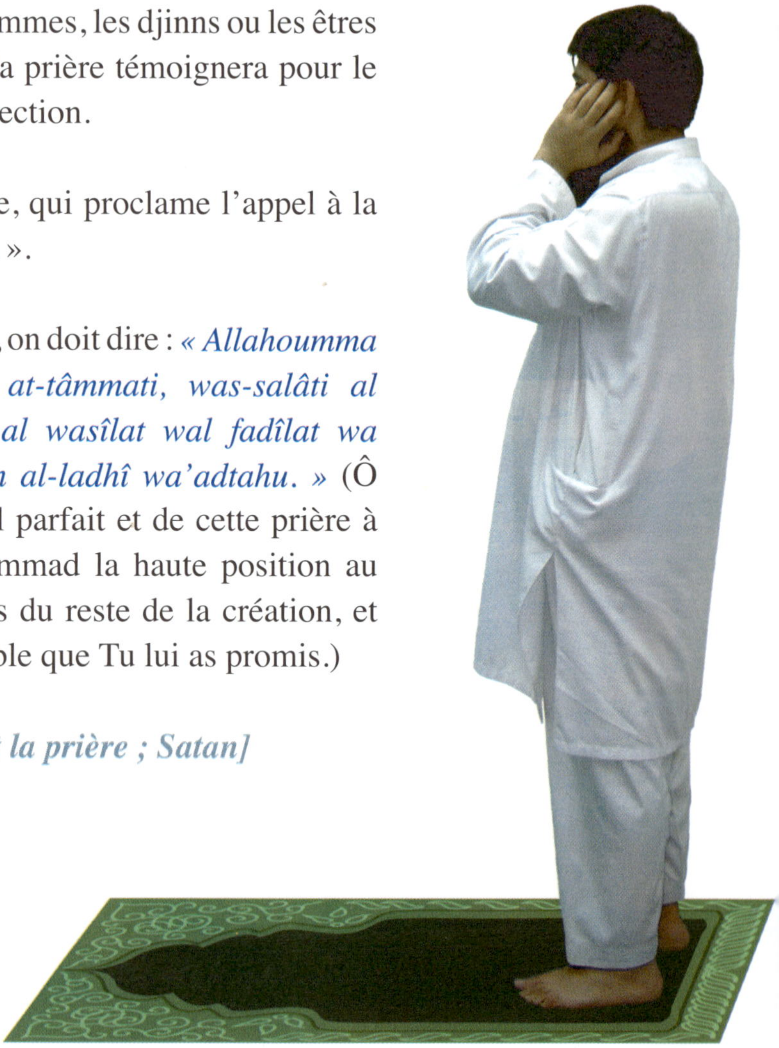

Appel précédant la prière (*al-Iqâma*)

L'appel qui précède la prière en groupe [juste avant son accomplissement] est appelé al-Iqâma. Anas ibn Mâlik (ﷺ) a dit : *« Bilâl reçut l'ordre de prononcer en double la formulation de l'Adhan alors que la formulation de l'Iqâma n'était prononcée qu'une seule fois. »* (Rapporté par Boukhârî).

La formulation de l'Iqâma est la suivante :

Allahou Akbar (deux fois).
"Allah est Le plus Grand"

Ach-hadou an lâ ilaha illa Allah (une fois).
"J'atteste qu'il n'y a nulle divinité, digne d'être adorée, excepté Allah."

Ach-hadou anna Muhammadan rasoul Allah (une fois).

"J'atteste que Muhammad est le Messager d'Allah"

Hayya 'alâ s-Salât (une fois). "Venez à la prière"

Hayya 'alâ l-Falâh (une fois). "Venez au succès"

Qad qâmati s-salât (deux fois).
"La prière est sur le point d'être accomplie"

Allahou Akbar (deux fois). "Allah est le plus Grand"

Lâ ilaha illa Allah (une fois).
"Il n'y a nulle divinité, digne d'être adorée, excepté Allah"

Il est recommandé au musulman d'accomplir des prières surérogatoires entre l'*Adhan et l'Iqâma*.

Le Prophète (ﷺ) a dit : « Il y a une prière entre chaque Adhan et Iqâma, il y a une prière entre chaque Adhan et Iqâma,' » Puis après avoir dit cela une troisième fois, il (ﷺ) ajouta : « pour celui qui le désire. » (Rapporté par Boukhârî).

[Voir : Appel à la prière ; Prière].

'Arafat (aussi appelé Arafa) est une vaste plaine au nord de La Mecque. Durant le neuvième jour du mois de *Dhoul Hijja,* mois du pèlerinage, les pèlerins se réunissent la journée dans cette plaine. *'Arafat* est le rite le plus important du pèlerinage, de telle sorte que le Prophète (ﷺ) a dit : *« Le pèlerinage, c'est 'Arafat. »* (Rapporté par Tirmidhî).

Quiconque a l'intention d'accomplir le pèlerinage mais manque l'opportunité d'être présent dans la plaine de *'Arafat* [en ce jour], son pèlerinage devient une *'Umra* et il devra rattraper son pèlerinage manqué tout en sacrifiant un animal à titre d'expiation.

En ce jour grandiose, Allah (ﷻ) descend au ciel le plus proche, d'une manière qui sied à Sa Majesté. Il loue les gens qui s'y trouvent et interpelle Ses anges en disant: *« Regardez Mes serviteurs, ils sont venus à Moi, de chaque vallée, les cheveux ébouriffés, poussiéreux et M'implorant. Je vous prends à témoin que Je leur ai pardonné. »*

Le Prophète (ﷺ) a aussi dit : *« Il n'y a pas un jour où Allah sauve du Feu autant de gens que le jour de 'Arafat. En ce jour, Allah se rapproche le plus des personnes et S'enorgueillit de Ses pieux serviteurs auprès de Ses anges en leur demandant : "Voyez-vous ce qu'ils désirent ?" »* (Rapporté par Mouslim).

Les pèlerins raccourcissent et regroupent les prières du *Dhor* et du *'Asr*, c'est-à-dire : ils accomplissent deux unités, au lieu de quatre, dans chaque prière. Les deux prières sont accomplies l'une à la suite de l'autre avec seulement un *Adhan* mais deux *Iqâma*, un pour la prière du *Dhor* et l'autre pour la prière du *'Asr*.

En ce jour de *'Arafat*, et dans ce lieu, les pèlerins évoquent Allah (ﷻ), ils L'invoquent, Le glorifient, Le louent et implorent Son pardon et ce jusqu'au coucher du soleil.

[Voir : Pèlerinage ; Mina ; Mouzdalifa ; Course entre Safâ et Marwâ ; Appel à la prière ; Appel précédant la prière].

Attestation de Foi [*ach-Chahâda*]

L'attestation de foi est le témoignage de : *lâ ilâha illa Allah* (il n'y a nulle divinité, digne d'être adorée, [en toute vérité] excepté Allah). Cela signifie que rien n'est digne d'adoration excepté Allah, Seul.

Beaucoup de mécréants croient qu'Allah est Le Seul Créateur mais ils ne croient pas qu'Il est Le Seul qui mérite d'être adoré. Quand le Prophète (ﷺ) demanda aux polythéistes de Qouraych de dire : *lâ ilâha illa Allah*, comme le Coran nous l'informe, ils répondirent : {A-t-il réuni tous les dieux en un Seul ? Vraiment, cela est une chose étrange.} (Sourate : Sad, 38 : 5).

L'attestation de foi : *lâ ilâha illa Allah* est l'essence de la religion de l'Islam et la branche la plus haute de la Foi. C'est avec ce véritable témoignage qu'Allah (سبحانه وتعالى) a envoyé Ses Messagers, dont le dernier d'entre eux fut le Prophète Muhammad (ﷺ).

Cette attestation implique aussi la croyance au Prophète Muhammad (ﷺ) comme Messager d'Allah. Ainsi, la *chahâda* se divise en deux parties :

A. La croyance que rien n'est digne d'adoration excepté Allah.
B. La croyance que Muhammad (ﷺ) est le Messager d'Allah.

Cette attestation de foi a des conditions qui sont les suivantes :

1- La Science [ou connaissance] [*al-'Ilm*] : ceci signifie une véritable connaissance de ce témoignage et les actions qu'il implique. Le Coran dit : {Sache [Ô Muhammad] qu'il n'y a nulle divinité [digne d'être adorée] excepté Allah.} (Sourate: Muhammad, 47:19).

2- La Certitude [*al-Yaqîn*]: ceci signifie la croyance avec certitude, sans le moindre doute, qu'Allah est le Seigneur de l'Univers, Le Seul qui mérite d'être adoré et que Muhammad (ﷺ) est Son Messager. Allah ordonne aux vrais croyants : {Seuls sont croyants ceux qui ont cru en Allah et à Son Messager puis n'ont eu aucun doute.} (Sourate : Les Appartements, 49:15).

3- L'Acceptation [*al-Qaboul*]: ceci implique d'accepter ce témoignage et de ne pas le rejeter, comme l'ont fait les rabbins juifs ou les moines chrétiens, bien qu'ils croyaient en Allah et savaient que le prophète Muhammad (ﷺ) était envoyé par Lui, mais : {...Par jalousie de leur part, après que la vérité [de la venue du Messager d'Allah, Muhammad] leur fut manifeste} (Sourate : La Vache, 2 : 109).

4- La Soumission [*at-Taslîm*]: ceci signifie l'obéissance à travers des œuvres et une totale soumission aux commandements d'Allah. Le Coran dit : {Et quiconque se soumet à Allah tout en accomplissant des bonnes actions a certes récolté la plus belle des récompenses.} (Sourate : Luqman, 31 : 22). La soumission au Prophète (ﷺ) est réalisée par le suivi de Sa Tradition (Sounnah). Le Coran dit : {Vraiment, par Ton Seigneur, ils ne seront pas croyants tant qu'ils ne t'auront pas pris comme juge [toi Muhammad] dans toutes leurs querelles, et qu'ils n'accepteront pas pleinement [avec soumission] ton jugement.} (Sourate : Les Femmes, 4 : 65).

5- La Véracité [*as-Sidq*]: le Prophète (ﷺ) a dit à ce sujet: *« Quiconque dit : il n'y a aucune divinité, [digne d'adoration], excepté Allah (lâ ilâha illa Allah), sincèrement [et véridiquement] avec son cœur, entrera au Paradis. »* (Rapporté par Ahmad). Cependant, quiconque manifeste un intérêt apparent [pour cette attestation], tout en reniant sa signification dans son cœur, ne sera pas sauvé par ce témoignage. Ceci est le cas des hypocrites, pour lesquels le Coran a dit : {Il y en a parmi les gens qui disent : nous croyons en Allah et au Jour Dernier, alors qu'en fait ils ne croient pas.} (Sourate: La Vache, 2 : 8).

6- La Sincérité [*Al-Ikhlâs*] : c'est l'opposé du polythéisme (*Chirk*). Le Coran dit : {Allah est Le seul que j'adore et à qui je voue un culte exclusif}. (Sourate : Les Groupes, 39 : 14). Par conséquent, la personne doit adorer Allah, Seul, et suivre la Tradition du Prophète (ﷺ).

7- L'Amour [*al-Mahabbat*] : ceci signifie l'amour pour Allah (سبحانه وتعالى), pour Son Messager (ﷺ) et pour toutes les paroles et actions qu'Il aime ainsi que l'amour qu'Il porte à Ses serviteurs.

8- Le Désaveu [*at-Tabarâ'*] : ceci signifie désavouer quiconque ou quoi que ce soit, qui est adoré en dehors ou aux côtés d'Allah (سبحانه وتعالى).

Tous les Prophètes et Messagers d'Allah ont appelé leurs peuples à témoigner et à attester qu'il n'y a aucun Dieu, excepté Allah et à L'adorer.
L'expression : il n'y a nulle divinité, digne d'adoration, excepté Allah a beaucoup de vertus. Le Prophète (ﷺ) a dit : *« J'ai reçu l'ordre de combattre les gens jusqu'à ce qu'ils témoignent qu'il n'y a nulle divinité digne d'adoration excepté Allah et que Muhammad est le Messager d'Allah, puis qu'ils accomplissent la prière* [salât] *et s'acquittent de l'aumône légale* [zakât]. *S'ils le font, ils seront protégés de moi ainsi que leurs vies et leurs propriétés, à moins qu'ils ne commettent des actes* [répréhensibles] *au regard de l'Islam. Leur jugement sera alors auprès d'Allah (سبحانه وتعالى). »* (Rapporté par Boukhârî et Mouslim).

Le Prophète (ﷺ) a aussi dit : *« Celui qui aura dit : il n'y a aucune divinité [digne d'adoration] excepté Allah (lâ ilâha illa Allah) et aura dans son cœur le poids d'un grain d'orge de foi sortira de l'Enfer. Celui qui aura dit : il n'y a aucune divinité [digne d'adoration] excepté Allah (lâ ilâha illa Allah) et aura dans son cœur le poids d'un grain de blé de foi sortira de l'Enfer. Celui qui aura dit : il n'y a aucune divinité [digne d'adoration] excepté Allah (lâ ilâha illa Allah) et aura dans son cœur le poids d'un atome de foi sortira de l'Enfer. »* (Rapporté par Boukhârî).

[Voir: Monothéisme ; Tradition].

Aumône (ou Charité) [*as-Sadaqa*]

L'aumône (ou charité) est un acte volontaire, quelle que soit sa forme, accompli par un musulman pour la recherche de la satisfaction d'Allah. Ce peut être une dépense en argent, en nourriture, en vêtement ou autre encore [comme transmettre une science]. L'aumône est une action vertueuse que l'Islam considère comme une preuve de Foi de la personne (*Imân*) comme rapporté par l'Imam Mouslim. Allah (سبحانه وتعالى) encourage les musulmans à donner l'aumône : {Ô vous qui avez cru ! Dépensez des bonnes choses que vous avez [honorablement] acquises.} (Sourate : La Vache, 2 : 267).

Assurément, Allah (سبحانه وتعالى) rétribuera ceux qui donnent l'aumône : {Quoique vous dépensiez, Allah vous le rétribuera en échange et vous ne serez pas lésés.} (Sourate : La Vache, 2 : 272). Il dit aussi : {Ce que vous avez donné en guise d'aumône, par laquelle vous recherchez le visage d'Allah, vous le retrouverez en récompense décuplée}. (Sourate : Les Byzantins, 30 : 39).

Allah (سبحانه وتعالى) accroîtra ce qui a été donné en aumône et rétribuera pleinement et abondamment les personnes ayant accompli cette œuvre [Voir : sourate La Vache, 2 : 274 et 276].

Cependant, l'aumône doit être accomplie sincèrement pour la cause d'Allah et elle doit provenir de sources licites car Allah n'accepte que le bon.

Néanmoins, il est bon de mentionner ici que l'aumône ne se réduit pas seulement à l'aspect financier. En fait, chaque action louable accomplie par le musulman est une forme d'aumône aussi longtemps qu'elle vise la satisfaction d'Allah.

Le Prophète (صلى الله عليه وسلم) a dit : *« Pour chaque articulation du fils d'Adam, il y a une aumône à donner chaque jour : reconcilier deux personnes est une aumône ; aider une personne à monter sur sa monture ou lui mettre ses bagages dessus est une aumône ; une bonne parole est une aumône ; chaque pas accompli pour se rendre à la prière* [à la mosquée] *est une aumône et ôter du chemin ce qui peut nuire* [aux gens] *est une aumône. »* (Rapporté par Boukhârî).

Le Prophète (ﷺ) a aussi dit : *« Chaque tasbîh* [dire *: soubhânallah,* gloire à Allah] *est une aumône ; chaque takbîr* [dire *: Allahou akbar,* Allah est Le plus Grand] *est une aumône ; chaque tahmîd* [dire *: al hamdoulillah,* louange à Allah] *est une aumône ; chaque tahlîl* [dire *: lâ ilâha illa Allah,* il n'y a nulle autre divinité, digne d'adoration en toute vérité, excepté Allah] *est une aumône. Enjoindre le convenable est une aumône ; interdire le blâmable est une aumône et la relation intime entre l'homme et sa femme est une aumône. »* (Rapporté par Mouslim).

[Voir : Aumône Légale]

Aumône Légale [*az-Zakât*]

L'aumône légale (*ou Zakât*) est le troisième pilier de l'Islam. Le Prophète (ﷺ) a dit : *« L'Islam est construit sur cinq piliers : témoigner qu'il n'y a nulle autre divinité, digne d'adoration, excepté Allah et que Muhammad est le Messager d'Allah ; accomplir la prière ; donner l'aumône légale ; accomplir le pèlerinage à la Maison Sacrée* [à la Mecque] *et jeûner le mois de Ramadan. »* (Rapporté par Boukhârî et Mouslim).

La *zakât* est une obligation pour tout musulman qui possède le montant minimal à l'acquittement du paiement de la *zakât* (appelé en arabe : *an-nisâb*) durant une année complète.

La *zakât* est donnée [et distribuée] à huit catégories de personnes mentionnées dans le verset suivant : {...aux pauvres, aux nécessiteux, à ceux qui collectent la *zakât,* à ceux dont les cœurs ont récemment embrassé l'Islam, aux esclaves pour leur affranchissement, aux endettés, à ceux étant dans la voie d'Allah et aux voyageurs [en détresse].} (Sourate : Le Repentir, 9 : 60).

La *zakât* est une expression vivante de l'affection [portée] aux pauvres et aux nécessiteux afin de les aider à satisfaire leurs besoins et à rembourser leurs dettes. En arabe, la signification littérale de la *zakât* est : purification. La *zakât* purifie les biens de celui qui la donne et Allah (سبحانه وتعالى) lui bénira et lui accroîtra ce qu'il possède. Elle purifie aussi le cœur de l'envie, de la jalousie et de la haine et elle favorise la bonne pensée à l'égard du bienfaiteur. Elle distille chez les croyants la générosité et purifie leurs cœurs de l'avarice et de l'avidité de la richesse. Elle est un remède pour nombre de maux sociaux et une cure efficace contre l'avidité. Le Coran dit : {Et quiconque se prémunit contre sa propre avarice sera celui qui aura réussi.} (Sourate : Le Rassemblement, 59 : 9).

Le Coran enjoint clairement que la richesse ne doit pas être uniquement dans les mains de quelques-uns et qu'elle soit constamment en circulation (Sourate : Le Rassemblement, 59 : 7). Pour réaliser cela, l'Islam interdit le prêt d'argent à taux d'intérêt (*ribâ*), par le biais duquel une petite minorité de gens rusés est capable de monopoliser la majeure partie de la richesse de la communauté. Elle fait des provisions pour la redistribution obligatoire de l'héritage. L'Islam ne permet à personne de laisser tout ce qu'il possède à des héritiers afin que la part d'un héritier s'accroisse au détriment de l'autre. Plutôt, il cherche à apporter des ajustements équitables dans la distribution de la richesse. Il impose comme première charge à tout gouvernement, dans ses revenus et ressources, l'obligation de pourvoir au bien-être et au progrès des classes sociales les plus pauvres de la communauté. A travers ces moyens, l'Islam amène la prospérité économique pour toutes les classes populaires.

Quand un musulman paie sa *zakât*, quelle que soit sa forme, il ne doit pas faire suivre cet acte par un tort ou un rappel de ce bien accompli. Allah (سبحانه وتعالى) dit : {Une belle parole et un pardon valent mieux qu'une aumône suivie d'un tort.} (Sourate : La Vache, 2 : 263). Lorsque le musulman donne pour la cause d'Allah, il n'espère, ni ne demande aucun profit matériel en contrepartie. Il sait que la richesse appartient à Allah. Il lui a octroyé celle-ci et ainsi il en donne, volontairement, une partie même [si elle a été] durement acquise. En effet, il est convaincu qu'Allah le lui rendra en échange et le rétribuera dans l'Au-delà pour avoir obéi à Son Ordre. Allah (سبحانه وتعالى) dit : {Quoique vous dépensiez, il vous le rendra en échange et Il est le Meilleur des pourvoyeurs.} (Sourate : Saba, 34 :39).

Il a aussi dit : {Vraiment, ceux qui récitent le Livre d'Allah, accomplissent la prière et dépensent, secrètement et ouvertement, de ce que Nous leur avons attribué, ils espèrent un commerce qui jamais ne périra.} (Sourate : Le Créateur, 35 : 29).

[Voir : Islam ; Intérêt ; Aumône]

Aumône (de la fin du mois de Ramadan) [*Zakât al Fitr*]

La *zakât al Fitr* (ou aumône de la rupture du jeûne) est une forme d'aumône obligatoire pour tout individu musulman, quel que soit son statut: qu'il soit libre, esclave, homme, femme, jeune ou adulte.

Cette aumône doit être donnée par le musulman, avant tout pour lui-même, mais aussi pour toute personne qu'il a sous sa tutelle, au plus tard au premier jour du mois de Chawwâl, qui suit le mois de Ramadan. Ibn 'Abbas (رضي الله عنه) a dit : *« Le Messager d'Allah (ﷺ) a rendu la zakât al-Fitr obligatoire en guise de purification pour le jeûne de la personne vis-à-vis des propos futiles, des vains discours (ou actes inutiles), des propos ou attitudes obscènes mais aussi afin de nourrir le pauvre. Donc, quiconque la donne avant la prière du 'Id, c'est une aumône acceptée et quiconque la donne après la prière c'est une aumône ordinaire. »* (Rapporté par Abû Dawoud, Ibn Mâjah et authentifié par al Hâkim).

Ce hadith clarifie le fait que la *zakât al-Fitr* doit être donnée avant d'accomplir la prière du *'Id al-Fitr*. Bien qu'il soit meilleur de la donner le jour même, il est aussi permis de la donner un ou deux jours avant le *'Id*.

La quantité à donner est un sa' qui correspond à quatre *amdâd* (singulier : *mudd*, quantité correspondant à la réunion des deux paumes de la main) du produit local en vigueur dans le pays. Abû Sa'îd (رضي الله عنه) a dit : *« Quand le Messager d'Allah (ﷺ) était parmi nous, nous avions l'habitude de donner la*

zakât al-Fitr pour une personne, jeune ou adulte, libre ou esclave, d'une quantité équivalant à un sa' de blé, de fromage, d'orge, de dattes sèches ou de raisins secs.» (Rapporté par Boukhârî et Mouslim).

La *zakât al-Fitr* doit être donnée sous forme de nourriture. Elle ne doit pas être donnée sous forme d'argent Ce n'était pas la tradition du Prophète (ﷺ), ni de ses compagnons de la donner en espèce.

La *zakât al-Fitr* n'est pas obligatoire pour celui qui ne possède pas la valeur d'un jour de nourriture. Mais quiconque possède cette valeur et paie son aumône alors cela lui suffira.

[Voir : Ramadan ; Aumône ; Aumône Légale]

Bassin [*al-Hawd*]

Al-Hawd est un immense bassin où iront boire ceux qui suivent le Prophète Muhammad (ﷺ), le Jour du Jugement. Ceux, qui n'auront pas suivi sa voie ou qui auront changé leur religion islamique après lui en y introduisant des innovations (bid'a), seront privés [de ce bassin].

Le Prophète (ﷺ) a décrit ce bassin comme suit :

« Mon bassin est [si large] qu'il faut un voyage d'un mois pour le traverser. Son eau est plus suave que le lait. Son odeur est plus parfumée que celle du musc. Ses coupes sont aussi nombreuses que le nombre des étoiles dans le ciel. Quiconque y boit ne sera plus jamais assoiffé. » (Rapporté par Boukhârî).

Il (ﷺ) a aussi dit :

« Je vous précèderai au Hawd, certains viendront juste en face de moi de telle sorte que je les regarderai, mais à ce moment-là on les saisira et on les éloignera de moi. Alors je dirai : "Ô Seigneur, mes compagnons !", on me répondra : "Tu ne sais pas ce qu'ils ont introduit après toi comme innovations dans la Religion." » (Rapporté par Boukhârî).

Dans un autre hadith, il (ﷺ) a dit :

« Je me tiendrai au Bassin et je verrai lesquels d'entre vous viendront à moi. Certains d'entre vous seront éloignés de moi, alors je m'exclamerai : "Ô Seigneur, ils sont des miens et font partie de ceux qui me suivent !". Alors, on me répondra : "As-tu vu ce qu'ils ont accompli après toi ? Par Allah, ils ont tourné les talons [et ont abandonné leur Religion.]" » (Rapporté par Boukhârî).

[Voir : Jour de la Résurrection ; Innovation]

Bête de sacrifice [*al-'Udhiya*]

Al-'Udhiyya est l'animal qui doit être sacrifié après la prière du *'Id al-Adhâ* afin de chercher à se rapprocher d'Allah. C'est une pratique régulière et confirmée du Prophète (ﷺ). Donc, chaque musulman qui en a les moyens doit observer cette pratique. Allah mentionne que les sacrifices sont des rites établis par Allah : {Nous avons désigné les chameaux (et les vaches) bien portants pour certains rites établis par Allah. Il y a en eux pour vous un bien. Prononcez donc le nom d'Allah} puis Il a dit que cela était un signe de gratitude: {afin que vous soyez reconnaissants} ainsi qu'une proclamation de Sa grandeur et de Sa gloire : {afin que vous proclamiez la grandeur d'Allah pour vous avoir guidés} (Sourate : Le Pèlerinage, 22 : 36-37).

Celui qui a l'intention de sacrifier un animal, et que le mois de *Dhoul Hijja* a déjà commencé, ne doit pas se couper les ongles, ni les cheveux ; il ne doit pas se raser [les poils] jusqu'à ce que la bête soit sacrifiée. Le sacrifice est permis jusqu'à la prière du maghrib du 13ème jour de *Dhoul Hijja* [3ème jour de Tachrîq].

La bête de sacrifice doit être un animal apte à la consommation, comme les chameaux, les vaches, les veaux, les moutons et les brebis.

Une vache, un chameau, un veau peuvent être répartis entre sept personnes pourvu que chacune ait l'intention de sacrifier. Un mouton ou une brebis peut être sacrifié par un homme au nom des membres de sa famille.

L'âge du chameau, de la vache ou du veau doit être au moins de deux ans, pour un mouton six mois et pour une brebis un an.

Il n'est pas permis d'offrir en sacrifice un animal qui est borgne, aveugle, estropié, extrêmement malade ou extrêmement gras (Rapporté par Mouslim).

Vraiment, la récompense pour le sacrifice d'un animal est grande. Le Prophète (ﷺ) a dit : *« Le jour du sacrifice, l'acte le plus aimé d'Allah est de verser le sang de la bête de sacrifice.»* (Rapporté par Tirmidhî).

Il est recommandé de manger la viande de son sacrifice, d'en donner en aumône mais aussi en cadeau à ses amis et voisins.

[Voir : Fête ; Sacrifice pour le nouveau-né]

Calendrier Islamique [*at-Taqwîm al-Islâmî*]

Avant l'Islam, les Arabes n'avaient pas de calendrier propre à eux. Bien qu'ils connaissaient les douze mois lunaires, ils avaient l'habitude de reconnaître l'époque en se référant aux incidents, avant ou après des évènements importants comme « l'année de l'Eléphant ».

Le calendrier islamique, basé uniquement sur les cycles lunaires, fut introduit par 'Umar ibn al Khattâb (رضي الله عنه) dans une tentative de rationaliser les systèmes variés, et parfois contradictoires, de calcul du temps, à son époque. En effet, une fois, il (رضي الله عنه) reçut un document légal daté du mois de *Cha'bân*. Mais il n'était pas sûr de l'année, à savoir ce document se référait-il au mois de *Cha'bân* de cette année ou celui de l'année précédente. Il consulta ses conseillers quant à la date de commencement du nouveau calendrier islamique. Après maintes délibérations, il fut finalement convenu et accepté que le point de référence le plus adéquat, pour [établir] le calendrier islamique était l'Emigration (*al Hijra*) du Prophète (ﷺ) de La Mecque à Médine. Bien que le Prophète (ﷺ) émigra durant le mois de *Rabî' al-Awwal*, 'Umar (رضي الله عنه) choisit le mois de *Muharram* pour le commencement du calendrier islamique car ce mois était le premier mois lunaire.

Le calendrier islamique a été abrégé par certains, en Occident, par les initiales: AH. Celles-ci proviennent du latin et signifient : *Anno Hegirae,* c'est-à-dire : Année Hégirienne.

Les musulmans sont obligés d'utiliser le calendrier islamique car tous les préceptes islamiques nécessitant la détermination du temps doivent se baser sur lui, comme le [début et la fin du] mois de Ramadan ou encore les rites du pèlerinage.

[Voir : 'Umar ibn al Khattâb (رضي الله عنه) ; Année de l'Eléphant ; Emigration]

Califes Bien Guidés (*al Khoulâfâ' ar-Rachidoun*)

Les califes bien guidés (*al Khoulâfâ' ar-Rachidoun*) sont les quatre premiers califes à avoir dirigé l'Etat Islamique après la mort du Prophète (ﷺ).

Ils sont :

1-Abou Bakr as-Siddiq (رضي الله عنه).

2-'Umar ibn Al-Khattâb (رضي الله عنه).

3-'Uthmân ibn 'Affân (رضي الله عنه).

4-'Alî ibn Abî Tâlib (رضي الله عنه).

Ils sont parmi ceux dont le Prophète (ﷺ) était satisfait avant sa mort. Ils sont parmi les dix compagnons à qui le Prophète (ﷺ) a annoncé la bonne nouvelle de leur entrée au Paradis durant leur vivant. Ils étaient tous de la tribu de Quraych. Ils étaient parmi les premiers convertis à l'Islam. Les membres de la société musulmane leur prêtèrent serment d'allégeance.

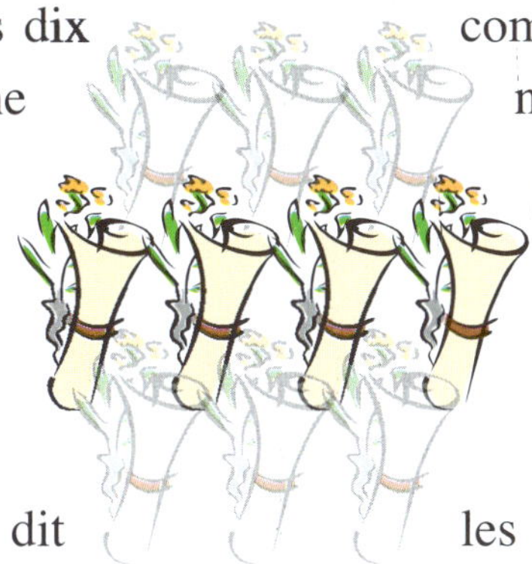

Le Prophète (ﷺ) a dit les concernant : « *Attachez-vous à ma Tradition et à la tradition des califes bien guidés. Attachez-vous y solidement* [littéralement : *mordez-y avec les molaires*]. » (Rapporté par Tirmidhî, il a dit : hadith bon authentique).

[Voir : Compagnons ;
Abou Bakr as-Siddiq (رضي الله عنه) ; 'Umar ibn al Khattâb (رضي الله عنه) ; 'Uthmân ibn 'Affân (رضي الله عنه) ; 'Alî ibn Abî Tâlib (رضي الله عنه)]

Charia (*Charî’at*)

La Charia (Loi Islamique) gouverne tous les aspects de la vie et fait référence aux croyances, aux actes d’adoration, aux relations et aux modes de vie qu’Allah (سبحانه وتعالى) a établis.

Le terme Charia fait référence exclusivement à ce qu’Allah nous a fait descendre. En effet, Allah est le Législateur, Celui qui légifère. Il n’est pas opportun d’utiliser le terme Charia en référence aux lois humaines.

La Charia englobe aussi bien la foi que la pratique. Elle embrasse l’adoration, le comportement et la conduite individuelle, les normes sociales et les lois, qu’elles soient politiques, économiques, familiales, pénales ou civiles.

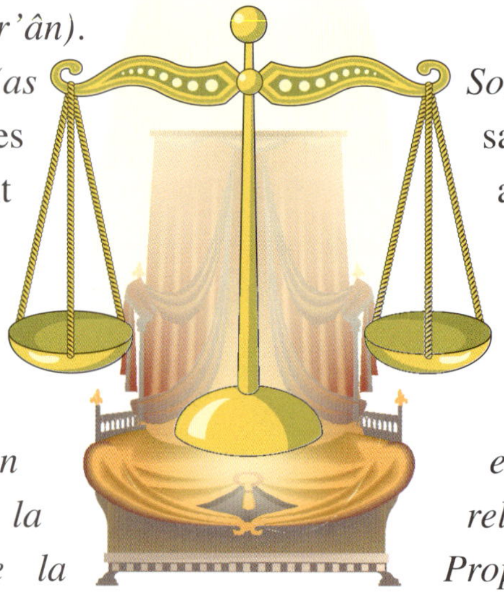

La Charia est issue de quatre sources principales :

1-le Coran *(al-Qur’ân)*.
2-la Tradition *(as Sounna)*.
3-le Consensus [des savants] *(Al-Ijmâ‘)*.
4-le raisonnement analogique *(al-Qiyâs)*.

Les sources premières de la Charia sont le Coran et la Tradition du Prophète (ﷺ). L’imam Châtibî a écrit dans [son livre] al Muwafaqât: « *Le Coran est la Charia toute entière, le support de la religion, la fontaine de la sagesse, le signe de la Prophétie, et la lumière des yeux et du cœur. Il n’y a aucune voie [qui mène] à Allah si ce n’est à travers lui [le Coran] et il n’y a pas d’autre issue de secours, quels que soient les moyens, si ce n’est par lui. Tu ne dois pas t’attacher à quelque chose qui le contredit. Rien de cela n’a besoin de confirmation ou de déduction car ceci est connu [comme étant] la religion de la Communauté Musulmane. Ainsi, quiconque souhaite une connaissance complète de la Charia, désire cerner ses buts [et objectifs] et rejoindre ses adhérents doit nécessairement prendre le Coran comme son compagnon fidèle et faire de lui son ami intime, de jour comme de nuit, tant dans la recherche que dans l'action. »* (Volume 3, page : 247).

Cependant, bien que le Coran expose certaines règles légales fondamentales, il ne traite pas de prescriptions légales spécifiques dans nombre de domaines. Pour cette raison, les juristes musulmans regardent d'autres sources afin de compiler un corpus juridique détaillé [un code de lois]. La tradition (Sounna), qui correspond à la pratique et conduite du Prophète (ﷺ), est la seconde source de la Charia qui fait office d'autorité. Allah (سبحانه وتعالى) dit : {Ce que le Messager vous donne prenez-le et ce qu'il vous interdit évitez-le} (Sourate : Le Rassemblement, 59 : 7).

La Sounna explique le Coran, elle l'illustre et détaille certaines généralités et compléments dans certains domaines. La prière est un bon exemple pour clarifier ce point. Dans le Coran, Allah (سبحانه وتعالى) ordonne aux croyants d'accomplir les cinq prières obligatoires mais sans expliquer la manière de les faire. La Sounna vient alors, à travers l'exemple du Prophète (ﷺ) et ses explications, nous dire comment on doit accomplir la prière.

Néanmoins, si ni le Coran, ni la Sounna ne donnent d'indication sur un point précis, alors les juristes regardent généralement le consensus (Al-Ijmâ') adopté par les savants musulmans. Si tous les savants d'une certaine région géographique s'accordent sur tel point légal, alors leur avis fait figure d'autorité.

Si aucune de ces trois sources n'a permis d'avoir un avis légal nécessaire, un juriste peut recourir [en dernier lieu] au raisonnement analogique (al-Qiyâs) en appliquant un principe accepté ou assumé dans sa probabilité à venir comme règle de loi.

Par conséquent, la Charia n'est pas un corpus de lois rigides. Elle autorise le génie humain à s'adresser à des situations variables par une législation modulable. Cependant, cela est [du ressort et de] la spécialité des savants musulmans.

L'objectif et le but ultime de la Charia sont le bien-être des gens dans ce bas monde et l'Au-delà. De manière générale, les besoins d'une communauté sont classés en nécessités vitales, en nécessités ordinaires et en besoins complémentaires qui rendent la vie joyeuse dans sa signification. Classifier cette liste est la première catégorie qui comprend les cinq objectifs largement connus de la Charia, dont le but est la préservation [et la protection] de:

1- La vie.
2- L'esprit.
3- La religion.
4- La propriété.
5- Des espèces.

[Voir : Jugements]

Chemin (ou Pont) [as-Sirât]

As-Sirât signifie chemin. Le Coran utilise l'expression *as-Sirât al mustaqîm* (le chemin droit) pour La Religion musulmane. Dans le contexte du Jour de la Résurrection, *as-Sirât* fait référence au Pont qui enjambe l'Enfer et que chaque musulman devra traverser, comme il est dit dans la sourate Marie, 19 : 71-72.

Le Pont est plus fin qu'un cheveu et plus effilé qu'une lame. La seule voie d'accès au Paradis sera de le traverser. Le Prophète (ﷺ) sera le premier à le traverser puis ensuite les Prophètes et Messagers d'Allah (ﷺ), que la paix d'Allah soit sur eux tous. Ensuite, ils seront suivis par la communauté musulmane et enfin par les peuples des autres Prophètes et Messagers.

Quiconque le franchira entrera au Paradis. Les croyants le traverseront selon leurs œuvres. Certains passeront comme un clignement de paupière, d'autres à la vitesse de la lumière, d'autres comme un vent impétueux, d'autres à la vitesse d'un cheval au galop, d'autres comme quelqu'un qui court, d'autres en marchant, d'autres en rampant et d'autres seront saisis. Des deux côtés du Pont, il y aura des énormes crochets qui happeront quiconque leur aura été désigné. Certains seront saufs, d'autres seront lacérés et d'autres enfin seront saisis et jetés en Enfer.

[Voir: Grands Signes de l'Heure; Jour de la Résurrection; Paradis]

Circumambulation [Tawâf]

La circumambulation (*Ṯawâf*) est l'acte de tourner autour de la Ka'ba en récitant des prières et des invocations. Un tour complet autour de la Ka'ba s'appelle *chawṯ* (pluriel : *achwât*). Lorsque sept tours sont accomplis, la circumambulation (*ṯawâf*) est terminée. Le *tawâf* est un acte d'adoration comme la prière, à la seule différence que durant celui-ci la personne peut parler au contraire de la prière. Cependant, la personne doit parler en bien.

Il y a plusieurs types de *tawâf* :

1- **La circumambulation d'arrivée *(Ṯawâf al-Qoudoum):*** ce *ṯawâf* est une tradition (*sounnah*), il est accompli lorsqu'on entre à La Mosquée Sacrée de La Mecque avec l'intention d'accomplir le pèlerinage (*Ḫajj*) ou la 'Umra.

2- **La circumambulation de venue (d'Arafat) *(Ṯawâf al-Ifâḏat):*** ce *ṯawâf* est un des rites principaux du pèlerinage. Quiconque le délaisse, son pèlerinage est invalide.

3- **La circumambulation d'Adieu *(Ṯawâf al-Wadâ'):*** ce *ṯawâf* est celui de l'adieu, chaque pèlerin l'accomplit juste avant de quitter La Mecque lorsqu'il retourne chez lui. C'est un acte obligatoire parmi les rites du pèlerinage et quiconque le délaisse doit sacrifier un animal à titre d'expiation.

4- **La circumambulation surérogatoire *(Ṯawâf at-Taṯṯawwu'):*** c'est un acte recommandé qui peut être accompli à n'importe quel moment lors du séjour de quelqu'un à La Mecque.

Pour accomplir le *tawâf*, le musulman doit être propre et vierge de toute impureté physique, mineure ou majeure. Il doit réunir son intention au début de cet acte, s'assurer que ses parties intimes sont couvertes, commencer et finir son *tawâf* à la Pierre Noire. Il doit laisser la *Ka'ba* à sa gauche et doit tourner dans le sens inverse des aiguilles d'une montre et compléter sept tours autour de la *Ka'ba*. De même, il peut accomplir son *tawâf* à l'extérieur de [l'enceinte] de la *Ka'ba* mais sans interrompre son circuit à moins d'une raison valable qui le pousse à faire cela, autrement celui-ci sera invalide. Une des erreurs du *tawâf* est de l'accomplir à l'intérieur du mur semi-circulaire connu sous le nom de *Hijr Ismâ'îl*, qui est considéré comme partie intégrante de la *Ka'ba*.

Les actes du *tawâf* issus de la Tradition (*Sounna*) incluent aussi :

1- Embrasser la Pierre Noire au début du *tawâf*, si possible ; ou simplement la toucher ou alors la saluer de la main en disant : *Allah Akbar* s'il est difficile [de l'atteindre].

2- Toucher le coin yéménite.

3- Embrasser la Pierre Noire à chaque tour.

4- Accomplir deux unités de prière (*raka'tayn*) derrière la station d'Abraham (*Maqâm Ibrâhîm*), si possible, après avoir terminé son *tawâf* ; ou alors les accomplir n'importe où à l'intérieur de la Mosquée. Durant cette prière, la personne récite la sourate 109 : Les Infidèles (*Al-Kâfiroun*) dans la première unité et la sourate 112 : La Pureté (*Al-Ikhlâs*) dans la seconde.

Le *tawâf* a beaucoup de mérites. Le Prophète (ﷺ) a dit : « *A chaque fois que la personne lève le pied du sol dans le tawâf, Allah lui efface un péché et lorsqu'il l'abaisse, Allah lui écrit une récompense dans son registre.* » (Rapporté par Tirmidhî).

[Voir : Pèlerinage ; 'Umra ; Mosquée Sacrée]

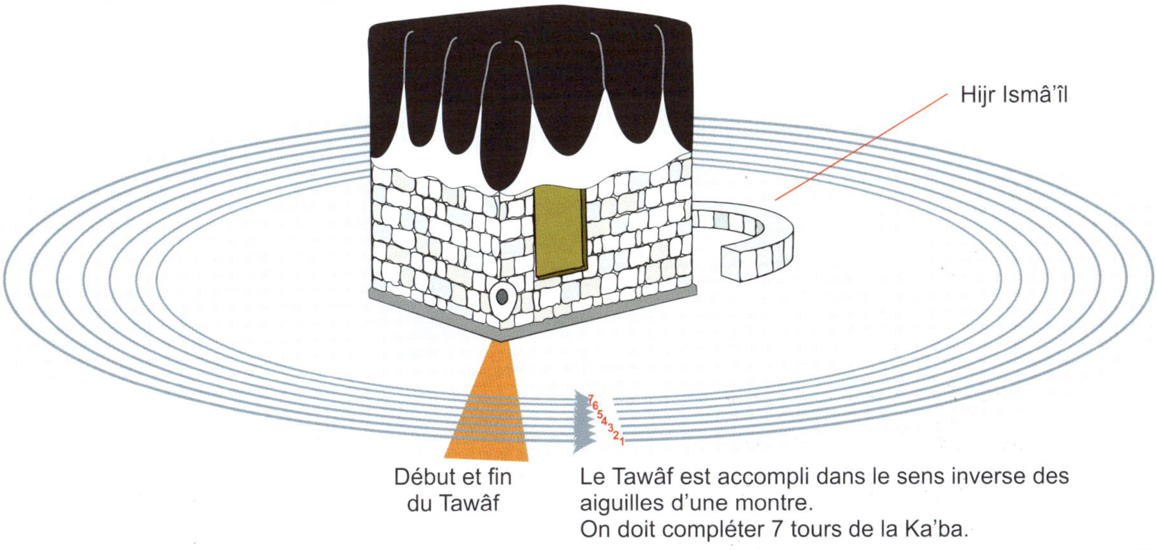

Compagnons [as-Sahâbat]

Les *Sahâbat* (singulier : *sahâbî*) sont les compagnons du Prophète Muhammad (ﷺ) qui l'ont rencontré, ont cru en ses enseignements et sont morts en étant musulmans. En réalité, ils représentent la meilleure génération des musulmans. Ils ont reçu les instructions [et enseignements] directement du Prophète (ﷺ) et ont suivi son exemple. Le Prophète (ﷺ) a dit : *« Les meilleurs de mes suivants sont ceux de mon siècle (ma génération) puis ceux qui viennent après eux et ensuite ceux qui viennent après ces derniers. »* (Rapporté par Boukhârî).

De même, les compagnons sont aussi ceux qui ont embrassé l'Islam après la Conquête de La Mecque et [évidemment] cela inclut aussi les Emigrés (*al Muhâjiroun*) et les Assistants (*al Ansâr*):

★ 1- Les Emigrés (*al Muhâjiroun*) sont ceux qui se sont convertis à l'Islam et ont soutenu le Prophète (ﷺ) au début de la mission islamique puis ont émigré de La Mecque à Médine lorsque Allah (ﷻ) le leur autorisa ainsi qu'à Son Prophète.

★ 2- Les Assistants (*al Ansâr*) sont les habitants de Médine qui ont cru au Prophète (ﷺ), lui ont prêté assistance et l'ont aidé.

La seconde tâche principale à laquelle s'attela le Prophète (ﷺ), suite à son émigration, fut la construction de la Mosquée afin de cimenter les liens mutuels de fraternité entre les *Muhâjiroun* et les *Ansâr*.

Allah (ﷻ) a dit concernant les Emigrés : **{Les pauvres Emigrés, ceux qui ont été expulsés de leurs demeures et spoliés de leurs biens, ils recherchent une grâce émanant d'Allah ainsi que Sa satisfaction et ils secourent Allah et Son Messager, les voilà les véridiques.}** (Sourate : Le Rassemblement, 59 :8).

Une fois, le Prophète (ﷺ) s'est adressé aux *Ansârs* en ces termes : *« Par Celui Qui tient mon âme dans Sa main, vous êtes les gens les plus aimés auprès de moi. »* (Rapporté par Boukhârî).

Le musulman doit respecter les compagnons du Prophète (ﷺ) et les avoir en haute estime. Le Prophète (ﷺ) a dit : *« N'insultez pas mes compagnons car si l'un d'entre vous dépensait en or l'équivalent de la montagne de Uhud, cela n'équivaudrait pas à un mudd, voire même la moitié d'un, dépensé par l'un d'entre eux. »* (Rapporté par Boukhârî).

Allah a dit les concernant: **{Muhammad est le Messager d'Allah. Et ceux qui sont avec lui sont durs envers les mécréants, miséricordieux entre eux. Tu les vois inclinés, prosternés, recherchant d'Allah grâce et agrément. Leurs visages sont marqués par la trace laissée par la prosternation. Telle est leur image dans la Thora. Et l'image que l'on donne d'eux dans l'Evangile est celle d'une semence qui sort sa pousse, puis se raffermit, s'épaissit, et ensuite se dresse sur sa tige, à l'émerveillement des semeurs. Allah par eux remplit de dépit les mécréants. Allah promet à ceux d'entre eux qui croient et font de bonnes œuvres, un pardon et une énorme récompense.}** (Sourate : La Victoire, 48 : 29).

Quant au mot *sahâbiyyât* (singulier : sahâbiyyat), ceci se réfère à toute femme [ayant rencontré] le Prophète (ﷺ) [en étant musulmane].

Coran [al-Qu'rân]

Le Coran est le discours inimitable d'Allah révélé au dernier Prophète et Messager, Muhammad (ﷺ) par l'intermédiaire de Gabriel (*Jibrîl*) (عليه السلام),

l'Esprit digne de confiance. Le Coran est constitué de 114 sourates. Il commence par la sourate *al-Fatiha* (L'ouverture) et se termine par la sourate *an-Nâs* (Les hommes). Le Coran possède d'autres noms, notamment : *al-Furqân* (le Discernement), *al-Kitâb* (le Livre), *adh-Dhikr* (l'Evocation, le Rappel).

Les meilleurs parmi les musulmans sont ceux qui l'apprennent et l'enseignent aux autres. Quiconque en récite une lettre sera crédité d'une récompense et la récompense est démultipliée. Le Prophète (ﷺ) a décrit la personne qui ne possède rien du Coran, dans son cœur, comme une maison en ruine et déserte.

Allah (سبحانه وتعالى) a révélé le Coran comme Guide, Miséricorde et Guérison pour les croyants. Il est aussi un miracle qui prouve la véracité du [message du] Prophète Muhammad (ﷺ). Allah dit : **{Dis: « Si les hommes et les djinns s'unissaient pour produire quelque chose de semblable à ce Coran, ils n'y parviendraient pas, même s'ils se soutenaient mutuellement les uns les autres.}** (Sourate: Le Voyage Nocturne, 17 : 88).

Après la corruption des écritures anciennes [comme la Thora et l'Evangile], le Coran est venu confirmer le message originel et véritable de l'Islam afin d'être témoin en approuvant la vérité et en désapprouvant le faux contenu à l'intérieur [de ces écritures].

Bien que certaines de ces écritures soient toujours présentes, elles ne le sont pas dans leurs formes originelles du fait des omissions et des rajouts des hommes qui y ont été glissés [et les ont altérées]. Le Coran est la seule écriture divine qui a passé l'épreuve du temps car il est La Vérité émanant d'Allah qui Lui-même S'est chargé de le préserver.

{C'est Nous, en vérité, qui avons révélé le Rappel (le Coran) et c'est Nous qui le préservons}. (Sourate: Al Hijr, 15 : 9). **{...En vérité, c'est un livre honorable et bien préservé** [parce que c'est le discours d'Allah et Il l'a protégé de la corruption]. **Il est inaccessible à toute erreur, d'où qu'elle vienne. Il a été révélé par Celui qui est Sage et Digne de louange.}** (Sourate: Les versets détaillés, 41 : 41-42).

Le Coran a été consigné en entier du vivant du Prophète (ﷺ) sur des feuilles de palmier, des parchemins et des os. De plus, des dizaines de milliers de compagnons du Prophète (ﷺ) l'ont mémorisé par cœur, exactement comme il a été révélé. Le Coran est toujours appris [par cœur], lu dans son langage original, l'arabe, enseigné et étudié par des millions de personnes dans le monde entier. Il n'y a aucun autre livre, religieux ou autre, dans l'Histoire, qui n'ait bénéficié d'une telle attention et d'un tel soin.

Le Coran est parfait, uniquement, sous sa forme révélée en arabe. Les traductions sont le résultat d'un effort humain imparfait. De même, il manque aux traducteurs ce style inspiré merveilleux qui se trouve originellement dans le Coran [en arabe]. Par conséquent, les traductions ne sont que « des commentaires du Coran » ou encore « des traductions des significations du Coran » mais non le Coran en tant que tel.

[Voir : Gabriel (عليه السلام)].

Course entre Safâ et Marwâ [as-Sa'yî]

Le *Sa'yî* (course entre *Safâ* et *Marwâ*) est un rite obligatoire du Pèlerinage et de la '*Umra* qui implique d'aller et venir sept fois entre les deux monts de *Safâ* et *Marwâ*, situés respectivement au nord et au sud de la *Ka'ba*. Le *Sa'yî* nous

rappelle [le souvenir de] Hajar (la femme du Prophète Abraham عليه السلام) lors de sa recherche effrénée d'eau pour étancher la soif de son bébé Ismaël (عليه السلام) après que le Prophète Abraham (عليه السلام) les eut laissés dans le désert suite à l'ordre d'Allah. Allah (سبحانه وتعالى) a dit : **{Vraiment, Safâ et Marwâ sont parmi les rites [de la religion] d'Allah}** (Sourate: La Vache, 2 : 158).

Le *Sa'yî* consiste en sept va-et-vient entre *Safâ* et *Marwâ*. Un parcours est complet lorsque l'on commence de *Safâ* et on termine à *Marwâ*. Le retour de *Marwâ* à *Safâ* complète un second parcours. Et ainsi de suite.

Le *Sa'yî* est accompli après le *tawâf* de la *'Umra*, après le *tawâf al-Qoudoum* (circumambulation d'arrivée) ou après le *tawâf al-Ifâda* (circumambulation de venue). Concernant le *Sa'yî* accompli après les deux premiers types de tawâf ci-dessus, la personne doit être en état de sacralisation. Quant au troisième type, ce n'est pas une obligation à moins que la personne n'accomplisse son *tawâf* avant d'avoir rasé sa tête ou de s'être coupée les cheveux.

Pendant l'accomplissement du *Sa'yî*, le pèlerin doit commencer de *Safâ* et terminer à *Marwâ*. Il ne doit pas s'engager dans une discussion futile ni s'adonner à un quelconque commerce, cependant il peut parler si besoin nécessaire. [En fait,] il peut s'engager dans diverses adorations comme les Invocations, le Rappel, la Glorification et la récitation du Coran sans élever la voix ou causer du tort aux autres.

Début de **Safâ**

Les hommes doivent courir, si possible, entre les deux signaux verts (situés sur chacun des côtés à proximité de *Safâ*).

Les femmes en état de menstrues peuvent accomplir le *Sa'yî* étant donné que l'état de pureté n'est pas une condition pour [l'accomplissement de] cette œuvre. En fait, elles peuvent accomplir l'ensemble des actes du pèlerinage excepté le *tawâf* autour de la *Ka'ba*, *tawâf* qu'elles accompliront sitôt purifiées après leurs menstrues. Le *Sa'yî* peut être interrompu pour accomplir la prière en groupe. Après avoir terminé sa prière, la personne reprend son *Sa'yî* là où elle l'a arrêté.

[Voir : Circumambulation ; Pèlerinage ; 'Umra]

Destin (ou Décret Divin) [al-Qadar]

Le Destin [ou décret divin] (*al-Qadar*) signifie qu'Allah (سبحانه وتعالى) a décrété toutes choses et qu'Il connaît leurs circonstances ainsi que le lieu où elles vont se dérouler avant même qu'elles ne se produisent.

La croyance dans le Destin, en bien ou en mal, est un des piliers de la Foi. Lorsque *Jibrîl* (عليه السلام) interrogea le Prophète (صلى الله عليه وسلم) à propos de la foi, il répondit: *« La Foi est de croire en Allah, Ses anges, Ses livres, Ses messagers, le Jour*

Dernier et de croire au Destin, en bien ou en mal. » (Rapporté par Mouslim).

Un musulman qui croit au Destin récolte de nombreux bénéfices incluant:

1-Il expérimente un sentiment de joie et de satisfaction dans le lot [de sa vie] car il croit que quel que soit le malheur qui le touche, celui-ci a été décrété, à l'avance, par Allah (سبحانه وتعالى), le Sage, Celui qui sait ce qui est le mieux pour Ses serviteurs. Allah (سبحانه وتعالى) dit : **{Il se peut que vous répugniez une chose alors qu'elle vous est un bien. Et il se peut que vous aimiez une chose alors qu'elle vous est un mal.}** (Sourate: La Vache, 2 : 216).

2-Il devient courageux car il sait avec certitude que tout ce qu'Allah souhaite qu'il lui arrive ne le manquera pas et inversement tout ce qu'Il ne souhaite pas qu'il lui arrive n'arrivera jamais.

3-Il ne se décourage pas (ni n'est abattu) pour ce qu'il a perdu.

4-Il ne craint pas le tort (ou le mal) de quiconque. Le Prophète (صلى الله عليه وسلم) a dit : *« Sache que si la communauté toute entière se réunissait pour te faire profiter d'une chose, tu n'en profiterais que si Allah te l'a prescrite. Et si elle se réunissait pour te nuire dans une chose, elle ne pourrait te nuire que si Allah te l'a prescrite... »* (Rapporté par Tirmidhî. Il a dit: Hadith bon authentique.)

[Voir : Foi]

Direction [al Qibla]

La *Qibla* est la direction vers laquelle se tourne tous les musulmans lorsqu'ils accomplissent leurs prières, c'est-à-dire vers : la *Ka'ba* à La Mecque.

Le Coran dit : **{Tourne donc ton visage vers la Mosquée Sacrée (de La Mecque), et où que vous soyez, tournez-y vos visages}** (Sourate: La Vache, 2 : 144).

Jérusalem (*Bayt al-Maqdîs*), là où se situe la Mosquée d'*al-Aqsâ*, la fameuse mosquée d'*al-Quds* à Jérusalem, fut la première direction de l'Islam avant la *Ka'ba*. Le Prophète (ﷺ) avait l'habitude de prier en direction de Jérusalem lorsqu'il vivait à La Mecque. Quand il émigra à Médine, Jérusalem resta la direction de la prière durant seize mois. Il désirait ardemment prier en direction de la *Ka'ba*, à La Mecque. Ainsi, il implora Allah de changer la direction de la *Qibla*. Allah exauça sa prière: **{Certes, Nous te voyons tourner le visage en tous sens dans le ciel. Nous t'orientons donc vers une direction qui te satisfait.}** (Sourate: La Vache, 2 : 144).

Les prières ne sont valides que si elles sont accomplies en direction de la *Qibla*. Ceci est un symbole de l'Unité musulmane aussi bien que le lieu de rencontre de leurs cœurs et leurs âmes.

Néanmoins, si quelqu'un ne connaît pas la direction de la *Qibla*, il doit demander. S'il n'y a personne aux alentours alors il fait de son mieux pour trouver la bonne direction puis il prie.

S'il réalise, après avoir terminé sa prière, qu'il était dans la mauvaise direction, il ne doit pas recommencer sa prière. Cependant, s'il réalise cela durant sa prière alors il peut se tourner vers la *Qibla* sans [interrompre ou] quitter sa prière.

[Voir : Mosquée Sacrée ; Jérusalem]

Djinns [Jinn]

Les Djinns (au singulier : *jinnî*) ne sont pas des anges déchus, comme se méprennent certaines personnes. Allah (سبحانه وتعالى) les a créés d'une flamme d'un feu sans fumée. Allah (سبحانه وتعالى) dit : **{Il a créé les Djinns d'une flamme d'un feu sans fumée.}** (Sourate : Le Tout Miséricordieux, 55 : 15).

A'icha (رضي الله عنها) a rapporté que le Prophète (صلى الله عليه وسلم) a dit : « *Les anges ont été créés de lumière, les djinns ont été créés d'une flamme d'un feu sans fumée et Adam a été créé de ce que l'on vous a décrit.* » (Rapporté par Ahmad).

Le premier djinn à avoir désobéi fut Iblis. Tant le Coran que la Sounnah décrivent les djinns comme une espèce d'êtres vivants à part entière. Tout comme les humains, ils sont libres de croire ou non, d'accepter ou de rejeter la bonne direction. Allah (سبحانه وتعالى) dit les concernant : **{Il y a parmi nous des vertueux et d'autres qui ne le sont pas. Nous avons suivi des chemins différents.}** (Sourate : al Jinn, 72 : 11).

Un groupe d'entre eux a écouté la récitation du Coran avec un grand respect et ont cru. (Voir : Sourate : al-Ahqâf, 46 : 29 à 32).

Les djinns sont des êtres ayant une forme. Ils mangent, ils boivent, ils se marient et ils procréent. Ils ont le pouvoir d'avoir plusieurs formes et sont capables d'accomplir des actes incroyables que les humains ne pourraient faire. Néanmoins, ils ne connaissent pas l'invisible ni l'inconnu. Enfin, ils jouissent d'un certain libre arbitre pour lequel ils seront interrogés sur leurs actes accomplis.

[Voir : Satan ; Salomon (عليه السلام)]

Emigration [al Hijra]

Al Hijra se réfère à l'émigration du Prophète (ﷺ), et de ses partisans, de La Mecque à la ville de Médine.

Au cours du pèlerinage annuel, le Prophète (ﷺ) délivra un sermon à *Mina* et gagna son auditoire, parmi eux, un petit groupe de Médinois fut attiré et embrassa l'Islam. L'année suivante, ils prêtèrent serment d'Allégeance, ce serment fut connu comme le Premier Pacte d'*al-'Aqaba*. Le Prophète (ﷺ) envoya Mus'ab ibn 'Umayr (رضي الله عنه) à Médine afin d'enseigner aux gens les principes de la nouvelle foi qui s'étendit très rapidement. Quand le temps du pèlerinage revint, le Prophète (ﷺ) se trouva entouré par un groupe enthousiaste de 72 partisans médinois. Dans un défilé secret, ils prêtèrent de nouveau serment, connu sous le nom de Second Pacte d'*al-'Aqaba* où ils promirent de recevoir et de défendre le Prophète (ﷺ) et la [nouvelle] foi, fût-ce au prix de leurs vies.

Sous l'ordre du Prophète (ﷺ), les musulmans partirent secrètement, par petits groupes, en direction de Médine quittant leurs maisons et laissant derrière eux leurs propriétés pour la cause de leur foi. Finalement, quand le Prophète reçut l'ordre d'Allah d'émigrer, il fut résolu à agir en conséquence. Accompagné par Abou Bakr (رضي الله عنه), ils se cachèrent, au début, pendant trois jours dans une caverne du Mont Thawr, proche de La Mecque jusqu'à ce que les poursuivants abandonnent tout espoir de les trouver.

Lorsqu'ils atteignirent Médine, les gens, dans une explosion de joie, proclamèrent la grandeur d'Allah (*Allah Akbar*) et se précipitèrent pour les accueillir. A Médine, le Prophète (ﷺ) construisit la mosquée et cimenta les liens de fraternité mutuelle entre les *Anṣârs* et les *Muhâjiroun*.

Il fut décidé par 'Umar ibn Al-Khaṯṯâb (رضي الله عنه) que l'année de la *Hijra* du Prophète [l'Emigration] serait la première année du [nouveau] calendrier [lunaire] islamique.

[Voir: Compagnons ; La Mecque ; Médine ; Calendrier Islamique]

Evocation ou Rappel [adh-Dhikr]

Le *dhikr* signifie l'évocation, le rappel d'Allah (سبحانه وتعالى). Celui-ci peut être accompli soit par la langue ou le cœur, mais la meilleure des formes de rappel est celle accomplie à la fois par le cœur et la langue. Allah (سبحانه وتعالى) ordonne aux croyants de s'engager dans le rappel : **{Ô vous qui avez cru ! Evoquez souvent Allah et glorifiez-Le matin et soir.}** (Sourate: Les Coalisés, 33 : 41-42).

Le Prophète (صلى الله عليه وسلم) a dit : « Allah (سبحانه وتعالى) dit : « *Je suis comme Mon serviteur s'attend à ce que Je sois. Je suis avec lui lorsqu'il se souvient de Moi. S'il Me mentionne dans son for intérieur, je le mentionne en Moi-même. S'il Me mentionne dans une assemblée, Je le mentionne dans une assemblée encore meilleure.* » (Rapporté par Boukhârî).

Une fois, le Prophète (صلى الله عليه وسلم) demanda à ses compagnons : « *Ne vais-je pas vous informer de vos meilleures actions, les plus pures auprès de Votre Roi, les plus lourdes pour vous élever en degrés, celles qui sont meilleures que dépenser en aumône l'or et l'argent et meilleures encore que rencontrer votre ennemi où vous les combattez et ils vous combattent ?* Les compagnons répondirent : « *Oui* ». Alors, il a dit : « *Le rappel d'Allah (عز وجل).* ».

Mu'adh (رضي الله عنه), un des compagnons du Prophète (صلى الله عليه وسلم) a dit un jour : « *Il n'y a rien qui sauve autant quelqu'un du châtiment d'Allah que le rappel d'Allah.* » (Rapporté par Tirmidhî).

Le Prophète (ﷺ) se souvenait d'Allah à chaque instant : avant d'aller au lit et au réveil ; en entrant et en sortant des toilettes ; en pénétrant au marché ; etc. Il y a certains petits livres consacrés aux différents rappels ici et là et c'est une bonne idée de les apprendre par cœur et ainsi de suivre la Tradition du Prophète (ﷺ).

Certaines formes de *dhikr* incluent le *tahmîd* (dire : *al hamdoulillah*, louange à Allah) ; le *tahlîl* (dire : *lâ ilâha illa Allah*, il n'y a nulle autre divinité, digne d'adoration, excepté Allah) ; le *tasbîh* (dire : *soubhânallah*, gloire à Allah) et le *takbîr* (dire : *Allah akbar*, Allah est le plus grand).

Le rappel d'Allah a beaucoup de bénéfices. Le Messager d'Allah (ﷺ) a dit : « *Quiconque dit cent fois : lâ ilâha illa Allah wahdahou lâ charika lah, lahoul mulk wa lahoul hamd wa houwa 'alâ koulli chay'in qadîr (il n'y a nulle autre divinité, digne d'adoration, excepté Allah, seul, sans associé, à Lui la Royauté, à Lui la Louange et Il est capable de toute chose) aura la récompense d'avoir affranchi dix esclaves, cent bonnes actions lui seront écrites, cent mauvaises lui seront effacées et il aura une protection contre Satan, en ce jour, du matin jusqu'au soir. Personne n'aura de meilleure récompense que la sienne excepté celui qui l'aura dépassé.* » (Rapporté par Boukhârî et Muslim).

[Voir : Glorification ; Proclamation de la Grandeur]

Exégèse (ou explication du Coran) [*at-Tafsîr*]

Le mot arabe *Tafsîr* signifie explication. Cependant, dans son sens technique cela fait référence aux commentaires du Noble Coran et à la science de son interprétation, l'explication de ses significations et la déduction de ses règles.

La personne qui entreprend l'explication du Coran est un *mufassir* ou exégète.

Les livres suivants sont les principaux livres d'exégèse :

1- *Tafsîr al-Qu'rân al-'Azîm*, de l'imam ibn Kathîr.

2- *Al-Jâmi' li Ahkâm al-Qu'rân* de l'imam al-Qurtubî.

3- *Tafsîr Rûh al-Ma'ânî fî Tafsîr al-Qu'rân al-'Azîm wa Sab'a al Mathânî* de l'iman Al-Alûsî.

4- *Jâmi' al-Bayân fî Tafsîr al-Qu'rân* de l'imam Muhammad ibn Jarîr at-Tabarî.

Ibn Taymiyya a dit que *la première chose à faire pour comprendre le Coran est de se référer au Coran en tant que tel, car souvent le Coran fait allusion brièvement à une chose à un endroit puis il l'explique en détail à un autre endroit. La seconde chose est de se référer aux explications fournies par le Prophète (ﷺ), qui non seulement communiquait les mots du Coran mais aussi expliquait leurs significations. La troisième chose est de se référer aux explications fournies par les compagnons du Prophète car ils ont compris le Coran mieux que quiconque, ils ont été témoins de la Révélation, ils ont connu les circonstances de sa révélation et ils ont appris ses significations directement du Prophète (ﷺ). La quatrième chose est de se référer aux livres d'explications écrits par les savants des deux générations suivantes après les compagnons : les successeurs et leurs suivants car leurs tafâsîrs n'étaient pas influencés par des idées étrangères, et pour sûr ils respectent la lettre et l'esprit du coran de la manière la plus pure qui soit.*

[Voir : Coran]

Faux Messie (*al-Masîh ad-Dajjâl*)

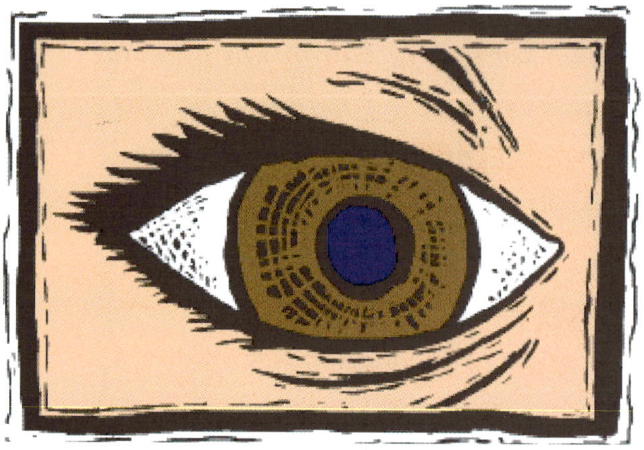

L'apparition du faux messie (le menteur, l'antéchrist) sera un des signes majeurs de la proximité du Jour du Jugement. Il aura le pouvoir [par la volonté d'Allah] d'accomplir des faits inhabituels afin de tromper les gens et [ainsi], il prétendra posséder des attributs divins. Il aura entre ses yeux, trois lettres écrites: [ka-fa-ra], signifiant *kâfir* c'est-à-dire : mécréant.

Le Prophète (ﷺ) l'a décrit « *ayant un corps robuste, le teint rouge, les cheveux frisés et aveugle de l'œil droit* [c'est-à-dire: il est borgne], *de plus son œil ressemblera à un raisin sec.* » (Rapporté par Boukhârî).

Il voyagera partout dans le monde mais il ne pourra pas entrer à La Mecque, ni à Médine car ces deux villes sacrées seront gardées par des anges qui lui en interdiront l'accès.

Parmi ses actes extraordinaires :

- il commandera les nuages qui feront tomber la pluie,
- il soignera l'aveugle-né et les lépreux,
- il coupera en deux un jeune homme avec une épée puis il ordonnera [qu'il soit ressuscité], alors celui-ci sera ressuscité, et il sourira lorsqu'il le lui ordonnera.

Le Prophète (ﷺ) a dit : « *Aucun prophète n'a été envoyé sans qu'il n'ait mis en garde son peuple contre le "borgne menteur" (le faux messie). Attention ! Il est borgne et votre Seigneur ne L'est pas. Entre ses yeux le mot 'kâfir'* [mécréant] *est écrit.* » (Rapporté par Boukhârî).

Il aura aussi de l'eau et du feu avec lui. Ce qui semblera être du feu sera en réalité de l'eau fraîche et ce qui semblera être de l'eau sera en fait du feu. Finalement, le Prophète Jésus (عليه السلام) [*'Issa*] viendra, le combattra et le tuera.

Le Prophète (ﷺ) a dit : *« Quiconque mémorise les dix premiers versets de la sourate al Kahf (La caverne) sera protégé du faux messie. »* (Rapporté par Mouslim).

[Voir: La Mecque ; Médine ; Jésus (عليه السلام) ; Grands Signes de l'Heure]

Fête (*'Id*)

'Id est un mot arabe signifiant fête. Il y a seulement deux *'Id* en Islam. *'Id al-Adhâ* (fête du sacrifice) et *'Id al-Fitr* (fête de la rupture du mois de jeûne).

'Id al-Fitr est célébré le premier jour du mois lunaire de *Chawwâl*. C'est une manière de remercier Allah pour avoir permis à Ses pieux serviteurs d'avoir jeûné le mois de *Ramâdan*.

'Id al-Adhâ est célébré le dixième jour du mois lunaire de *Dhoul Hijja* pour commémorer la soumission d'Abraham [*Ibrâhîm*] à l'ordre d'Allah de Lui sacrifier son fils, Ismaël [*Isma'îl*].

Il est strictement interdit de jeûner ces deux jours.

C'est Allah Lui-même qui a choisi ces deux fêtes pour les musulmans. Quand le Messager d'Allah (ﷺ) émigra à Médine, il trouva que les habitants consacraient deux jours dans l'année à des divertissements. Il leur demanda : *« Que sont ces deux jours ? »* Ils répondirent : *« Dans la Jahiliya, nous avions l'habitude de jouer et de nous divertir durant ces jours. »* Alors, le Prophète (ﷺ) a dit : *« Allah vous a donné deux jours, meilleurs encore* [que ces deux-là] :*'Id al-Adhâ* et *'Id al-Fitr. »* (Rapporté par Abû Dawoud et Nasâ'i).

Il était de coutume que les compagnons du Prophète s'embellissent et se fassent beau en ces deux occasions, notamment en accomplissant le *Ghousl*, en s'habillant des plus beaux habits et en se parfumant. De même, ils proclamaient la grandeur d'Allah (*Allah akbar*) à voix haute. Ils se congratulaient mutuellement et s'engageaient dans des types de divertissement innocents et licites.

Quant au *'Id al-Adhâ,* plus particulièrement, non seulement les musulmans mangent de leur viande de sacrifice mais aussi ils en distribuent une partie à leurs voisins, leurs proches, leurs amis et les pauvres.

La prière du *'Id* consiste en deux *rak'a,* elle est accomplie sans *Adhan* et *Iqâma* et elle est suivie d'un sermon (*Khutba*) qui est, normalement, en deux parties avec une brève pause entre les deux.

Les deux prières du 'Id sont une pratique régulière et confirmée du Prophète (ﷺ). Il l'a toujours observée et a encouragé non seulement les hommes mais aussi les femmes et les enfants à y assister. Le temps de ces prières commence après le lever du soleil, lorsque celui-ci s'élève au-dessus de l'horizon de la hauteur d'une lance. Cependant, il est meilleur d'accomplir la prière d'*'Id al-Adhâ* au tout début de son temps afin de permettre aux gens d'accomplir leurs sacrifices et inversement de faire la prière d'*'Id al Fitr* dans son dernier temps afin que les gens puissent payer leur *zakât al Fitr.*

Les prières du *'Id* consistent en deux unités sans *Adhan* et *Iqâma*. Elles sont accomplies de la même manière que la prière du vendredi. La seule différence est que l'imam prononce sept *takbir* dans la première unité de prière incluant le *takbir* d'entrée. Ceux qui sont derrière l'imam prononcent aussi les *takbir* et lèvent les mains au niveau des épaules ou des lobes des oreilles à chaque *takbir*. Ensuite, il récite la sourate al *Fatiha* puis la sourate Le Très Haut (n°87). Dans la seconde unité, il prononce six *takbir* incluant celui de la nouvelle unité de prière puis il récite la sourate al *Fatiha* suivie de la sourate L'enveloppante (n°88). Ceux qui sont derrière lui prononcent les *takbir* et lèvent leurs mains. Une fois la prière terminée, l'imam délivre un sermon puis s'assoit un court instant. A la fin du discours, chacun quitte l'assemblée. Quiconque rate la prière du *'Id* doit la rattraper en accomplissant quatre unités.

[Voir : Proclamation de la Grandeur d'Allah ; Appel à la prière ; Appel précédant la prière ; Grande Ablution ; Abraham (عليه السلام) ; Médine]

Foi [*Iman*]

Al-Imân (la Foi) est une croyance du cœur, une prononciation par la langue de la vérité de l'Islam et une confirmation (de cette foi) par la mise en pratique d'actes pieux.

Les six articles de la Foi sont la croyance en : Allah ; Ses Anges ; Ses Livres ; Ses Messagers ; au Jour Dernier ; au Décret Divin, en bien ou en mal (*al-Qadar*).

La foi consiste en :

1- Une ferme croyance de l'existence d'Allah (سبحانه وتعالى). Il est Le Seigneur du Monde, Le Créateur de l'Univers et tout ce qui s'y trouve.

2- Une ferme croyance qu'Allah (سبحانه وتعالى) possède les plus beaux noms et les attributs les plus parfaits qui ne sont aucunement similaires à ceux de Ses créatures.

3- Une ferme croyance qu'Allah (سبحانه وتعالى) est Le seul qui mérite qu'on Le serve et L'adore.

La Foi inclut aussi toute chose mentionnée par Allah ou Son Messager (صلى الله عليه وسلم) comme l'Enfer, le Paradis, le Pont (au-dessus de l'Enfer), *al-Kawthar* (la rivière du Paradis promise par Allah au Prophète), la Balance (où les actions des gens seront pesées le Jour du Jugement).

La Foi a des signes et certains sont mentionnés dans les paroles suivantes du Prophète (صلى الله عليه وسلم) :

- « *Aucun d'entre vous n'aura réellement la Foi tant qu'il n'aimera pas pour son frère ce qu'il aime pour lui-même.* » (Rapporté par Boukhârî).

- « *Trois qualités, si elles sont présentes chez quelqu'un, il goûtera les délices de la Foi : il préfère Allah et Son Messager à qui que ce soit d'autre; il aime les autres uniquement pour la cause d'Allah ; il déteste retourner à la mécréance après qu'Allah l'en a délivré tout comme il déteste être jeté au Feu.* » (Rapporté par Boukhârî et Mouslim).

- « *Quiconque croit en Allah et au Jour Dernier dise un bien ou se taise ; Quiconque croit en Allah et au Jour Dernier soit généreux envers son voisin ; Quiconque croit en Allah et au Jour Dernier soit généreux avec son invité.* » (Rapporté par Mouslim).

La foi augmente grâce à l'accomplissement des bonnes actions et diminue à cause de l'accomplissement des mauvaises actions. Seuls les croyants seront admis au Paradis et quiconque aura le poids d'un atome de foi ne restera pas [éternellement] en Enfer.

[Voir : Allah ; Anges ; Jour de la Résurrection ; Messager ; Destin ; Paradis ; Enfer ; Chemin [ou Pont]]

Funérailles [*al Janâza*]

Al Janâza se réfère à la dépouille d'une personne [et plus généralement à l'ensemble des cérémonies accomplies pour rendre les derniers devoirs à la dépouille de quelqu'un].

Le Prophète (ﷺ) a institué comme pratique de préparer rapidement les funérailles de la personne décédée et de l'enterrer tout aussi rapidement. Le Prophète (ﷺ) a dit : *« Empressez les funérailles pour amener le mort à sa tombe. S'il était une personne de bien vous l'emmènerez vers un bien et s'il était autrement vous aurez allégé vos épaules d'un fardeau. »* (Rapporté par Boukhârî).

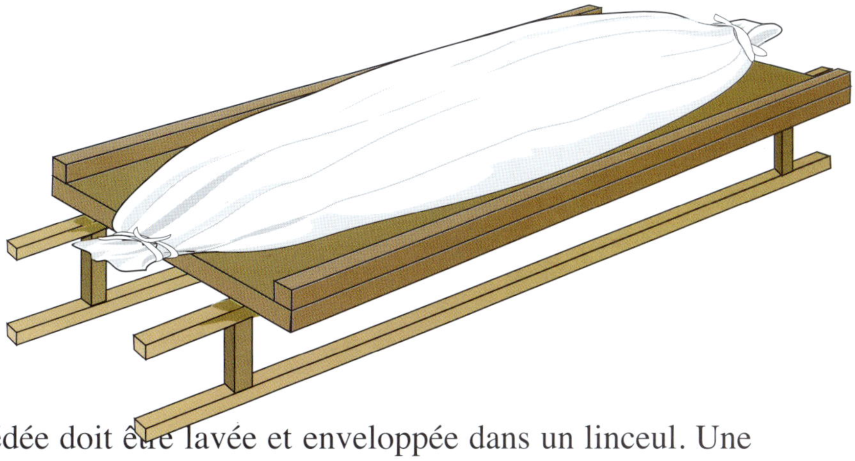

La personne décédée doit être lavée et enveloppée dans un linceul. Une prière spéciale appelée *salât al Janâza* (la prière mortuaire) est accomplie pour le mort. Ensuite, il doit être enterré. Suivre le cortège funèbre est un acte méritoire. Le Prophète (ﷺ) a dit qu'un musulman a cinq droits sur un autre musulman, parmi ceux-ci: suivre son cortège funèbre. Il (ﷺ) a aussi dit : *« Quiconque assiste aux funérailles d'un musulman jusqu'à l'accomplissement de la prière a un qirât en tant que récompense. Quiconque y assiste jusqu'à l'enterrement a deux qirât. »* Quelqu'un demanda : *« Qu'est-ce qu'un qirât ? »* Il répondit : *« C'est l'équivalent de deux énormes montagnes. »* (Rapporté par Boukhârî et Mouslim).

Les femmes ne sont pas autorisées à suivre la procession funéraire ou à visiter les cimetières. Sur ce dernier point, il y a une divergence entre certains savants.

Comment accomplir la prière funéraire :

1- Le corps, ou les corps, de la personne décédée doit être placé en direction de la Qibla.

2- L'imam se tient debout pour la prière. Ceux qui le suivent derrière lui doivent faire au moins trois rangs, comme le Prophète (ﷺ) a dit : « *Quiconque a eu trois rangs au moment de la prière funéraire, alors le Paradis sera son refuge.* » (Rapporté par Tirmidhî. Il a dit : hadith bon).

3- L'imam lève ses mains au niveau des épaules, ou des lobes des oreilles, et dit *Allah Akbar* à haute voix. Ceux derrière lui font la même chose.

4- Ensuite, il récite la sourate L'Ouverture silencieusement, de même que les personnes derrière lui.

5- Puis, il lève ses mains de la même manière que précédemment, il prononce un autre *takbir* et invoque les saluts et bénédictions d'Allah sur le Prophète (ﷺ) en disant : « *Allahoumma salli 'alâ Muhammad wa 'alâ Ali Muhammad kamâ sallayta 'alâ Ibrâhîm wa 'alâ Ali Ibrâhîm innaka hamîdoun majîd. Allahoumma barik 'alâ Muhammad wa 'alâ Ali Muhammad kamâ barakta 'alâ Ibrâhîm wa 'alâ Ali Ibrâhîm innaka hamîdoun majîd.* » (Ô Allah prie sur Muhammad et la famille de Muhammad comme Tu as prié sur Abraham et la famille d'Abraham, certes Tu es digne de louange et Majestueux. Ô Allah bénis Muhammad et la famille de Muhammad comme Tu as béni Abraham et la famille d'Abraham, certes Tu es digne de louange et Majestueux.). Ceux qui sont derrière font la même chose.

6- Puis, il lève encore ses mains de la même manière et prononce un autre *takbîr*, pour la troisième fois. Ceux derrière lui font encore la même chose, et tous prient pour le mort. Le Prophète (ﷺ) nous a enseigné un nombre d'invocations en cette occasion. Quiconque le souhaite qu'il se réfère aux livres d'invocations et les apprenne.

7- Enfin, l'imam lève une dernière fois ses mains et dit un dernier *takbîr*. Il conclut la prière en prononçant le salut final, uniquement à droite. Et ceux qui sont derrière lui effectuent aussi la même chose.

Gabriel (عليه السلام) [*Jibrîl*]

Jibrîl (عليه السلام) est le Saint-Esprit à travers lequel les révélations parviennent aux Messagers d'Allah. Allah (سبحانه وتعالى) l'a créé de lumière. Les Messagers d'Allah peuvent voir les anges dans leurs formes originelles. A'icha (رضي الله عنها) a raconté que le Prophète (ﷺ) a vu *Jibrîl* sous son véritable aspect.

Jibrîl fut l'ange qui vint au Prophète (ﷺ) lorsqu'il était dans la caverne de *Hirâ*. Il lui révéla les cinq premiers versets du Coran qui étaient: {Lis, au nom de Ton Seigneur qui a créé ; qui a créé l'homme d'une adhérence ; Lis ! Ton Seigneur est Le Très Noble ; qui a enseigné par la plume ; a enseigné à l'homme ce qu'il ne savait pas.} (Sourate : L'Adhérence, 96 : 1 à 5).

Ce fut aussi *Jibrîl* (عليه السلام) qui l'accompagna durant le voyage nocturne à travers les sept cieux.

Le Prophète (ﷺ) le voyait souvent sous la forme d'un homme [appelé] Dihya al-Kalbî (رضي الله عنه). Les compagnons du Prophète (ﷺ) le virent aussi sous sa forme humaine en quelques occasions. Notamment, ils le virent un jour : il portait des habits très blancs, avait les cheveux très foncés, n'avait aucune trace de voyage sur lui et personne ne le connaissait. Il (ﷺ) se dirigea vers le Prophète (ﷺ), s'assit près de lui et colla ses genoux aux siens en posant ses paumes sur les cuisses du Prophète. Ensuite, il l'interrogea concernant l'Islam, la Foi, la Vertu, le Jour du Jugement et ses signes avant-coureurs. Le Prophète (ﷺ) répondit à chacune de ses questions. Puis, lorsqu'il partit, il les informa que cet homme était en fait *Jibrîl* (عليه السلام), il était venu pour leur enseigner leur Religion (Rapporté par Mouslim).

[Voir : Anges ; Voyage Nocturne et ascension]

Géhenne [*Jahannam*]

La géhenne est le lieu du châtiment qu'Allah (ﷻ) a préparé pour les mécréants et les pécheurs malfaisants. Le Coran emploie plusieurs noms pour s'y référer tels que : *al-Hutama* (celle qui brise) ; *as-Sa'îr* (le feu incandescent) ; *al-Jahîm* (le feu ardent) ; *al-Hâwiya* (le puits sans fond). Allah (ﷻ) dit : {Quant à ceux qui ont mécru en Leur Seigneur, ils auront le châtiment de la Géhenne et quel mauvais refuge.} (Sourate : La Royauté, 67 : 6).

La Géhenne est extrêmement brûlante. Le Prophète (ﷺ) a dit : *« Votre feu d'ici-bas n'est qu'une seule des soixante-dix parties de la Géhenne.* » (Rapporté par Tirmidhî).

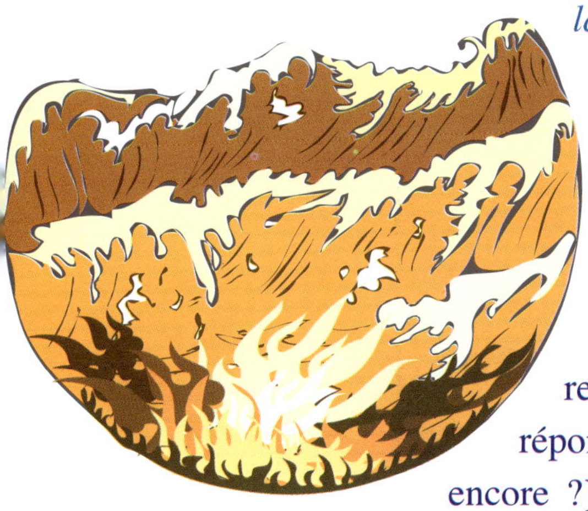

La Géhenne est aussi extrêmement intense. Lorsque les gens y auront été jetés, Allah dira : {As-tu été remplie ? Elle répondra : Y en a-t-il encore ?} (Sourate : Qaf, 50 : 30).

Son combustible sera les humains et les pierres. Des anges sévères et durs lui sont assignés. Ils n'hésitent pas à exécuter les ordres qu'ils reçoivent de la part d'Allah et ils font exactement ce qu'on leur ordonne de faire. La nourriture de ceux qui y entreront sera l'arbre de *Zaqqoum* (un arbre acide et douloureux [à manger]), leurs boissons seront *al-hamîm* (une eau extrêmement bouillante) et *al-ghassâq* (les règles des femmes). Leurs habits seront de feu. On leur versera de l'eau bouillante sur

leurs têtes et ce qu'il y a dans leur ventre fondra. De même, leurs peaux tomberont en lambeaux. A chaque fois qu'ils chercheront à en sortir, pris d'angoisse, on les y reconduira et on leur dira: {Goûtez le Châtiment du Feu}.

Le Prophète (ﷺ) a dit : « *La personne qui aura le plus petit châtiment parmi les gens de l'Enfer, le Jour de la Résurrection, sera un homme debout, deux braises sous la plante des pieds qui lui feront bouillir la cervelle.* » (Rapporté par Boukhârî).

[Voir : Paradis]

Gens de la Tradition et du Groupe *[Ahl as Sounna wal Jamâ'a]*

Les gens de la Tradition et du Groupe font référence à ceux qui s'attachent fermement à l'exemple et aux enseignements du Prophète (ﷺ) ainsi qu'à la voie de ses compagnons et leurs successeurs. C'est un titre qui distingue les gens adhérant à la vérité de ceux qui suivent les innovations (*bid'a*) dans la Religion.

Ahl as Sounna wal Jamâ'a suivent la vérité et ne se divisent pas en sectes dans la religion.

Ils suivent les préceptes sur lesquels les pieux prédécesseurs de cette communauté (*Oummah*) se sont unanimement accordés. En matière de dogme, ils adoptent une position de juste milieu entre les sectes de chaque côté. De la même manière, dans les actes d'adoration et leurs conduites, ils adoptent aussi une position de juste milieu entre les extrémistes et les laxistes. Ils sont le « groupe victorieux » en ce bas monde et la « secte sauvée » dans l'Au-delà.

Parfois, un autre terme dénomme aussi *Ahl as Sounna wal Jamâ'a* : ce terme est *Salaf Sâlih*. Cela signifie littéralement : les pieux prédécesseurs. Ceci fait référence aux compagnons du Prophète (ﷺ), à leurs vertueux successeurs [des première et seconde générations] et tous ceux qui ont adhéré au Livre d'Allah et à la Tradition de Son Messager (ﷺ).

[Voir: Innovation et Tradition]

Gens du Livre [*Ahl al-Kitâb*]

Ahl al-Kitâb sont les gens du Livre. Cela fait référence aux Juifs et aux Chrétiens. Pour les Juifs, Allah (سبحانه وتعالى) a révélé la Thora au Prophète Moïse [*Moussâ*] (عليه السلام) et pour les Chrétiens, Il a révélé l'Evangile au Prophète Jésus [*'Issa*] (عليه السلام), fils de Marie [*Maryam*] (عليها السلام).

Les juifs ainsi que les chrétiens ont dénaturé et corrompu les Ecritures révélées à leurs prophètes respectifs.

[Voir : Moïse ; Jésus]

Glorification [*at-Tasbî<u>h</u>*]

Le *tasbî<u>h</u>* est l'acte de glorifier Allah en disant *Soub<u>h</u>ânallah*. Allah (ﷻ) ordonne au croyant de Le glorifier : {Glorifie le nom de Ton Seigneur, Le Très-Haut} (Sourate al A'lâ, 87 : 1). Et aussi : {Ô vous qui avez cru ! Evoquez Allah et glorifiez-Le matin et soir.} (Sourate : Les Coalisés, 33 : 41-42).

Le *tasbî<u>h</u>* est une forme de rappel (*dhikr*) qui a beaucoup de mérites. Le Prophète (ﷺ) a dit : *« Quiconque dit cent fois par jour : soubhânallah wa bihamdihi sera pardonné de tous ses péchés même s'ils sont comme l'écume de la mer. »* (Rapporté par Boukhârî).

Il (ﷺ) a aussi dit : *« Deux paroles légères sur la langue, lourdes dans La Balance et aimées d'Allah : soubhânallah al-'Azîm et soubhânallah wa bihamdihi. »* (Rapporté par Boukhârî).

[Voir : Evocation (ou Rappel) ; Proclamation de la grandeur d'Allah]

Grande Ablution [*al Ghousl*]

Le *Ghousl* fait référence à la grande ablution ou au lavage du corps en entier. Afin d'être en état de pureté avant la prière, un musulman doit accomplir une ablution appelée *woudou*.

Cependant, dans certains cas la grande ablution ou *ghousl* doit être accomplie obligatoirement. Cela concerne les cas suivants :

1- Après une relation intime ou une éjaculation de sperme soit en état d'éveil ou de sommeil suite à un rêve.
2- Après un cycle menstruel complet ou après les lochies.
3- Après une conversion à l'Islam.
4- Après le décès d'un musulman, comme préparatif à son enterrement.

Le *ghousl* est aussi recommandé dans les cas suivants mais il n'est pas obligatoire :

1- Le jour de la prière du vendredi.
2- Avant de se mettre en état de sacralisation soit pour le *Hajj* (pèlerinage) ou la *'Umra*.
3- En entrant à La Mecque et le jour de la station à *'Arafat*.
4- Après avoir lavé un mort.

Pour le ghousl, on procède comme suit :

1- dire: *Bismillah* (au nom d'Allah) avec l'intention d'ôter l'impureté majeure par le biais du *Ghousl*.

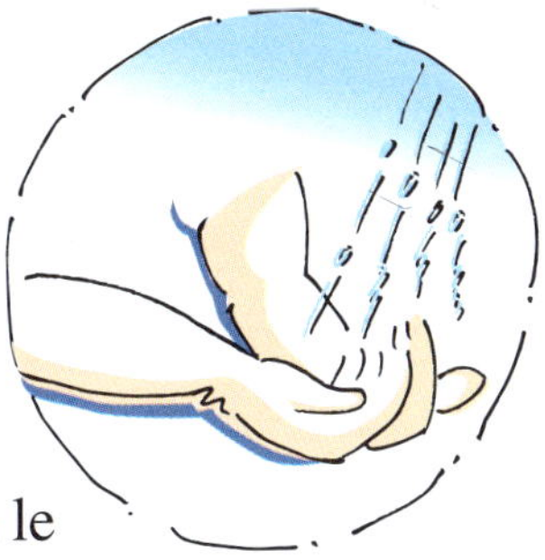

2- Se laver les mains jusqu'aux poignets, trois fois.

3- Se laver les parties intimes et les alentours énergiquement.

4- Accomplir sa petite ablution (*woudou*). Ici, la personne a le choix de se laver les pieds au cours de son *woudou* ou de les laver à la fin du *ghousl*.

5- Passer les doigts humides sur les cheveux.

6- Verser de l'eau sur la tête et la laver avec les oreilles, trois fois. Les femmes ne sont pas obligées de dénouer leurs nattes (ou tresses) ; il leur est seulement ordonné de verser une poignée d'eau sur leurs cheveux, en les frottant sans les dénouer.

7- Verser de l'eau sur le côté droit en commençant par le haut puis le bas et ensuite la même chose avec le côté gauche en s'assurant que l'eau atteigne toutes les parties du corps, même celles cachées comme les aisselles, le nombril ou l'intérieur des oreilles.

[Voir : Purification ; Ablution ; Sacralisation ; 'Arafat ; Attestation de Foi]

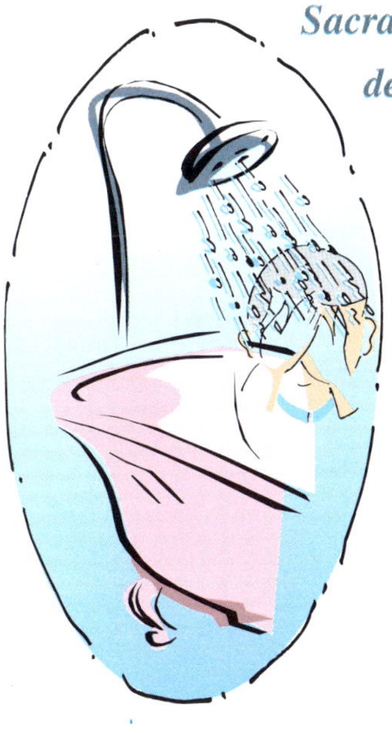

Grands péchés [*al-Kabâ'ir*]

Al-Kabâ'ir est le pluriel de *kabîrat*, cela fait référence à tout péché dont Allah (سبحانه وتعالى) nous a avertis que le résultat serait un châtiment sévère dans l'Au-delà tel qu'entrer en Enfer, être empêché d'entrer au Paradis, encourir la colère d'Allah et Sa malédiction ou encore subir un châtiment ici bas.

Chaque péché qui entraîne la transgression d'une limite (*hadd* ou *hudûd* au pluriel) est un péché majeur comme le vol, l'adultère, la fausse accusation (d'adultère), ou encore l'apostasie. Si quelqu'un commet un péché majeur et en est puni dans ce bas monde, alors il aura payé son dû. S'il n'est pas puni pour celui-ci alors il doit se repentir et ensuite il appartient à Allah soit de lui pardonner soit de le punir le Jour du Jugement.

Il y a beaucoup de déclarations dans le Coran et la Sounnah mettant en garde contre les grands péchés.

De même, Allah a garanti à ceux qui évitaient les péchés majeurs les Jardins du Paradis. Il (سبحانه وتعالى) a dit : {Si vous évitez les grands péchés que Nous vous avons interdits, Nous vous expierons les petits péchés et Nous vous ferons entrer par une entrée noble. } (Sourate : Les Femmes, 4 : 31).

Le Prophète (ﷺ) mentionna certains de ces péchés, il (ﷺ) dit : « *Evitez les sept péchés destructeurs.* » Les gens demandèrent : « *Ô Messager d'Allah ! Quels sont-ils ?* » Il répondit : « *Le polythéisme ; la sorcellerie ; le*

meurtre sans droit de quelqu'un, excepté pour un motif légitime; la prise d'intérêt ; la spoliation des biens de l'orphelin ; la fuite au moment du combat ; la diffamation des croyantes pieuses et chastes. » (Rapporté par Boukhârî et Muslim).

Certains péchés majeurs sont plus graves que d'autres. Parmi eux, le Prophète (ﷺ) a inclus le polythéisme (*chirk*). En effet, nous savons d'après les textes du Coran que si une personne commet ce péché impardonnable, il ne lui sera pas pardonné et il entrera éternellement en Enfer. Allah (سبحانه وتعالى) dit: {Certes, Allah ne pardonne pas qu'on lui associe quoi que ce soit, en dehors de cela Il pardonne à qui Il veut.} (Sourate : Les Femmes, 4 : 48 et 116).

Une fois, le Prophète (ﷺ) a dit : *« Voulez-vous que je vous informe du plus grand des péchés majeurs ? »* Ils répondirent : *« Oh que oui, Ô Messager d'Allah ! »* Alors, il a dit : *« Donner un associé à Allah, désobéir aux parents »*, Il était accoudé alors il se redressa puis il a dit : *« et le faux témoignage. »*. Il (ﷺ) ne cessa de le répéter jusqu'à ce que nous souhaitâmes qu'il se taise. (Rapporté par Boukhârî).

La seule manière pour expier les grands péchés est de se repentir sincèrement et de ne plus les recommencer.

[Voir : Polythéisme ; Intérêt]

Grands Signes de l'Heure [*'Alâmât as-Sâ'at al-Kubrâ*]

Les grands signes de l'Heure, avant le Jour du Jugement, viendront les uns à la suite des autres et ils seront suivis immédiatement par le Jour du Jugement. Le Prophète (ﷺ) a dit :

« L'Heure ne viendra pas tant que vous n'aurez pas vu dix signes avant elle

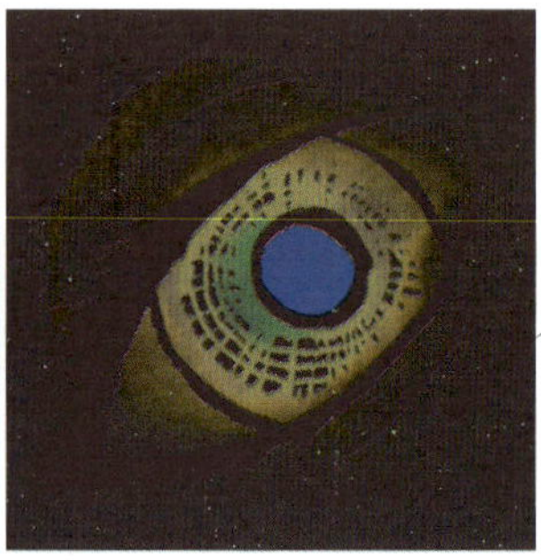

et il mentionna: la Fumée; le Faux Messie; la Bête; le Lever du soleil à l'ouest;

la Descente de Jésus ['Issa] (عليه السلام), fils de Marie; Gog et Magog; des engloutissements

Terrestres en trois endroits : une à l'Est, une autre à l'Ouest et une dernière en Arabie, et un feu au Yémen qui conduira les gens à leur lieu de Rassemblement.» (Sahîh Muslim: 2901) :

- La venue du Mehdi (le bien guidé). Il sera de la famille du Prophète (ﷺ) et aura le même nom que lui. Cet homme remplira la Terre de justice et de vertu après qu'elle eut été remplie d'injustice et de fausseté.

- La Fumée. Le coran dit à propos de la Fumée : {Eh bien ! Attends un jour où surgira du ciel une épaisse Fumée qui enveloppera les gens. Voilà un dur châtiment.} (Sourate : la Fumée, 44 : 10-11).

- Le faux Messie (le menteur) accomplira des faits inhabituels et il provoquera maintes épreuves sur terre. Il parcourra toute la surface de la terre mais il ne pourra pas entrer à La Mecque ni à Médine car ces deux villes seront gardées par des anges. Finalement, il sera tué par le Prophète Jésus [*'Issa*] (عليه السلام) après sa descente.

- Le Lever du soleil à l'Ouest. Lorsque cela se produira, les portes du repentir se fermeront et cela restera ainsi jusqu'au Jour du Jugement. Le Prophète (ﷺ) a dit : « *Certes, Allah étend Sa main la nuit afin que les pécheurs du jour puissent se repentir et Il étend Sa main le Jour afin que les pécheurs de la nuit se repentent. Il reste ainsi aussi longtemps que le soleil ne se lève pas à l'Ouest.* » (Rapporté par Mouslim).

- La Bête. Le Coran dit à son propos : {Le jour où la sentence prononcée devra être exécutée, Nous ferons surgir de terre une Bête qui proclamera que les hommes ne croyaient pas à Nos signes.} (Sourate : Les Fourmis, 27 : 82).

- La [descente du] Prophète Jésus [*'Issâ*] (عليه السلام). Jésus [*'Issâ*] reviendra mais ne dirigera pas comme un Prophète, ni n'apportera une nouvelle Loi. En effet, l'Islam étant la dernière religion révélée, Muhammad (ﷺ) est le sceau des Prophètes. Plutôt, Jésus [*'Issâ*] suivra le Coran et la Sounnah et il dirigera en accord avec leurs enseignements. Le Prophète (ﷺ) a dit : « *Par Celui qui tient mon âme dans Sa main, assurément, le fils de Marie* (Jésus) *descendra parmi vous en étant un gouverneur juste. Il brisera la croix, il tuera le porc et abolira la taxe de capitation (Jizya). La richesse sera tellement abondante que personne ne s'en souciera et une seule prosternation sera meilleure que la terre entière et tout ce qui s'y trouve.* » (Rapporté par Boukhârî et Mouslim). Le Prophète Jésus [*'Issâ*] (عليه السلام) vivra un certain temps sur terre puis finalement il mourra et sera enterré à Médine.

- L'apparition des puissantes tribus de Gog et Magog (*Ya'jouj et Ma'jouj*). Allah (سبحانه وتعالى) dit : {Lorsque Ya'jouj et Ma'jouj seront libérés, et qu'ils déferleront en masse de toutes les hauteurs, alors la promesse d'Allah sera proche de s'accomplir.} (Sourate : Les Prophètes, 21 : 96-97).

Une courte période après que Jésus [*'Issâ*] (عليه السلام) aura tué l'Antéchrist, on l'informera de la libération de *Ya'jouj et Ma'jouj*. Alors, en obéissant à l'ordre d'Allah, il conduira les musulmans au mont *Tûr* afin qu'ils soient en sécurité, étant donné que personne ne pourra vaincre Gog et Magog.

Ils [Gog et Magog] passeront le lac Tibériade et l'avant-garde de leur immense armée asséchera le lac après l'avoir bu entièrement. Ensuite, ils iront à Jérusalem et causeront encore plus de destruction et d'effusion de sang. Finalement, le prophète Jésus [*'Issâ*] (عليه السلام) et ses compagnons prieront et invoqueront Allah de les détruire. Allah (سبحانه وتعالى) les anéantira et remplira la terre de leurs cadavres.

- Les Engloutissements Terrestres. Ils se produiront un à l'Est, l'autre à l'Ouest et le dernier en Arabie.

- L'Incendie. Il sera le dernier grand signe à apparaître avant le Jour du Jugement. Ce feu, comme rapporté par Mouslim, se produira au Yémen et conduira les gens vers le lieu de leur rassemblement. Ce lieu est le Chem (Syrie, Palestine, Liban et Jordanie).

[Voir : Jésus ; Faux Messie ; Jour de la Résurrection]

Hadith

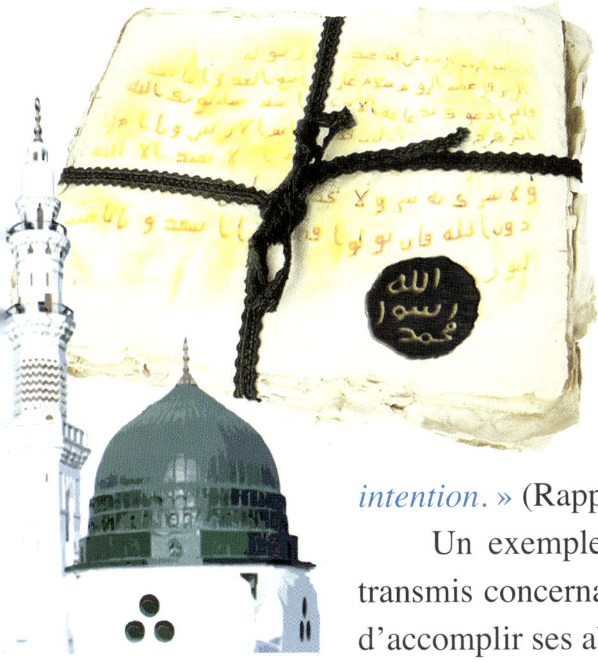

Un *hadith* (pluriel : *ahâdith*) est ce qui a été transmis du Prophète (ﷺ). [Cela peut concerner] ses propos, ses actes, ses accords implicites, la description des ses traits moraux ou de son apparence physique.

Un exemple parmi ses propos est sa parole : *« Les actes ne valent que par les intentions et chacun sera récompensé en fonction de son intention. »* (Rapporté par Boukhârî).

Un exemple parmi ses actes est ce qui nous a été transmis concernant une de ses actions comme la manière d'accomplir ses ablutions.

Un exemple parmi ses accords implicites est un acte accompli par certains de ses compagnons qu'il a implicitement approuvé en restant silencieux sur le sujet et en ne les critiquant pas.

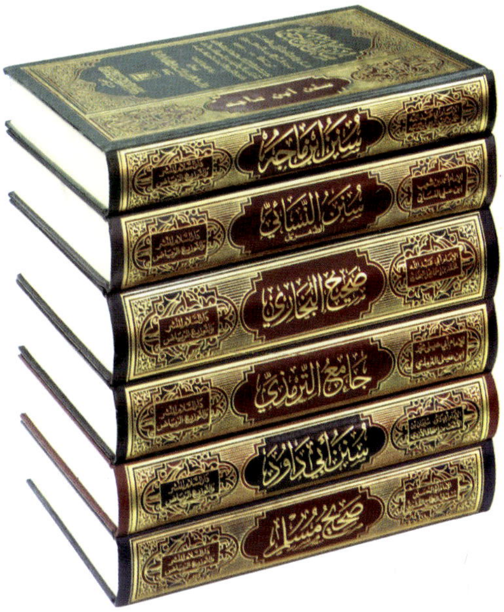

L'importance du Hadith repose sur le fait que le Hadith est la seconde source la plus importante de la Législation en Islam après le Coran. Les livres de hadith les plus connus sont les suivants :

1- **Sahîh al Boukhârî.**
2- **Sahîh Mouslim.**
3- **Jâmi' Tirmidhî.**
4- **Sounan Abou Dawoud.**
5- **Sounan Nasâ'î.**
6- **Sounan Ibn Mâjah.**

Le Hadith consiste en deux branches :

- en premier lieu, la chaîne (*isnâd*) qui concerne la validation de chaque tradition à travers un processus d'examen biographique de la chaîne de transmetteurs remontant jusqu'au Prophète (ﷺ).

- En second lieu, le texte (*matn*) qui fait référence au texte du hadith en tant que tel comme source d'autorité religieuse.

[Voir: Hadith Divin]

Hadith Divin [*Hadith Qoudsî*]

Le hadith divin (ou hadith sacré ou parole divine) peut être défini comme une parole dont la signification [et la provenance] est d'Allah (ﷻ) mais l'expression est celle du Prophète (ﷺ).

Un exemple de hadith qoudsî est le propos rapporté par Abou Hourayra (رضي الله عنه) où le Messager d'Allah (ﷺ) a dit : « Allah (ﷻ) a dit : *« Je ne suis pas dans le besoin d'avoir un associé. Celui qui accomplit une action dans laquelle il M'associe avec quelqu'un d'autre, Je le délaisse lui et son association. »* (Rapporté par Mouslim).

[Voir : Hadith]

Houd (عليه السلام)

Le peuple de 'Ad occupait un large territoire dans le sud de l'Arabie, allant de Oman à l'entrée du Golfe arabique jusqu'à l'Hadramaout et du Yémen à l'extrême sud de la Mer Rouge. Ils étaient de forte constitution et de grands constructeurs. Leurs richesses et leurs puissances les rendirent si arrogants qu'ils rejetèrent tous les signes d'Allah. En réalité, ils étaient trop attachés à l'adoration de leurs fausses divinités pour apprécier le conseil sincère de leur Prophète Houd (عليه السلام) qui les appela sans succès.

Houd (عليه السلام) les réprimanda afin qu'ils adorent Allah, Seul et qu'ils abandonnent l'adoration des idoles. Il leur rappela les nombreuses grâces qu'Allah avaient répandues sur eux. Il leur dit clairement qu'il ne voulait aucune forme de récompense de leur part, il attendait simplement de leur part qu'ils acceptent la vérité avec laquelle Allah l'avait envoyé. Ils rejetèrent son message avec défiance, ils se moquèrent de lui et l'accusèrent d'être fou. Ils lui dirent : {Ô Houd, lui dirent-ils, tu ne nous apportes aucun signe évident. Nous n'abandonnerons donc pas nos divinités sur tes simples paroles, car nous ne te croyons pas ! Nous dirons plutôt que l'une de nos divinités t'a dérangé l'esprit !} (Sourate : Houd, 11 : 53-54).

Plus les années passèrent et plus ils devinrent arrogants, têtus et défiants à l'égard du message de leur Prophète. Houd (عليه السلام) déclara qu'il était innocent de ce qu'ils associaient à Allah dans l'adoration et il n'eut d'autre alternative que de leur lancer un ultimatum menaçant. {Je vous ai transmis le message que j'étais chargé de vous faire parvenir. Mon Seigneur vous remplacera par un autre peuple sans que vous puissiez Lui nuire} (Sourate : Houd, 11 : 57).

Donc, il les abandonna, eux et leurs fausses divinités et affirma qu'il plaçait sa confiance en Allah, Seul. Il était certain que le châtiment atteindrait les mécréants arrogants et malfaisants de son peuple.

Houd (عليه السلام) et son peuple attendaient la promesse d'Allah. Quand une sévère sècheresse se répandit, Houd (عليه السلام) les incita à demander le pardon de Leur Seigneur et à se tourner vers Lui en repentance. Ainsi, Il leur enverrait du ciel une averse abondante et Il leur rajouterait puissance sur puissance. Cependant, ils le raillèrent, ils le considérèrent comme menteur et ils refusèrent obstinément de croire au Seigneur de l'Univers. La terrible sècheresse détruisit leurs récoltes et les rendit tous dans l'attente désespérée de la pluie.

Le châtiment vint, de manière soudaine, par là où ils ne s'y attendaient pas. Ils désiraient la pluie, alors ils virent un nuage venant vers leurs territoires et soufflant à travers les vallées. Ils se réjouirent. Ils pensèrent que leurs canaux d'irrigations se rempliraient, leurs champs redeviendraient verts et leur saison serait fruitière. Mais, ce n'était pas ce qu'ils espérèrent. Ce fut un vent furieux, impétueux, d'une exceptionnelle violence qui soufflait de la poussière et du sable et qui détruisait tout sur son passage. Allah (سبحانه وتعالى) fit souffler ce vent sept nuits durant et huit jours consécutifs {...au point qu'à voir leurs cadavres gisant par terre, on les prendrait pour des souches de palmiers évidées} (Sourate : Celle qui montre la vérité, 69 : 7).

Ils ont été balayés et seules les ruines de leurs maisons furent visibles. Seuls Houd (عليه السلام) et ses partisans furent sauvés. Ils quittèrent cette terre pour aller dans l'Hadramaout où ils adorèrent Allah en paix.

Hypocrisie [*an-Nifâq*]

An-Nifâq, ou hypocrisie, signifie: exprimer la foi avec sa langue mais dissimuler la mécréance dans son cœur afin de tromper [les autres].

En réalité, cet aspect de l'hypocrisie, connu comme *an-Nifâq al akbar* (la grande hypocrisie) était présente du temps du Prophète (ﷺ). Certains versets furent révélés pour critiquer sévèrement ceux qui la pratiquaient et les informer qu'ils étaient au plus bas niveau de l'Enfer. Ce type d'hypocrisie concerne la croyance, appelée aussi en arabe, *al-'Aqîdat*.

L'autre forme d'hypocrisie est celle qui concerne les actes et est connue sous le nom de *an-Nifâq al-asghar* (la petite hypocrisie). Les musulmans doivent l'éviter.

Un personne qui pratique cette forme d'hypocrisie est un croyant mais il fait des choses que le Prophète (ﷺ) considérait comme des actes d'hypocrisie. Il ne sort pas du giron de l'Islam en accomplissant de tels actes mais s'expose au châtiment dans l'Au-delà. Cependant, il ne restera pas éternellement en Enfer.

Le Prophète (ﷺ) mentionna certains signes clairs de l'hypocrisie afin qu'on les évite car ils peuvent mener à la grande hypocrisie, mentionnée ci-dessus. Si ces caractéristiques prévalent dans les actions d'un individu, il devient un vrai hypocrite. Le Prophète (ﷺ) a dit : « *Quiconque possède ces quatre caractéristiques est un vrai hypocrite et*

quiconque en possède une a une caractéristique de l'hypocrisie : lorsqu'on lui confie quelque chose, il trompe ; lorsqu'il parle, il ment ; lorsqu'il s'engage, il trahit son engagement ; et lorsqu'il se querelle, il est vulgaire. » (Rapporté par Boukhârî).

Un hypocrite (*mounâfiq*) est une personne qui pratique l'hypocrisie. Le pluriel de *mounâfiq* est *mounâfiqoun*. Le féminin est *mounâfiqa*.

[Voir : Mécréance]

Iblîs

Iblis est un autre nom du Diable, de même que Satan. Il a été créé de feu par Allah. [Avant] Iblis avait une position prestigieuse et tenait compagnie aux anges. Cependant, lorsque Allah (سبحانه وتعالى) créa Adam (عليه السلام) et ordonna à Iblis ainsi qu'aux anges de se prosterner devant lui, tous se prosternèrent devant lui excepté Iblis qui déclara par arrogance, comme le Coran le stipule à son sujet : {Je suis meilleur que lui. Tu m'as créé de feu et lui, Tu l'as créé d'argile.} (Sourate : Sad, 38 : 76).

En guise de châtiment, Allah l'a privé de la compagnie des anges et l'a maudit. Après qu'Iblis fut expulsé du cercle des anges, il jura d'égarer les gens : {Il a dit : Par Ta puissance, je vais tous les égarer excepté Tes serviteurs élus parmi eux.} (Sourate : Sad, 38 : 82-83).

Iblis est l'ennemi mortel des êtres humains car il leur inspire des mauvaises insufflations pour désobéir aux ordres d'Allah. En fait, c'est Iblis qui tenta Adam (عليه السلام) et Eve. Il leur jura qu'il était pour eux un sincère conseiller. Par sa ruse, il les a convaincus de goûter l'arbre qu'Allah leur avait ordonné de ne pas approcher. Ainsi, il les amena à leur chute et par conséquent, ils (Adam et Eve) durent quitter le Paradis alors qu'ils y jouissaient des bonnes choses à souhait. Cependant, ils implorèrent Allah de leur pardonner et Il leur pardonna.

Allah (سبحانه وتعالى) nous informe qu'Iblis est notre ennemi déclaré et Il nous met en garde contre ses tentations : {Ne suivez pas les pas de Satan car il est pour vous un ennemi déclaré.} (Sourate : La Vache, 2 : 168).

[Voir : Adam ; Satan]

Impair [*witr*]

Le mot *witr* en arabe signifie : nombre impair et généralement il est utilisé en référence à la prière du *witr*, qui est l'accomplissement d'une unité de prière après les prières surérogatoires accomplies durant la nuit afin de conclure par un nombre impair.

En effet, le *witr* est une pratique régulière confirmée du Prophète (ﷺ) qu'il enjoigna avec insistance aux musulmans. Par conséquent, les musulmans ne doivent pas la négliger. Le Prophète (ﷺ) a dit : *« Les prières surérogatoires de la nuit doivent être accomplies deux par deux et si vous craignez que l'aube approche alors concluez par une rak'a afin d'avoir prié un nombre impair. »* (Rapporté par Boukhârî).

Il est de Tradition de prier deux *rak'a* ou plus et ce jusqu'à dix, en saluant toutes les deux rak'a puis d'accomplir une seule unité. Le temps du *witr* commence après la prière du *'Ichâ* et continue jusqu'avant l'aube.

Le Prophète (ﷺ) mentionna dans un hadith rapporté par Tirmidhî que : *« Allah (سبحانه وتعالى) est Impair et Il aime l'impair. »* Il a aussi dit : *« Faites que le witr soit votre dernière prière de la nuit. »* (Rapporté par Boukhârî).

[Voir : Unité de prière ; Prière de Nuit]

Inclinaison [*ar-Roukou'*]

Le *roukou'* est l'acte de s'incliner en prière. Cet acte s'accomplit en s'inclinant, en plaçant les mains sur les genoux et en écartant les doigts comme si on attrapait les rotules. Les coudes doivent être ouverts et écartés de chaque côté. Le dos doit être droit et parallèle au sol, la tête ne doit être ni trop haute ni trop basse, mais dans l'alignement de la nuque avec le dos.

Il n'est pas permis de réciter le Coran dans l'inclinaison, plutôt on doit glorifier Allah (سبحانه وتعالى). L'invocation que le Prophète (صلى الله عليه وسلم) récitait dans son inclinaison était : *Soubhânna Rabbi al-'Azîm* ce qui signifie : Gloire à mon Seigneur, Le Tout Majestueux.

Le Prophète (صلى الله عليه وسلم) disait : « *Il m'a été interdit de réciter le Coran en étant incliné ou prosterné [dans la prière]. Dans l'inclinaison, glorifiez votre Seigneur et dans la prosternation invoquez-Le abondamment, car c'est le moment où l'invocation est la plus à même d'être exaucée.* » (Rapporté par Mouslim).

[Voir : Prière ; Prosternation]

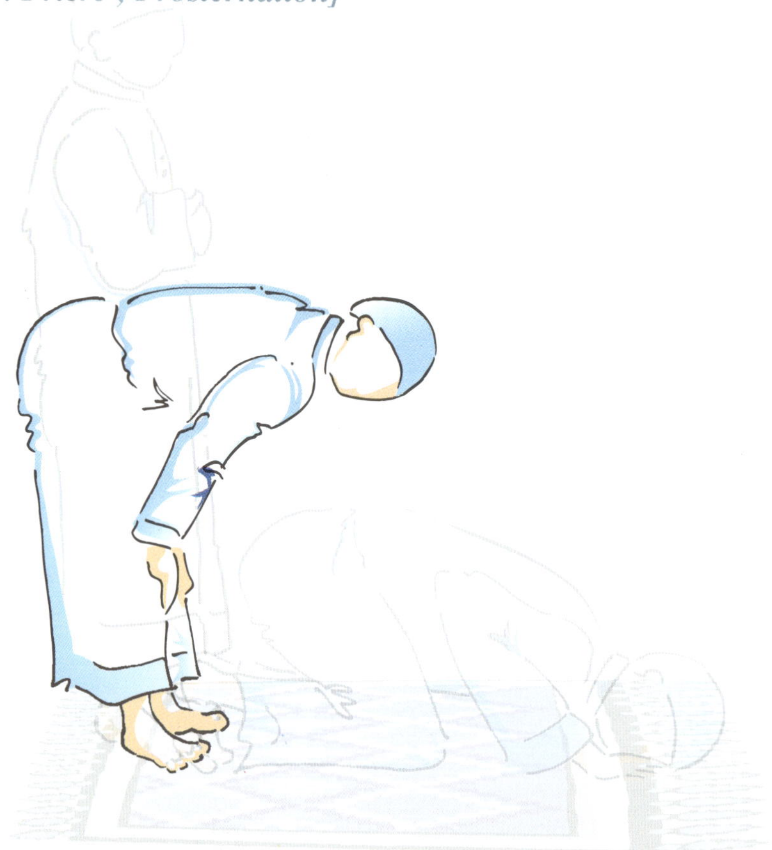

Innovation [*Bid'a*]

La *Bid'a* (innovation) est l'opposé de la *Sounna* (Tradition). Ceci fait référence à toute pratique innovée dans la Religion d'Allah qui va à l'encontre de la pratique établie par le Prophète (ﷺ), plus particulièrement dans les actes d'adoration. En effet, il en est ainsi car dans l'Islam tout acte d'adoration ne sera accepté par Allah que s'il remplit deux conditions :

1- La sincérité. Cet acte doit être accompli sincèrement pour Allah, Lui Seul, comme le Prophète (ﷺ) l'a dit : « *Les actions ne valent que par les intentions, et chaque homme sera récompensé en fonction de ce qu'il a eu comme intention.* » (Rapporté par Boukhârî et Mouslim).

2- La conformité. L'acte doit être accompli conformément à la pratique du Prophète (ﷺ), comme le Prophète (ﷺ) l'a dit : « *Celui qui innove quoi que ce soit dans notre affaire* [c'est-à-dire : notre Religion] *qui ne s'y trouve pas, cela sera rejeté.* » (Rapporté par Boukhârî et Mouslim).

Il n'y a aucun doute que toute innovation est interdite, comme le Prophète (ﷺ) l'a dit : « *Attention aux affaires nouvelles* [en religion] *! En effet, chaque chose nouvelle est une innovation (bid'a), chaque innovation est un égarement et chaque égarement conduit en Enfer.* » (Rapporté par Tirmidhî, ce dernier a dit : hadith bon authentique).

Il y a plusieurs sortes d'innovations (*bid'a*). Certaines sont des actes de mécréance comme chercher assistance auprès de saints morts et leur sacrifier des animaux. Certaines sont des moyens amenant à commettre le péché du polythéisme comme construire sur des tombes, y accomplir des prières et orienter ses invocations. Certaines sont des actes de désobéissance comme s'abstenir de se marier ou jeûner continuellement sans rompre.

Il incombe aux musulmans d'éviter toutes formes d'innovations car elles contredisent la pratique du Prophète (ﷺ) (*Sounna*) et ainsi elles entraînent la colère d'Allah et Son châtiment.

[Voir: Tradition]

Intercession [*ach-Chafâ'a*]

Ach-Chafâ'a signifie: intercession. La personne qui intercède est appelée *chafî'*, c'est-à-dire un intercesseur. Intercéder signifie utiliser son influence pour persuader quelqu'un ayant autorité de secourir quelqu'un d'autre d'une punition ou d'obtenir pour lui le pardon. L'intercession au Jour du Jugement aura lieu si deux conditions préalables sont remplies :

- Il faut qu'Allah permette à l'intercesseur d'intercéder. Allah dit : {Qui peut intercéder auprès de Lui, si ce n'est avec Sa permission ?} (Sourate : La Vache, 2 : 255).

- Il est nécessaire qu'Allah agrée celui au nom duquel l'intercesseur intercède. Allah dit : {Ils ne peuvent intercéder qu'en faveur de ceux qu'Il a agréés...} (Sourate : Les Prophètes, 21 : 28).

Il y a cinq types d'intercessions dans l'au-delà:

- 1. La Grande Intercession : celle-ci est spécifique au Prophète Muhammad (ﷺ). C'est la plus haute position de louange et de gloire qu'Allah lui a promise, comme le Coran le dit: {...Il se peut que Ton Seigneur te ressuscite en t'accordant un rang digne de louange} (Sourate : Le Voyage Nocturne, 17 : 79). Cela se passera lorsque l'attente du Jour du Jugement deviendra trop difficile pour les gens alors ils chercheront celui qui pourra intercéder pour eux. En premier, ils iront voir Adam (عليه السلام) puis

Noé (عليه السلام) puis Abraham (عليه السلام) puis Moïse (عليه السلام) puis Jésus (عليه السلام). Tous leur répondront qu'il ne leur convient pas d'intercéder. Alors, Jésus leur dira d'aller voir Muhammad (ﷺ). Ils iront le voir et il se prosternera sous le Trône d'Allah [puis Allah lui inspirera des formules qui n'ont jamais été dites auparavant par quiconque]. On s'adressera alors à lui : *« Ô Muhammad ! Lève ta tête. Intercède car ton intercession sera acceptée, et demande ce que tu souhaites car ta demande sera exaucée. »* (Boukhârî : No.3340 et No.7440).

- 2. L'intercession pour certaines personnes afin qu'elles entrent au Paradis sans jugement. Ceci est aussi spécifique au Prophète Muhammad (ﷺ).

- 3. L'intercession pour certains qui devaient entrer en Enfer. Le Prophète (ﷺ) et celui qu'Allah souhaite intercèderont pour eux.

- 4. L'intercession pour les pécheurs afin d'entrer au Paradis. Il y a des hadiths qui précisent qu'Allah les fera sortir du Feu du fait de l'intercession du Prophète Muhammad (ﷺ) ainsi que celle des anges et des pieux serviteurs.

- 5. L'intercession pour les gens du Paradis afin d'être élevés à une plus haute position.

[Voir : Adam (عليه السلام) ; Abraham (عليه السلام) ; Jésus (عليه السلام); Moïse (عليه السلام) ; Noé (عليه السلام); Mouhammad (ﷺ) ; Jour de la Résurrection]

Intérêt [*ar-Ribâ*]

Ar-Ribâ, ou intérêt usuraire, est la somme qu'un emprunteur reçoit d'un prêteur à un taux fixe supérieur au montant initial. L'Islam considère la pratique de l'intérêt comme un grand péché. Allah (سبحانه وتعالى) commande aux musulmans de délaisser cette pratique: {Ô vous qui avez cru ! Craignez Allah ! Et abandonnez l'intérêt si vous êtes croyants. Si vous ne le faites pas alors ayez l'annonce d'une guerre de la part d'Allah et de Son Messager.} (Sourate : La Vache, 2 : 278-279).

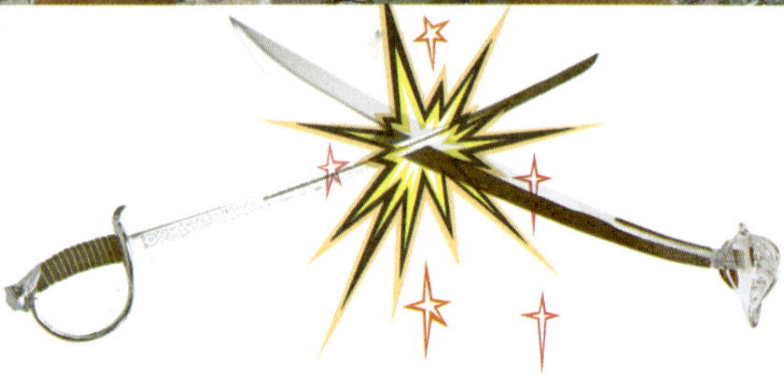

Il y a deux types d'intérêt :

1- L'intérêt sur une dette (*ribâ an-Nasî'a*):

Celui-ci peut recouvrir différentes formes :

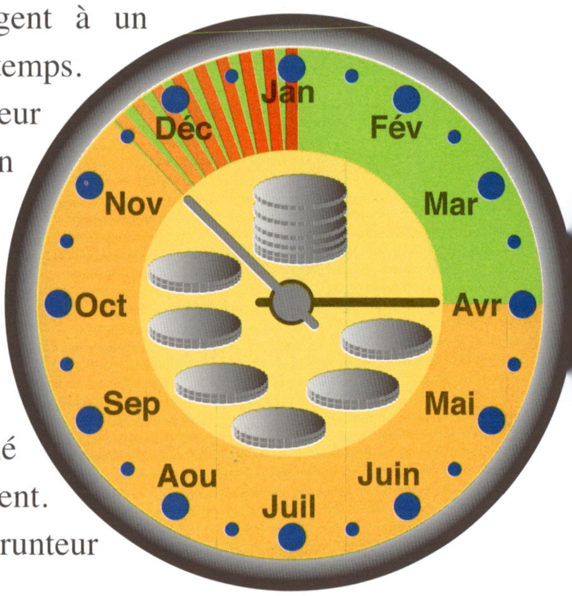

a. Le créancier prête de l'argent à un emprunteur pour une période fixée dans le temps. Lorsque la période expire et que l'emprunteur est incapable de rembourser la dette, un temps supplémentaire lui est accordé pour qu'il s'en acquitte à condition qu'il paie plus que la somme initiale.

b. Le créancier prête de l'argent à un emprunteur pour une période fixée dans le temps et à un taux d'intérêt déterminé que la personne doit payer mensuellement. Lorsque la période se termine, l'emprunteur redonne la somme principale au créancier.

c. Le créancier prête de l'argent à un emprunteur pour une période fixée dans le temps et à un taux déterminé que la personne doit payer en même temps que l'échéance principale jusqu'à expiration du délai.

2- *Ribâ al-Fadl* (l'intérêt commercial excédentaire) :

Ce type d'intérêt est le paiement d'un excédent, d'un surplus par l'emprunteur au créancier en échange de commodités de même nature, comme argent contre argent, farine contre farine et riz contre riz. Le Prophète (ﷺ) a dit: *« L'or doit être payé contre de l'or, l'argent contre de l'argent, le blé contre du blé, l'orge contre de l'orge, les dattes contre des dattes, le sel contre du sel, la même chose avec son semblable. Le paiement est effectué sur le champ. Si quelqu'un donne ou demande plus, il a effectué une transaction usuraire. Le receveur et le donneur sont tous deux coupables. »* (Rapporté par Mouslim).

Les musulmans doivent éviter toutes formes de transactions et commerces usuraires. Le Prophète (ﷺ) a dit : *« Allah maudit celui qui accepte l'intérêt, celui qui le donne, les deux témoins de la transaction et celui qui le consigne. »* Le Prophète (ﷺ) a clairement expliqué qu'ils sont tous pécheurs. Voilà pourquoi il (ﷺ) a dit : *« Ils sont tous égaux. »* (Rapporté par Mouslim).

[Voir : Grands Péchés]

Invocation [Dou'â]

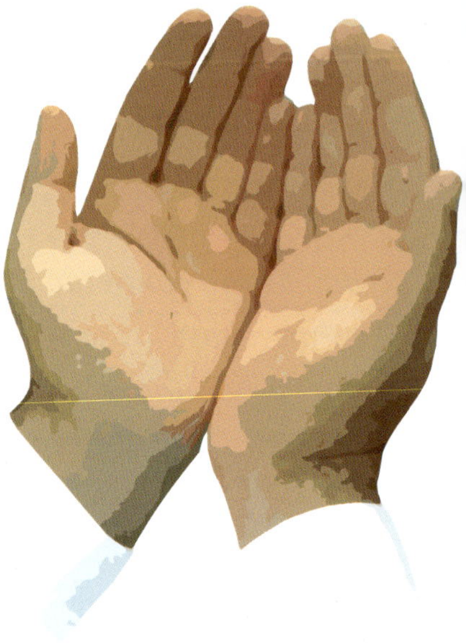

Ad-Dou'â (l'invocation) fait référence à la sincère demande faite par quelqu'un à Allah (سبحانه وتعالى). L'invocation peut être soit une demande de bienfaits mondains comme la richesse, le succès ou la santé ; soit une demande concernant des bienfaits religieux comme le pardon ou le séjour éternel au Paradis.

Allah (سبحانه وتعالى) ordonne aux croyants de L'invoquer: **{Et votre Seigneur a dit : « Invoquez-moi, et je vous exaucerai ! »}** (Sourate : Le Grand Clément, 40 : 60).

Il y a des moments propices où l'invocation est plus à même d'être exaucée par Allah (سبحانه وتعالى) comme le Prophète (ﷺ) l'a dit. Ces moments sont entre autres : le dernier tiers de la nuit ; entre l'*Adhan* et l'*Iqâma* ; une heure du Vendredi ; en prosternation ; le jour de 'Arafat ; au lever durant la nuit ; à la fin des prières obligatoires ; durant la nuit du Destin (*Laylat al-Qadr*) ; au moment de la pluie ; etc.

Allah répond aussi à l'invocation de celui qui est victime d'une injustice, du voyageur, du père (ou de la mère) pour ou contre son enfant, du jeûneur au moment de sa rupture, etc.

Il est recommandé de commencer ses invocations en louant Allah, en L'exaltant, en invoquant paix et bénédictions sur Son Messager (ﷺ), en se repentant et en reconnaissant ses péchés, en Le remerciant pour Ses grâces sans limites, en L'implorant sincèrement, en utilisant les invocations du Prophète et si possible en terminant son invocation par les paix et bénédictions d'Allah sur Son Messager. Les invocations doivent être accomplies en totale humilité. Celui qui implore Allah (سبحانه وتعالى) doit insister dans son invocation en la répétant plusieurs fois. Il invoque Allah par Ses Noms et Attributs, il Le supplie en mentionnant les actes vertueux qu'il a accomplis, face à la *Qibla*, levant ses mains dans son invocation et étant en état de pureté.

Il ne doit pas être outrancier lorsqu'il invoque Allah comme Lui demander d'être un prophète ou qu'Il le fasse vivre éternellement. Il doit patienter et ne doit pas attendre une réponse immédiate de la part d'Allah bien que cela puisse se produire. Il doit être patient et continuer de L'implorer jusqu'à ce qu'il voie le résultat, et sinon Allah connaît la raison [du non exaucement de sa demande]. Abû Hourayra (ﷺ) rapporte que le Prophète (ﷺ) a dit : « *L'invocation du serviteur est exaucée par Allah tant que celui-ci ne montre pas de signe d'impatience en disant : "J'ai invoqué Allah mais ma requête n'a pas été exaucée."* » (Rapporté par Boukhârî et Mouslim).

Le serviteur doit comprendre que Seul Allah peut répondre à son invocation et qu'Il est Le Seul qui peut lui amener un bien. Il doit aussi L'invoquer, Seul, sans aucun associé. Il doit être certain aussi que ses revenus sont licites et ne pas dire à la fin de son invocation *incha Allah* (si Allah le veut) [mais être résolu].

Une fois, le Prophète (ﷺ) mentionna, lorsqu'une personne invoque son Seigneur, qu'une de ces trois situations se doit nécessairement d'être :

1- Soit Allah exaucera celui qui L'invoque et Il lui donnera ce qu'il a demandé.
2- Soit Il lui évitera un mal identique.
3- Soit Il récompensera celui qui L'invoque avec de bonnes récompenses et Il les lui épargnera pour le Jour du Jugement.

[Voir : 'Arafat ; Appel à la prière; Appel précédant la prière; Nuit du Destin]

Islam

L'Islam est la dernière religion. C'est celle avec laquelle est venu le Prophète Muhammad (ﷺ), fils de 'Abd Allah. Il a été envoyé par Son Seigneur pour transmettre le Message à toute l'Humanité. L'Islam signifie paix

et soumission. Le musulman est quelqu'un qui se soumet totalement à la volonté d'Allah. Par conséquent, l'essence est la même [pour tous les messages], que ce soit celui de Noé, Abraham, Moïse, Jésus ou Muhammad. Le message est le même, à savoir adorer Allah, Seul. La source de l'unité est la révélation émanant d'Allah: {Il a établi pour vous, en matière de religion, ce qu'il avait enjoint à Noé et ce que Nous t'avons révélé ainsi que ce que Nous avons enjoint à Abraham, Moïse et Jésus : « Etablissez la religion et ne vous divisez pas. »} (Sourate : La Consultation, 42 : 13).

L'Islam est complet et parfait, il n'est pas sujet à l'abrogation ou à un quelconque rajout. Allah (سبحانه وتعالى) a dit : {En ce jour, J'ai parfait votre Religion, J'ai complété Mon bienfait sur vous et Je vous ai agréé l'Islam comme Religion.}
(Sourate : La Table Servie, 5 : 3).

Quand *Jibrîl* (عليه السلام) interrogea le Prophète (ﷺ) sur l'Islam, il répondit : « *L'Islam est que tu attestes qu'il n'y a nulle autre divinité digne d'adoration excepté Allah et que Muhammad est le Messager d'Allah ; tu accomplis la prière ; tu paies l'aumône légale ; tu jeûnes le mois de Ramadan et tu accomplis le pèlerinage à la Maison Sacrée si tu en as la capacité.* » (Rapporté par Muslim).

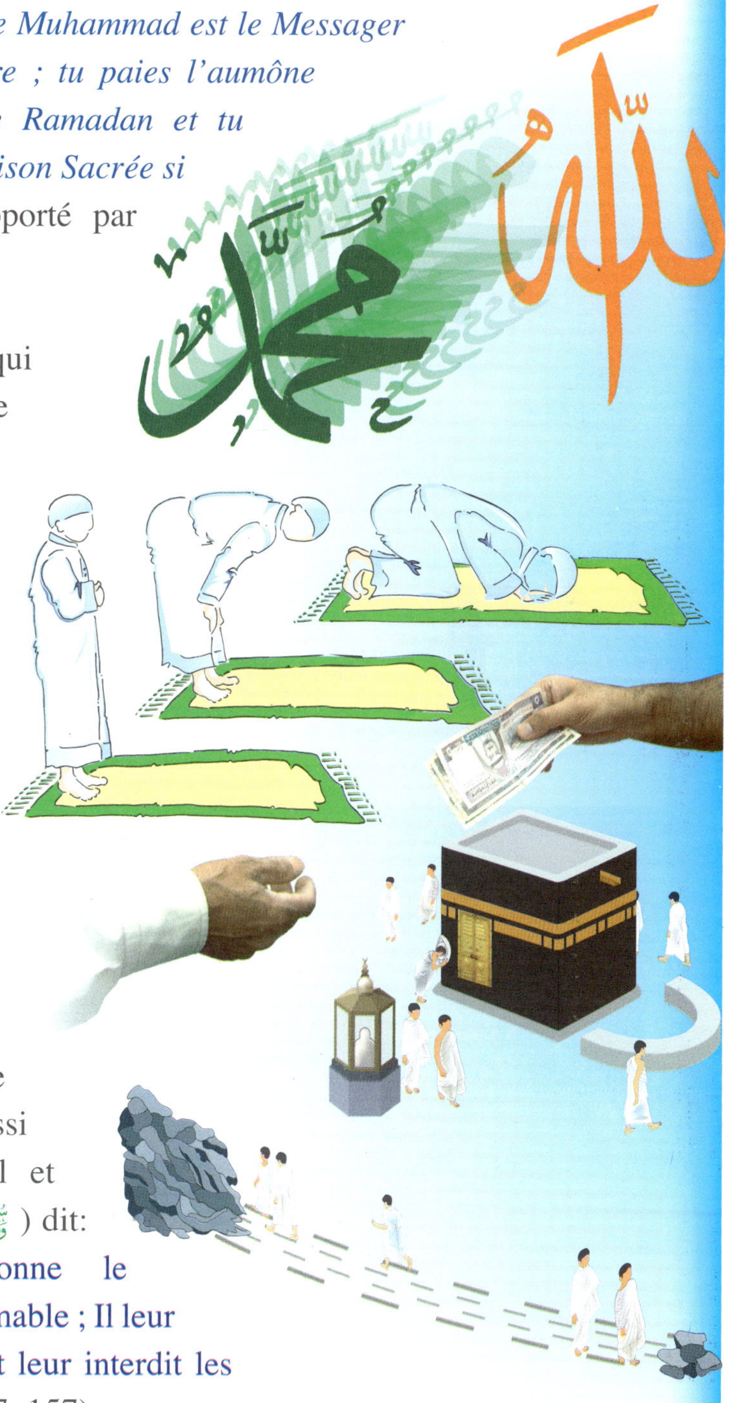

L'Islam considère tout ce qui vise à conduire au bien-être de l'individu ou de la société comme étant moralement bon et par conséquent licite ; et inversement, tout ce qui mène à causer un préjudice pour la société ou l'individu est considéré comme moralement mauvais et par conséquent illicite.

Allah est Le Créateur, Il sait ce qui est le meilleur pour nous. Ses injonctions et Ses interdictions visent le bien-être spirituel et psychologique aussi bien que le bien-être matériel et moral de l'Humanité. Allah (سبحانه وتعالى) dit: {Il (Muhammad) leur ordonne le convenable et leur interdit le blâmable ; Il leur rend licites les bonnes choses et leur interdit les mauvaises.} (Sourate : al-A'râf, 7 :157).

Par conséquent, l'Islam appelle à tout acte de bonté comme la sincérité, la justice, la miséricorde, l'amour, la paix, la piété filiale, la gentillesse, l'altruisme et l'ardeur à la tâche. Il interdit aussi tout acte mauvais comme l'injustice, la lâcheté, l'indécence, la tromperie, l'envie et l'outrage.

Le Prophète (ﷺ) a dit : *« Le musulman est celui qui préserve les musulmans de sa langue et de ses mains. »* (Rapporté par Boukhârî).

Il a aussi dit : *« Parmi le bel islam, que la personne ne se mêle pas de ce qui ne la regarde pas. »* (Rapporté par Tirmidhî).

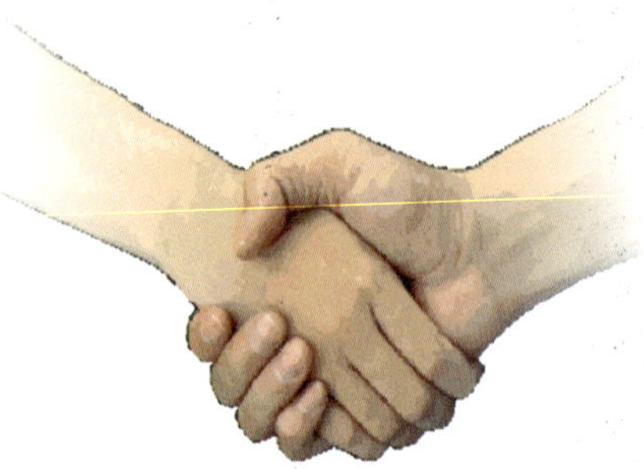

Un jour, Soufyân ibn 'Abd Allah a dit au Prophète (ﷺ) : *« Ô Messager d'Allah, informe-moi d'une chose au sujet de l'Islam que je ne demanderais qu'à toi. »* Il répondit : *« Dis : Je crois en Allah et réforme-toi. »* (Rapporté par Mouslim).

[Voir : Prière ; Aumône Légale ; Pèlerinage ; Jeûne ; Ramadan ; Attestation de Foi]

Ismaël (عليه السلام) [*Ismâ'îl*]

Le Prophète Ismaël [*Ismâ'îl*] (عليه السلام) était le fils aîné du Prophète Abraham [*Ibrâhîm*] (عليه السلام) que lui donna Hajar. Allah (سبحانه وتعالى) a dit en ce qui le concerne: {Et mentionne dans le Livre Ismâ'îl. Il était fidèle à ses engagements et c'était un Messager et un Prophète. Il ordonnait à sa famille la prière et la Zakat et il était agréé auprès de Son Seigneur.} (Sourate : Marie, 19 : 54-55).

Le Prophète Abraham (عليه السلام) émigra avec Hajar et leur fils Ismaël dans une vallée incultivable qui n'avait ni fruit, ni arbre, ni nourriture et ni eau. De nos jours, ce lieu est La Mecque. Donc, il les laissa tous les deux avec une petite quantité d'eau et de nourriture, puis il s'en alla. Sachant que son mari n'agissait pas de son propre chef, Hajar réalisa qu'Allah (سبحانه وتعالى) lui avait ordonné de faire cela, donc elle était certaine qu'Allah ne l'abandonnerait pas ni elle, ni son fils. Allah (سبحانه وتعالى) ne les déçut pas. Il fit jaillir une source du sol. De nos jours, cette source bénie est celle de Zamzam.

Ils vécurent à cet endroit jusqu'à ce que des gens de la tribu de Jourhoum passent à côté d'eux. Lorsqu'ils découvrirent la source d'eau, ils lui demandèrent si elle les autorisait à rester avec elle et son fils. Elle accepta. Quand Ismaël (عليه السلام) grandit et atteignit l'âge de puberté, il se maria avec une femme de leur tribu.

Allah ordonna à Abraham de sacrifier Ismaël (عليه السلام). Quand le Prophète Abraham (عليه السلام) informa son fils qu'il avait vu en rêve qu'il l'offrait en sacrifice. [Comprenant par là que c'était un ordre d'Allah à accomplir], Ismaël (عليه السلام) répondit: {Accomplis ce qui t'est ordonné, tu me trouveras, si Allah le veut, parmi les patients.} (Sourate : Les Rangés en rangs, 37 : 102).

Donc, quand tous deux se soumirent à la volonté d'Allah et qu'ensuite Abraham (عليه السلام) se pencha pour égorger son fils, Allah (سبحانه وتعالى) l'appela pour lui dire qu'il avait accompli son rêve [et s'était soumis à Son ordre]. Allah lui accorda, alors, en échange un grand sacrifice, un bélier. Il fit perdurer son rappel à travers les générations, même des siècles plus tard [par le *'Id al-Adhâ*].

De même, le Prophète Ismaël (عليه السلام) aida son père Abraham (عليه السلام) à construire la *Ka'ba*. Pendant que tous deux travaillaient, ils invoquaient Allah en disant : {Notre Seigneur ! Accepte de nous [cette œuvre] car, vraiment Tu es Celui qui entend tout et qui sait tout.} (Sourate : La Vache, 2 : 127).

[Voir : Abraham (عليه السلام) ; Zamzam]

Jérusalem [*Bayt al-Maqdîs*]

Bayt al-Maqdîs (La Sainte Maison) est la mosquée de Jérusalem, appelée aussi al-*Masjid al-Aqsâ'* (la Mosquée distante). C'est vers elle qu'Allah (ﷻ) transporta le Prophète (ﷺ) durant le Voyage Nocturne (connu en arabe sous le nom d'*Al Isrâ'*) à partir de la Mosquée Sacrée. Allah (ﷻ) dit : {Gloire à Celui

qui a fait voyager de nuit Son serviteur *d'al Masjid al-Harâm à al Masjid al-Aqsâ'* dont Nous avons béni les alentours.} (Sourate : Le Voyage Nocturne, 17 : 1).

Bayt al-Maqdîs est une des trois mosquées où le voyage est autorisé. Le Prophète (ﷺ) a dit : *« Vous ne devez pas entreprendre un voyage spécifique pour visiter un lieu autre qu'une de ces trois mosquées-ci : la Mosquée Sacrée (de La Mecque), ma Mosquée [de Médine] et la Mosquée d'al-Aqsâ' (de Jérusalem). »* (Rapporté par Boukhârî et Mouslim).

[Voir : Mosquée ; Voyage Nocturne et Ascension ; Mosquée Sacrée ; Mosquée du Prophète]

Jésus (عليه السلام) [*'Issâ*]

Le prophète Jésus (عليه السلام) [*'Issâ*] est né miraculeusement, sans père, mais ceci ne doit pas faire de lui le fils de Dieu, Dieu Lui-même ou autre chose de plus qu'un être humain. Adam (عليه السلام) n'avait ni père ni mère. Le Coran attire l'attention sur la création miraculeuse de ces deux hommes dans le verset suivant: {Vraiment, l'exemple de 'Issâ auprès d'Allah est comme celui d'Adam. Il l'a créé d'argile puis Il lui a dit : Sois ! Et il fut.} (Sourate : La famille d'Imrân, 3 : 59]

La mère de Jésus [*'Issa*], la pieuse et pure Marie [*Maryam*], fille de 'Imrân, le conçut alors qu'elle était toujours vierge. A un moment, alors que Marie (عليها السلام) priait dans son lieu d'adoration, un ange sous forme humaine se manifesta devant elle. Remplie de peur, elle chercha refuge auprès d'Allah contre lui mais l'ange lui répondit qu'il n'était qu'un simple messager de Son Seigneur venu lui annoncer un fils pieux. Quand Marie (عليها السلام) lui demanda comment pourrait-elle avoir un fils alors qu'elle était toujours vierge, l'ange répondit que cela était facile pour Allah, Le Tout-Puissant. Allah ferait de son fils (le Prophète Jésus) un signe pour l'Humanité et une miséricorde venant de Lui. (Voir sourate Marie, 19 : 18 à 21).

Lorsque Jésus [*'Issa*] (عليه السلام) fut dans la force de l'âge, Allah (سبحانه وتعالى) lui révéla l'Evangile afin d'exposer les pratiques erronées des juifs et leurs faussetés ainsi que pour réfuter les changements qu'ils avaient introduits dans la Religion d'Allah. Allah (سبحانه وتعالى) l'assista par de nombreux miracles. L'un d'entre eux se produisit lorsqu'il était encore un bébé dans le berceau. Il défendit sa mère qui était accusée de crime car elle avait eu un enfant alors qu'elle n'était pas mariée,

il leur répondit de manière surprenante [car il n'était encore qu'un bébé au berceau]: {Vraiment, je suis un serviteur d'Allah. Il m'a donné une révélation et a fait de moi un prophète. Il m'a béni où que j'aille et Il m'a enjoint d'accomplir la prière et de donner l'aumône aussi longtemps que je vivrai. Il m'a ordonné d'être bon envers ma mère et Il n'a pas fait de moi un être violent ni méchant. Que la paix soit sur moi le jour où je naquis, le jour où je mourrai et le jour où je serai ressuscité !} (Sourate : Marie, 19 : 30 à 33).

Il (عليه السلام) façonnait à partir d'argile un oiseau puis il soufflait dedans et alors celui-ci devenait un vrai oiseau, par la volonté d'Allah. Il guérissait l'aveugle-né, le lépreux et faisait revenir à la vie celui qui était mort par la volonté d'Allah. Il informait les gens de ce qu'ils mangeaient et ce qu'ils gardaient en réserve chez eux. Il implora Allah (سبحانه وتعالى) de faire descendre du ciel une table remplie de mets pour ses disciples lorsqu'ils lui en firent la demande.

Le Prophète Jésus [*'Issa*] (عليه السلام) invita les gens à l'adoration d'Allah, Seul. Il leur dit qu'il était venu pour confirmer la Loi qui était avant lui et leur rendre licite une partie de ce qui leur avait été interdit. Il leur annonça qu'il était venu avec la vérité émanant de Son Seigneur et il les appela à obéir et à adorer Allah Seul. En exposant les pratiques erronées des prêtres, ces derniers devinrent de plus en plus irrités par ses enseignements et ils considérèrent chaque mot qu'il prononçait comme une menace à leur encontre et contre leurs rangs.

Sous l'influence des rabbins, le gouverneur romain décida de l'arrêter et de le crucifier. Cependant, Allah (سبحانه وتعالى), comme le Coran nous le raconte, l'éleva à Lui et celui qui fut crucifié ne fut pas Jésus [*'Issa*] (عليه السلام) mais quelqu'un d'autre qu'ils prirent pour lui. Son nom était Judas, le traître.

La descente du Prophète Jésus [*'Issa*] sera un des signes majeurs de la proximité du Jour du Jugement. Il gouvernera selon la Loi Islamique et se réfèrera au Coran dans Ses jugements. Durant son vivant, tous les musulmans connaîtront une vie joyeuse et agréable.

[Voir : Marie (عليها السلام) ; Grands signes de l'Heure]

Jeûne [as-Sawm ou as-Siyyâm]

As-sawm (appelé aussi en arabe : *as-Siyâm*) signifie le jeûne, c'est-à-dire s'abstenir de manger, boire ou d'avoir des relations intimes avec son épouse (ou son époux) de l'aube jusqu'au coucher du soleil, le tout pour rechercher la satisfaction d'Allah.

Le jeûne est une qualité morale et spirituelle unique de l'Islam. La principale raison derrière le jeûne est d'atteindre le noble statut de *taqwâ* ou piété, comme le dit le Coran: {Ô vous qui avez cru ! Le jeûne vous a été prescrit comme il a été prescrit à ceux avant vous afin que vous soyez pieux.} (Sourate : La Vache, 2 : 183).

Le jeûne aide le croyant à développer une forte personnalité et du caractère. Il instille chez les croyants la détermination et les aide à développer la vertu de l'altruisme et l'affection envers le pauvre et la personne en détresse. En effet, lorsqu'une personne jeûne et ressent les tourments de la faim, elle se rappelle vraiment la détresse du pauvre. Lorsqu'elle éprouve la faim au cours de son jeûne, cela lui rappelle la faveur d'Allah sur elle. Ce souvenir l'incite à remercier Allah pour Ses grâces infinies.

Le jeûne développe aussi les qualités de la patience et cultive un caractère doux et endurant. Cela renforce aussi le corps et c'est une cure saine pour de nombreuses maladies. Le jeûne aide au repos du système digestif et permet au corps de se débarrasser des déchets accumulés qui sont nuisibles pour la santé.

De nos jours, beaucoup de gens en Occident cherchent à se soigner à travers le jeûne. Mis à part la stricte obligation religieuse de jeûner en s'abstenant de manger, boire et d'avoir des rapports durant les heures de jeûne, le musulman doit s'efforcer plus spécialement d'atteindre les hauts degrés de vertu et de pureté.

Le Prophète (ﷺ) a dit : *« Si l'un d'entre vous jeûne, il ne doit ni parler ni agir de manière grossière. Si quelqu'un le provoque ou s'en prend à lui qu'il dise : Je jeûne ! Je jeûne ! »* (Rapporté par Boukhârî et Muslim).

Les points suivants sont des actes recommandés lors du jeûne :

- S'empresser de rompre son jeûne dès le coucher du soleil.
- Rompre son jeûne avec des dattes fraîches ou sèches, ou sinon avec de l'eau.
- Invoquer Allah au moment de la rupture.
- Prendre une collation (un léger repas) le matin (*sahûr*). Le Prophète (ﷺ) a dit : *« Ce qui distingue notre jeûne de celui des gens du Livre est la collation du matin (sahûr).»* (Rapporté par Mouslim).

Jeûner le mois de Ramadan est obligatoire pour tout musulman adulte, sain d'esprit, en bonne santé et résident. Pour les femmes, elles doivent remplir les mêmes conditions que celles précédentes mais en plus ne pas être en période de menstrues ou de lochies.

[Voir : Ramadan ; Piété ; Jeûne surérogatoire ; Gens du livre]

Jeûne surérogatoire [as-Siyyâm at-Tatawwu’]

Les jeûnes surérogatoires [c’est-à-dire : facultatifs, non obligatoires] sont recommandés durant un certain nombre de jours et en certaines occasions incluant les situations suivantes :

- - le jour de ‘*Arafat* pour ceux qui n’accomplissent pas le pèlerinage. Ce jour est le neuvième de *Dhoul Hijja*. Le Prophète (ﷺ) a dit : *« Jeûner le jour de ‘Arafat expie les péchés [mineurs] de deux ans, l’année précédente et l’année suivante. Jeûner le jour de ’Achoura expie les péchés commis l’année passée.»* (Rapporté par Mouslim).

- - Le jour de ‘Achoura (voir hadith précédent).

- - Les six jours du mois de *Chawwâl*. Le Prophète (ﷺ) a dit : *« Quiconque jeûne le mois de Ramadan puis le fait suivre par six jours du mois de Chawwâl, c’est comme s’il avait jeûné l’année entière. »* (Rapporté par Mouslim).

- - Le lundi et le jeudi. Les actions de la personne sont présentées devant Allah (سبحانه وتعالى) ces deux jours-là. (Rapporté par Ahmad comme authentique).

- - Les 13, 14, 15ème jour de chaque mois lunaire. Le Prophète (ﷺ) a mentionné que jeûner ces jours-ci équivalait à jeûner l’année entière. (Rapporté par Nasâ’î et Ibn Mâjah, hadith authentifié).

- - Les dix premiers jours de *Dhoul Hijja*. Le Prophète (ﷺ) a dit : *« Il n’y a pas de jours où les actions vertueuses sont aussi aimées d’Allah (سبحانه وتعالى) que ces dix jours. »* (Rapporté par Boukhârî).

- - Le mois de *Muharram*. Quand le Prophète (ﷺ) fut interrogé à propos du meilleur jeûne après celui du mois de Ramadan, il répondit : *« C’est le mois d’Allah que vous appelez Muharram. »* (Rapporté par Mouslim).

[Voir : Jeûne ; Ramadan ; ‘Achoura ; ‘Arafat]

Job (عليه السلام) [*Ayyoub*]

Le Prophète Job [*Ayyoub*] (عليه السلام) était un dévot à la moralité éminemment noble. Allah (سبحانه وتعالى) l'a béni en lui accordant une longue vie et de grandes richesses. Il avait beaucoup d'enfants, de serviteurs, du bétail et des fermes. Il avait aussi un cœur doux et il était très généreux. Il dépensait sa richesse dans les voies de satisfaction de Son Seigneur. Il nourrissait l'affamé, il habillait le pauvre et le nécessiteux, il soutenait les orphelins et les veuves et il achetait des esclaves afin de les affranchir,

uniquement pour la cause d'Allah. De plus, il appelait son peuple à l'adoration d'Allah, Seul, en leur rappelant Ses infinies bontés à leurs égards. Il louait constamment Allah et il Le Glorifiait. En fait, Job (عليه السلام) était un grand modèle pour les serviteurs et les adorateurs d'Allah. (سبحانه وتعالى).

Bien qu'Allah (سبحانه وتعالى) ait éprouvé Son Prophète Job (عليه السلام) par une série d'épreuves extrêmement éprouvantes, ce dernier a toujours déployé de la patience, bien plus il n'a jamais failli à glorifier Allah et à se rappeler Ses grâces illimitées. Pour l'éprouver, Allah (سبحانه وتعالى) l'a privé de toutes ses possessions. Premièrement, Il lui fit perdre son bétail, ses servants et ses fermes. Ensuite, Il lui fit perdre sa maison et ses propres enfants. Job (عليه السلام) savait que ceci était un

test venant d'Allah, donc il supporta tout cela avec patience et continua à évoquer Allah. Cependant, l'épreuve ne s'arrêta pas là. Il fut touché par une maladie extrêmement affligeante, de telle sorte que pas un seul des organes de son corps ne fut préservé et resta sain excepté sa langue et son cœur avec lesquels il continuait toujours à évoquer et glorifier Son Seigneur.

Quand l'état physique de Job (عليه السلام) se détériora à un niveau tel qu'aucun signe d'amélioration ne fut visible, tous, y compris les gens de sa famille et ses proches amis le prirent en aversion et le délaissèrent. Seule sa tendre et affectueuse femme resta avec lui et répondait à ses besoins. Ce fut durant ces jours noirs [temps obscurs] que Satan essaya encore plus de profiter de la condition du Prophète Job (عليه السلام) pour lui faire perdre espoir en Son Seigneur, pour l'amener à l'ingratitude envers Lui et devenir désespéré et impatient. Cependant, le Prophète Job (عليه السلام), étant un serviteur vertueux, ne montra aucun signe de désespoir. Plutôt, il resta empli d'espoir en la miséricorde d'Allah et en Sa délivrance de souffrances aussi insupportables.

Lorsque sa femme montra des signes de désespoir sous l'influence des mauvaises insufflations de Satan, qui lui avait dit de prononcer une parole de mécréance, cela ennuya le Prophète (ﷺ). Il fut tellement contrarié qu'il jura de la punir de cent coups de fouet s'il recouvrait sa santé. Il lui demanda aussi de le laisser seul.

Job (عليه السلام) invoqua sincèrement Allah de le sortir de sa détresse. Allah répondit à son appel: {Frappe le sol de ton pied ! lui fut-il dit. Voici une source d'eau fraîche pour te laver et étancher ta soif. Et Nous lui rendîmes sa famille, deux fois plus nombreuse qu'elle n'était. Ce fut là une miséricorde de Notre part et un rappel pour les gens doués d'intelligence.} (Sourate : Sad, 38 : 42-43).

Mais lorsque le Prophète Ayyoub (عليه السلام) eut recouvré sa santé, il fut attristé quant à l'accomplissement de son engagement. Il ne voulait pas blesser sa femme bien-aimée, ni trahir son engagement. Allah le sortit de cette situation difficile en lui disant de prendre une gerbe de brindilles avec autant de brindilles que de coups qu'il avait juré de donner à sa femme et de la frapper avec cette gerbe une seule fois. Ainsi, il tint son engagement et évita de blesser sa femme: {Prends une gerbe de brindilles, frappes-en [ton épouse] et ne viole pas ton engagement.} (Sourate : Sad, 38 : 44).

Allah (سبحانه وتعالى) loua Son Prophète Job (عليه السلام) en ces termes : {Vraiment ! Nous trouvâmes en lui un homme plein de patience. Quel excellent serviteur était-il ! Il revenait toujours [à Nous], enclin au repentir.} (Sourate : Sad, 38 : 44).

Jonas (عليه السلام) [*Younous*]

Le Prophète Jonas (عليه السلام) [*Younous*] est aussi connu sous le nom de *Dhoun-Noun*. Allah (سبحانه وتعالى) l'a envoyé aux habitants de la capitale assyrienne, Ninive, afin qu'ils abandonnent l'adoration des idoles, qu'ils adorent Allah, Seul, et qu'ils cessent de commettre des péchés.

Quand son premier avertissement fut infructueux, il prononça la colère d'Allah contre eux. Mais, ils se repentirent et Allah leur pardonna à l'instant présent. Dans le même temps, Jonas (عليه السلام) les quitta en colère, découragé par l'échec évident de sa mission.

A ce moment, Jonas (عليه السلام) embarqua sur une embarcation qui navigua toute la journée dans des eaux calmes. Soudainement, une tempête souffla, comme si l'embarcation allait être réduite en pièces. La mer devint démontée et les vagues s'élevèrent très haut. La tempête continua et le chef d'équipage demanda à l'équipage d'alléger la lourde charge de l'embarcation.

Les bagages furent jetés par-dessus bord mais cela ne suffit pas. Leur sécurité reposait sur le fait de réduire encore plus le poids. Ils décidèrent donc d'alléger l'embarcation en jetant au moins une personne à la mer.

Les marins, selon leurs superstitions, voulurent savoir qui était le responsable de ce mauvais sort. Ils organisèrent un tirage au sort avec tous les noms de l'équipage. Celui dont le nom sortirait serait jeté à la mer.

Le tirage au sort tomba, plus d'une fois, sur le prophète Jonas (عليه السلام) et ainsi il fut jeté. A peine tombé dans l'eau, il fut avalé par une baleine par l'ordre d'Allah. La baleine plongea dans les profondeurs de la mer.

Trois couches de ténèbres l'enveloppèrent, les unes sur les autres : les ténèbres du ventre de la baleine, les ténèbres des profondeurs de la mer et les ténèbres de la nuit. Jonas (عليه السلام) proclama à travers les profondeurs des ténèbres: { Il n'y a nulle autre divinité, digne d'adoration, excepté Toi. Que la gloire Te revienne. Vraiment, j'ai été parmi les injustes.} (Sourate : Les Prophètes, 21 : 87).

Jonas (عليه السلام) continua à invoquer Allah en répétant son invocation. Allah (سبحانه وتعالى) lui pardonna et accepta son repentir. Il ordonna à la baleine de le recracher sur le rivage, il y chercha refuge et fut assisté par une plante [une courge].

Allah (سبحانه وتعالى) lui fit recouvrer la santé et Il lui pardonna. Allah (سبحانه وتعالى) dit dans le Coran que sans ses louanges en Sa faveur, il serait resté dans le ventre de la baleine jusqu'au Jour de la Résurrection.

Quand il récupéra ses forces et fut revigoré, Allah (سبحانه وتعالى) lui ordonna de terminer sa mission: {Et Nous l'envoyâmes à 100 000 personnes, ou plus encore, ils crurent tous. Et Nous leur donnâmes jouissance de la vie pour un temps.} (Sourate : Les Rangés en rangs, 37 : 147-148).

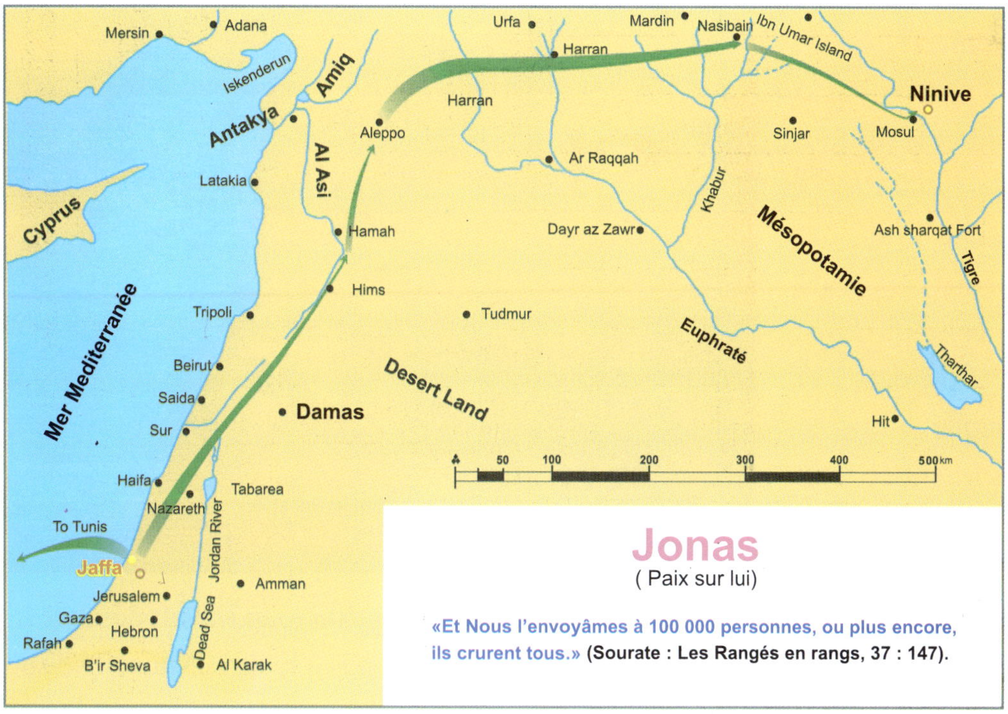

Joseph (عليه السلام) [*Youssouf*]

Joseph [*Yousouf*] (عليه السلام) était le fils de Jacob [*Ya'qoub*] (عليه السلام). Il avait onze frères. C'était un garçon très bon et très gentil avec son père Jacob (عليه السلام) qui lui-même l'aimait profondément.

Malheureusement, à cause de cela, dix de ses frères furent très jaloux de lui. Lorsqu'il vit en rêve onze étoiles, le soleil et la lune se prosterner devant lui, son père l'avertit de ne pas raconter son rêve à ses frères par crainte qu'ils tentent de comploter contre lui. Leur jalousie les conduisit un jour à convaincre leur père de les autoriser à prendre Joseph (عليه السلام) avec eux et d'aller s'amuser avec lui. Finalement, quand leur père accepta, ils emmenèrent Joseph (عليه السلام) avec eux jusqu'à un puits et ensuite ils le jetèrent au fond de celui-ci. Puis, ils prirent sa tunique, la teignirent de faux sang et ils la rapportèrent à leur père afin de le tromper, en lui faisant croire qu'un loup l'avait dévoré. Jacob (عليه السلام) savait que cela était une ruse et il n'hésita pas à le dire. Mais, il se soumit à la volonté d'Allah en cherchant Son assistance.

Lorsqu'une caravane de voyageurs passa auprès du puits afin de tirer de l'eau, celui qui jeta le seau fut extrêmement surpris de trouver à l'intérieur un jeune garçon d'apparence étincelante. Quoi qu'il en soit, il le sortit et l'emmena avec lui en Egypte où il le vendit à un grand notable égyptien, dignitaire de la Cour (*al-'Azîz*), et à sa femme. Cette dernière n'avait pas d'enfant. La femme d'*al-'Azîz* attira Joseph afin de le séduire, mais il refusa obstinément. Comme résultat, elle lui fit une histoire qui le mena en prison. Même en prison, il enseignait la Vérité et il était connu pour sa gentillesse. Joseph (عليه السلام) interpréta le rêve d'un de ses compagnons de cellule, rêve qui par la suite se déroula exactement comme l'avait interprété Joseph (عليه السلام). Ce compagnon fut libéré et reçut la faveur de devenir l'officier qui servait à boire (l'échanson) au roi.

Des années plus tard, alors que Joseph (عليه السلام) était toujours en prison, le roi d'Egypte fit un rêve qui l'angoissa. Personne, parmi les conseillers du roi, ne fut capable d'interpréter ce rêve. L'échanson se souvint de Joseph dont il connaissait la véridicité et l'habilité dans l'interprétation des rêves. Quand l'échanson rapporta à Joseph le rêve du roi, celui-ci l'expliqua. Le roi voulut le voir personnellement car Joseph (ﷺ) avait non seulement raconté la famine qui allait se produire mais aussi suggéra les mesures à prendre pour affronter cette famine. Joseph (ﷺ) utilisa cette opportunité pour rendre publique la raison de son emprisonnement et que cette affaire soit tirée au clair.

Il en fut ainsi. Joseph demanda à être désigné comme trésorier et gardien des greniers d'Egypte, le roi fut reconnaissant à son égard et sollicita son aide afin de surmonter la famine. Joseph (ﷺ) accepta la proposition.

La famine se propagea tellement qu'elle traversa les frontières du pays et affecta le pays natal de Joseph. Les préparatifs de Joseph étaient maintenant terminés et ses réserves étaient suffisantes pour faire face au désastre. Quand les frères de Joseph voyagèrent en Egypte pour acheter du grain de ce pays où l'offre était abondante, alors ce fut le plan d'Allah qu'ils atteignirent l'Egypte et vinrent se présenter devant Joseph (ﷺ). Ils ne le reconnurent pas au premier instant car ils supposèrent qu'il était mort depuis longtemps. Plus tard, quand ils réalisèrent ce qu'était devenu Joseph, ils

eurent honte de ce qu'ils lui avaient fait ainsi qu'à son jeune frère. Alors, ils demandèrent son pardon et il leur pardonna. Ensuite, il leur demanda de transmettre ces joyeuses nouvelles le concernant à [son père] Jacob (عليه السلام), et ce dernier recouvra alors la vue.

Peu de temps après, le père de Joseph ainsi que ses frères le rejoignirent en Egypte. Après une si longue séparation, ce fut de majestueuses retrouvailles.

Même dans une telle gloire et avec un pouvoir aussi important, Joseph, le Noble Prophète et serviteur obéissant d'Allah, reconnut les bienfaits de Son Seigneur sur lui et invoqua [Allah] : {Ô mon Seigneur, Tu m'as donné du pouvoir et Tu m'as enseigné l'interprétation des rêves. Tu es le Créateur des cieux et de la terre. Tu es mon allié, ici-bas et dans l'au-delà. Fais-moi mourir en parfaite soumission [en tant que musulman] et fais-moi rejoindre les vertueux.} (Sourate Joseph, 12 : 101).

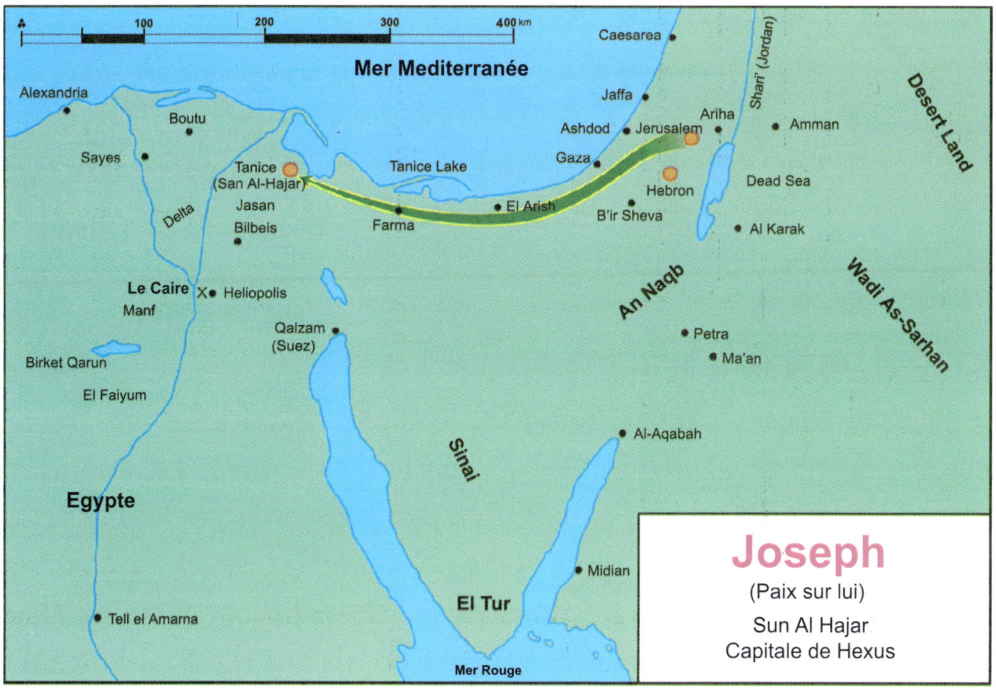

Jour de la Résurrection [*Yawm al-Qiyâma*]

Il viendra un jour où Allah (سبحانه وتعالى) ordonnera que toute chose soit détruite. Il ordonnera à l'Ange *Isrâfîl* (عليه السلام) de souffler dans la Trompe. Au premier souffle, tous les habitants des cieux et de la terre tomberont raides morts, excepté ceux qu'Allah aura voulu préserver. Lorsque Allah (سبحانه وتعالى) lui ordonnera de souffler une seconde fois, tous ceux qui ont vécu [à la surface de la terre] seront ressuscités pour un jour terrible. L'humanité entière se tiendra debout devant Le Seigneur de l'Univers pour le Jugement.

En ce jour, les gens verront des évènements terribles. En ce jour : {L'homme fuira son frère, sa mère, son père, sa femme et ses enfants. En ce jour, chaque homme ne se souciera que de lui-même et sera indifférent aux autres.} (Sourate : Il s'est renfrogné, 80 : 34 à 37).

Ce jour-là est *Yawm al-Qiyâma*, ou Jour de la Résurrection. Quand {Le ciel se rompra, et que les étoiles se disperseront, et que les mers confondront leurs eaux, et que les tombes seront bouleversées, alors toute âme saura ce qu'elle a accompli et ce qu'elle a remis à plus tard.} (Sourate : La déchirure, 82 : 1 à 5).

En ce jour, {Le ciel sera comme du métal en fusion, et les montagnes comme de la laine, où nul ami chaleureux ne s'enquerra d'un ami intime, bien qu'ils se verront les uns les autres. Le criminel aimerait pouvoir se racheter du châtiment de ce jour, en livrant ses propres enfants, sa compagne, son frère, même son clan qui lui donnait asile, et tout ce qui est sur la terre, tout, qui pourrait le sauver.} (Sourate: Les Voies d'Ascension, 70 : 8 à 14).

Yawm al-Qiyâma, ou Jour de la Résurrection, a plusieurs noms incluant : *Yawm ad-Dîn* (Le Jour de la Rétribution) ; *Yawm al-Fasl* (Le Jour de la Décision) ; *Yawm al-Hisâb* (Le Jour des Comptes) ; *al-Hâqqa* (Celle qui montre la Vérité) ; *al-Ghâchiya* (Celle qui Enveloppe) ; *al Yawm al-Akhir* (Le Dernier Jour) ; *al-Wâqi'a* (L'Evènement Inévitable) ; *as-Sâ'a* (L'Heure).

En ce jour, les gens seront rassemblés nus, pieds nus et incirconcis. Le soleil sera rapproché près des têtes des personnes et leur sueur les recouvrira. La hauteur de la sueur sera proportionnelle aux résultats des mauvaises actions que les gens auront accomplies ici-bas. Cependant, en ce jour, sept types de personnes seront protégés à l'ombre du Trône d'Allah : *« Un gouverneur juste ; un jeune qui grandit dans l'adoration d'Allah ; une personne dont le cœur est attaché aux mosquées ; deux personnes se rencontrant, s'aimant en Allah puis se séparant en Allah ; un homme séduit par une belle femme [pour commettre une relation illicite] mais il se refuse à elle en disant : « Je crains Allah ! » ; une personne qui donne en secret une aumône de telle sorte que sa main gauche ne sait pas ce que donne sa main droite et une personne qui, seule, évoque Allah puis fond en larmes.»* (Rapporté par Boukhârî et Mouslim).

En ce jour, les gens recevront le registre de leurs œuvres. Les pieux le recevront dans leur main droite et le liront avec une grande joie et [une immense] satisfaction. Quant aux pervers, ils le recevront dans leur main gauche et derrière leurs dos. *Al-Mîzân*, ou La Balance des actions, sera posée ; chaque chose sera pesée et personne ne sera lésé.

En ce jour, Allah (سُبْحَانَهُ وَتَعَالَى) jugera Sa Création entière en toute justice. En effet, Il est Le Meilleur des Juges : {Quiconque fait une mauvaise action ne sera rétribué que par son pareil ; et quiconque, mâle ou femelle, fait une bonne action, tout en étant croyant, alors ceux-là entreront au Paradis pour y recevoir leur subsistance sans compter.} (Sourate : Le Grand Clément, 40 : 40).

Les vrais croyants qui craignent Leur Seigneur et auront agi en bien durant leurs vies terrestres seront admis au Paradis, dans l'infinie Miséricorde d'Allah. Les mécréants et les pécheurs pervers seront admis en Enfer et cela par l'infinie Justice d'Allah.

[Voir : Chemin (ou Pont) ; Grands Signes de l'Heure]

Jugements Religieux (ou statuts) [*al-Ahkâm*]

Le singulier du mot *Ahkâm* est *Hukm*, ce terme signifie statut, jugement, décret, règle. Chaque action en Islam est dans une des cinq catégories suivantes [elle tombe sous le coup d'un des cinq jugements suivants] :

1. Obligatoire (*Wâjib*) :

Les actions sous cette catégorie sont obligatoires pour tout musulman. Il en sera récompensé s'il les accomplit et en sera puni s'il les néglige. Le jeûne du mois de Ramadan est un exemple d'action obligatoire.

2. Interdit (*Harâm*) :

Les actions sous cette catégorie sont interdites. Cela inclut des actes comme le vol ou le mensonge. Quiconque les commet peut être puni pour ceux-ci.

3. Recommandé (*Mustahab*) :

Les actions sous cette catégorie sont recommandées et incluent des actes comme prier deux unités [surérogatoires] après la prière du *Maghrib*. Ceux qui accomplissent ces actions seront récompensés et ceux qui les délaissent ne seront pas punis.

4. Détesté (*Makrûh*) :

Les actions sous cette catégorie sont détestées et incluent des actes comme dormir sur le ventre, à l'opposé de ce qui est recommandé. Eviter les actes *Makrûh* est compté comme une bonne action et les accomplir n'est pas compté comme une mauvaise action.

5. Permis [ou autorisé] (*Mubâh*) :

Les actions sous cette catégorie sont permises par l'Islam mais n'ont pas de significations religieuses, comme manger du poisson avec des frites ou de l'agneau au curry. Nous avons le choix de le faire ou non. Cependant, l'intention de la personne peut changer cet acte permis en obligatoire, recommandé, détesté ou interdit. D'autres choses peuvent aussi changer le statut de *Mubâh*. Par exemple, chaque chose permise devient interdite s'il est prouvé qu'elle est nuisible. De même, chaque action nécessaire à accomplir une obligation est une obligation.

Ces jugements qui sont des obligations (appelées aussi *fard*) sont de deux types:

- une obligation individuelle (*fard 'ayn*), correspondant à toute tâche ordonnée de manière impérative incombant à chaque musulman qui est moralement responsable (*mukallaf*), pubère (*bâligh*) et sain d'esprit (*'âqil*). Par exemple, l'accomplissement des cinq prières quotidiennes et le jeûne du mois de Ramadan.

- une obligation communautaire (*fard kifâyah*) : si elle est accomplie par une partie de la communauté, les autres en sont dispensés et leur responsabilité est dégagée. Mais si elle n'est accomplie par personne, alors l'ensemble de la communauté est fautif. Par exemple, l'apprentissage des diverses branches de la science islamique et des industries utiles.

[Voir : Charia]

La Mecque [*Makkah*]

La Mecque est une ville de l'ouest de l'Arabie Saoudite, près des côtes de la Mer Rouge. Elle a d'autres noms comme : *Bakka ; Umm al-Qurâ* (La Mère des Cités) *; al-Balad al-Amîn* (la Ville de la Sûreté).

La Mecque est le lieu où est né le Prophète (ﷺ). Dans le centre de La Mecque, il y a la Mosquée Sacrée qui entoure la *Ka'ba*. Les musulmans du monde entier prient cinq fois par jour en direction de la *Ka'ba* à La Mecque.

La Mosquée Sacrée de La Mecque est la mosquée la plus sainte à la surface de la Terre.

Une prière effectuée là-bas est meilleure que 100 000 prières [effectuées autre part]. Le Prophète (ﷺ) a dit : *« Une prière accomplie, ici, dans ma mosquée est meilleure que 1000 prières accomplies autre part excepté à la Mosquée Sacrée (à La Mecque) où une prière est meilleure que 100 000 prières accomplies dans une autre mosquée. »* (Rapporté par Ahmad avec une bonne chaîne de gens dignes d'autorité).

Ce fut le Prophète Abraham [*Ibrâhîm*] (عليه السلام) qui arriva le premier à La Mecque lorsqu'il émigra avec sa femme Hajar et son fils Ismaël [*Isma'îl*], dans un lieu qui allait donc devenir plus tard La Mecque.

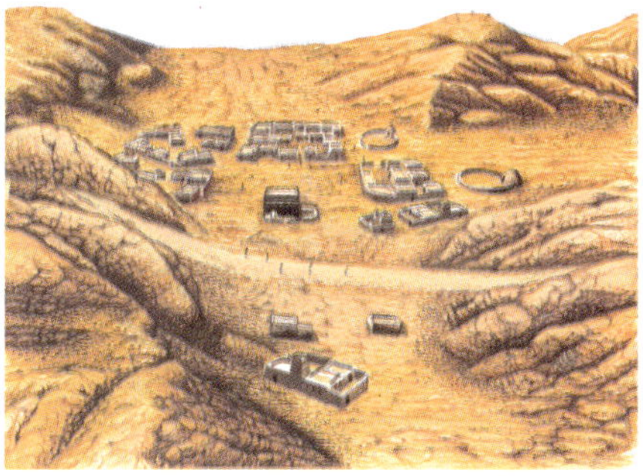

A cette époque La Mecque était seulement une terre désertique, vide, sans aucun signe de vie où que ce soit.

La Mecque

La Mecque, Bakkah, La mère des cités, La Maison sacrée La Maison Ancienne, La cité de la Sécurité.
Elle est aussi appelée: An-Nasasah, Umm Ruhm, Ma'd, Al-Hatimah Ar-Ras Salah, Al-Arsh, Al-Qadis La sacrée, An-Nasah, Al Bassah, Kútha

(Mu'jam Al Buldân 5/181)

La Mecque

au temps du Messager (ﷺ)

A côté de la *Ka'ba*, il y a le puits sacré de *Zamzam*, qui est la même source qu'Allah (ﷻ) a fait jaillir pour Hajar et son fils Ismaël [*Isma'îl*] après qu'Abraham [*Ibrâhîm*] les eut laissés seuls dans cette contrée sauvage. L'eau de *Zamzam* est sans aucun doute l'eau la plus sainte et la meilleure qui soit sur Terre.

Allah (ﷻ) a fait de La Mecque un sanctuaire, un territoire sacré, où on ne doit pas :

1- déraciner ses aubépines,
2- chasser ou déranger son gibier,
3- couper ses arbres,
4- verser le sang,
5- ramasser les choses tombées à terre [et perdues] excepté pour celui qui proclamerait ce qu'il a trouvé.

Allah (ﷻ) a aussi préservé La Mecque de toute forme d'association et a strictement interdit l'entrée à tout non musulman.

[Voir : Mosquée Sacrée ; Zamzam ; Abraham ; Ismaël]

Lot (عليه السلام)

Allah (سبحانه وتعالى) envoya le Prophète Lot (عليه السلام) dans la cité de Sodome, sur la côte ouest de la Mer Morte pour remettre sur le droit chemin ses habitants des nombreuses pratiques viles et perverses auxquelles ils étaient attachés. Le Prophète Lot (عليه السلام) sermonna son peuple d'abandonner leur pratique indécente qu'aucun autre peuple, avant eux, n'avait commise : ils délaissaient les femmes pour les hommes, ils commettaient des brigandages sur les routes et ils pratiquaient la perversité dans leurs assemblées. Ils étaient si profondément enivrés dans leurs mœurs dépravées qu'ils refusèrent obstinément d'écouter les prêches de Lot. Lorsqu'il les avertit du châtiment d'Allah, ils le menacèrent de l'expulser de la ville s'il continuait à prêcher ainsi.

Bien qu'il les appelât durant de nombreuses années à se repentir à Allah, aucun d'entre eux ne répondit à son appel, ni ne crut excepté certains membres de sa famille. Et encore, au sein même de sa maisonnée, sa femme refusa obstinément de croire. Le Prophète Lot (عليه السلام) resta patient et ferme. Les années passèrent et personne ne croyait en lui. Au lieu de cela, ils se moquaient de lui et le raillaient ironiquement en disant: {Amène-nous le châtiment d'Allah si tu es véridique !} (Sourate : L'Araignée, 29 : 29).

Dépité, Lot (عليه السلام) invoqua Allah de lui accorder la victoire et de détruire son peuple corrompu. Lorsque les anges vinrent pour annoncer à Abraham [*Ibrâhîm*] (عليه السلام) la bonne nouvelle [de la naissance] d'un fils rempli de connaissance et de sagesse, ils lui dirent qu'ils avaient aussi

été envoyés pour détruire le peuple pervers de Lot. Ainsi, ils quittèrent Abraham [*Ibrâhîm*] (عليه السلام) et se dirigèrent vers Sodome où ils demandèrent à Lot (عليه السلام) s'il pouvait les héberger. Lot ne savait pas qu'ils étaient des anges envoyés par Allah pour punir son peuple pervers. Voyant qu'ils étaient de beaux jeunes hommes aux visages gracieux et connaissant la nature perverse de son peuple, il essaya de convaincre ses invités, sans les offenser, de ne

pas passer la nuit ici. Donc, il leur conseilla d'attendre la tombée de la nuit afin que personne ne les voie.

Quand l'obscurité tomba sur la ville, Lot (عليه السلام) accompagna ses invités chez lui. A peine la femme de Lot les avait-elle vus qu'elle se précipita pour avertir son peuple de cette nouvelle qui se propagea comme un feu.

Les gens s'empressèrent d'aller à la maison de Lot. Lot les supplia de laisser tranquilles ses invités et les menaça du châtiment d'Allah, mais ils ignorèrent son avertissement.

Il souhaitait être vigoureux afin de les éloigner de ses invités. Le voyant ainsi, dans cet état sans défense, ses invités lui dirent alors: {Ne crains rien et ne t'afflige pas. Nous te sauverons ainsi que ta famille, excepté ta femme qui sera parmi ceux qui seront engloutis} (Sourate : L'Araignée, 29 : 33).

Cela signifie qu'elle sera détruite tout comme son peuple sera détruit aussi.

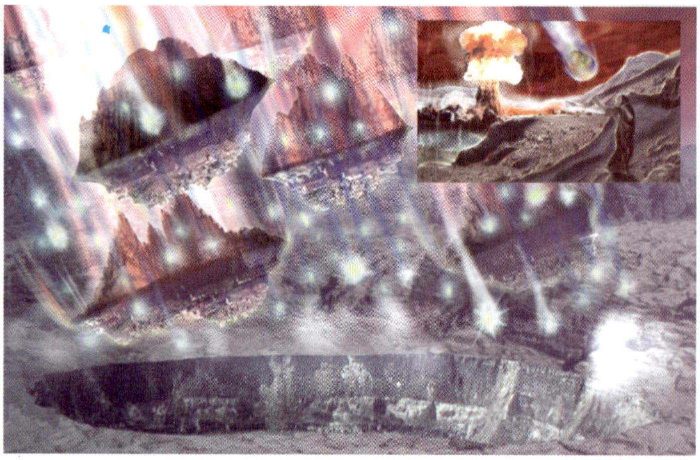

Les anges avertirent le Prophète Lot (عليه السلام) de quitter sa maison avant le lever du soleil en prenant avec lui toute sa famille, excepté sa femme. Ainsi, Allah (سبحانه وتعالى) détruisit Sodome et ses habitants pervers.

Un terrible tremblement de terre secoua la ville et une pluie fatale de pierres tomba sur la cité qui fut retournée de fonds en comble. Chaque être, chaque chose furent détruits y compris la femme de Lot.

Le Coran dit: {Nous le sauvâmes ainsi que sa famille, excepté sa femme pour qui Nous avions déterminé qu'elle serait du nombre des exterminés. Et Nous fîmes pleuvoir sur eux une pluie de pierres. Et quelle mauvaise pluie que celle des gens déjà avertis.} (Sourate : Les Fourmis, 27 : 57-58).

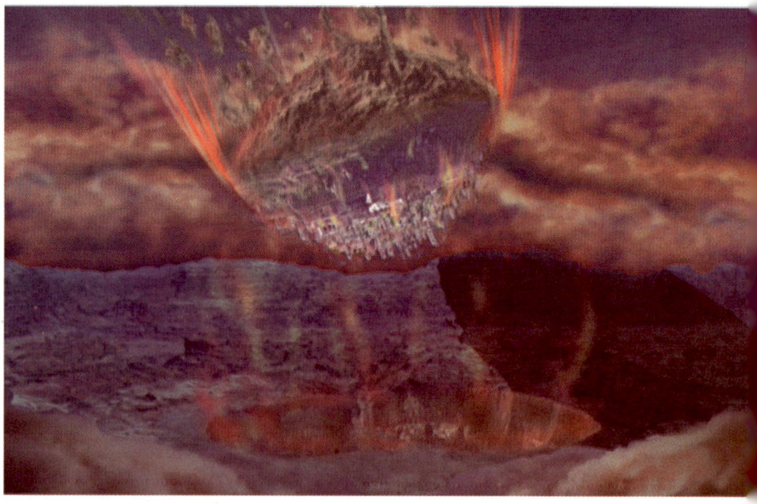

Donc, Allah (سبحانه وتعالى) sauva Son Prophète Lot (عليه السلام) et ses partisans croyants, et laissa pour l'Histoire un signe pour des gens doués de compréhension.

Lot

(Paix sur Lui)

Lac de Lot (La Mer Morte)
Villes de Sodome et Gomorrhe

Marie (عليها السلام) [*Maryam*]

Marie (*Maryam*) était la fille de 'Imrân qui était un homme pieux et noble parmi les enfants d'Israël. Lorsque la pieuse et dévouée femme de 'Imrân sut qu'elle allait avoir un bébé, elle invoqua spécialement Allah (سبحانه وتعالى) afin de consacrer son futur enfant à Son service. Elle espérait avoir un fils, afin qu'il devienne un pieux dévot, un fils miraculeux issu du vieil âge de ses parents, mais Allah (سبحانه وتعالى) lui accorda, au lieu de cela, une fille qu'elle prénomma Marie. Elle implora Allah de la protéger, elle et sa descendance contre toute forme de mal.

Zakariyyâ (عليه السلام) (Zacharie) était l'oncle de Marie. Il prit soin de Marie et parfois, il se rendait dans la pièce où priait Marie. Un jour, il la trouva en train de manger de la nourriture et s'étonna du fait que personne n'était venu récemment lui en apporter. Il lui demanda d'où provenait cette nourriture. Marie lui répondit: {Cela provient d'Allah. Certes, Allah pourvoit qui Il veut sans compter.} (Sourate : La famille d'Imrân, 3 :37).

Marie (عليها السلام) est la mère de Jésus (عليه السلام). Elle lui a donné naissance en étant vierge. Un jour qu'elle priait dans son lieu habituel, un ange lui apparut sous la forme d'un homme. Apeurée, elle lui demanda de ne pas transgresser son intimité. L'ange lui répondit qu'il était un Messager d'Allah venu lui annoncer un enfant pur. Lorsqu'elle lui demanda comment cela pouvait-il arriver alors qu'elle n'était pas mariée, l'ange lui répondit que le décret d'Allah était ainsi.

Quand elle le conçut, elle se retira dans un lieu éloigné afin d'accoucher. Après avoir recouvré ses forces, elle prit le bébé dans ses bras et marcha avec lui vers la ville. Pour la première fois depuis des mois, les gens la virent et s'attroupèrent autour d'elle. Ils pensaient qu'elle venait de commettre un crime car elle avait un enfant sans avoir de mari. Quand ils lui demandèrent comment avait-elle eu un bébé, la seule chose qu'elle fit fut de montrer l'enfant. Ils rigolèrent et s'interrogèrent comment il était possible de parler à un bébé encore dans le berceau. A cet instant crucial, 'Issa (عليه السلام) parla miraculeusement : {Vraiment, je suis un serviteur d'Allah. Il m'a donné une révélation et a fait de moi un prophète. Il m'a béni où que j'aille et Il m'a enjoint d'accomplir la prière et de donner l'aumône aussi longtemps que je vivrai. Il m'a ordonné d'être bon envers ma mère et Il n'a pas fait de moi un être violent ni méchant. Que la paix soit sur moi le jour où je naquis, le jour où je mourrai et le jour où je serai ressuscité !} (Sourate : Marie, 19 : 30 à 33).

Abû Hourayra (رضي الله عنه) rapporte que le Prophète (صلى الله عليه وسلم) a dit : *« Aucun enfant n'est né (ou ne naît) sans que Satan ne l'ait touché (ne le touche) à sa naissance. A la suite de cela, il se met à hurler à cause du toucher du Diable. Il n'y a que Marie et son fils Jésus qui n'ont pas été touchés. »* Abû Hourayra dit alors : *« si vous le voulez récitez:* {Elle dit : Je la place ainsi que sa descendance, sous Ta protection contre le Diable banni.} (Sourate : La famille d'Imrân, 3 :36) (Rapporté par Boukhârî).

Le Prophète (صلى الله عليه وسلم) a aussi dit : *« Beaucoup d'hommes atteignent le degré de perfection, mais parmi les femmes seule Marie, fille d'Imrân et Assia, l'épouse de Pharaon, ont atteint ce degré. »* (Rapporté par Boukhârî).

[Voir : Jésus].

Mécréance [Koufr]

Le mot arabe *koufr* signifie cacher ou dissimuler. C'est le contraire du mot *imân* (foi). Il a ainsi été employé du fait que cela signifie dissimuler, masquer la vérité. Dans la Loi Islamique, cela signifie: ne pas croire en Allah et en Son Messager.

En réalité, le *koufr* est la caractéristique de toute personne qui rejette quelque chose qu'Allah a ordonné de croire, après que cela lui soit parvenu. Qu'il rejette cela par son cœur sans le prononcer, qu'il le prononce sans y porter attention, ou les deux à la fois, ou bien il accomplit une action de mécréance qui est décrite dans le Coran et la Sounnah comme faisant sortir la personne du domaine de la foi. Une telle personne est dite mécréante (*Kâfir*).

Il y a deux niveaux de mécréance :

1- la grande mécréance (*koufr al akbar*) :

Cet aspect exclut, complètement, quelqu'un du giron de l'Islam. Il se divise en 5 types :

a- Renier la vérité divine.

b- Se détourner par orgueil, malgré la reconnaissance de la vérité divine comme dans le cas de Iblis.

c- Douter d'un des six articles de la Foi (même si on ne les renie pas entièrement).

d- Se détourner intentionnellement de la vérité divine.

e- Etre hypocrite. Ceci est cacher la mécréance et montrer la foi afin de tromper les musulmans.

2- La petite mécréance (koufr al asghar) :

Cet aspect n'exclut pas la personne du giron de l'Islam, mais sa foi est déficiente. Un type parmi les différents types de petite mécréance est nommé koufr an-ni'ma. Ceci implique une mécréance qui manifeste une ingratitude à l'égard des bienfaits et des infinies faveurs d'Allah. Il (ﷻ) dit: {Allah propose en parabole une ville : elle était en sécurité, tranquille, sa part de nourriture lui venait de partout en abondance. Puis elle se montra ingrate aux bienfaits d'Allah. Allah lui fit alors goûter la violence de la faim et de la peur en punition de ce qu'ils avaient accompli.} (Sourate : Les Abeilles, 16 :112).

Il y a aussi un autre type qui correspond à combattre un musulman sans droit. Le Prophète (ﷺ) a dit : « insulter un musulman est une perversité, le combattre est une mécréance. » (Rapporté par Muslim).

[Voir : Hypocrisie ; Iblis ; Foi].

Médine [al Madîna]

Al Madîna (communément appelée 'Médine') était autrefois appelée *Yahtrib*. Elle était peuplée, avant l'avènement de l'Islam par les deux fameuses tribus d'*al Aws* et *al Khazraj* ainsi que par certaines tribus arabes et juives. Elle

possède plusieurs noms entre autres: *Tâba* (Celle qui est Bonne), *al Haram* (Le Sanctuaire), *Tayba* (La Pure) et *al Habîba* (La Bien-aimée). Cependant, elle fut connue comme *al Madîna*, « La Ville», une forme raccourcie du nom *Madîna an-Nabî* ou « Ville du prophète (ﷺ) » après qu'elle devint célèbre pour avoir été le refuge du prophète (ﷺ) à la suite de son émigration de La Mecque.

Al Madîna

Une représentation archéologique

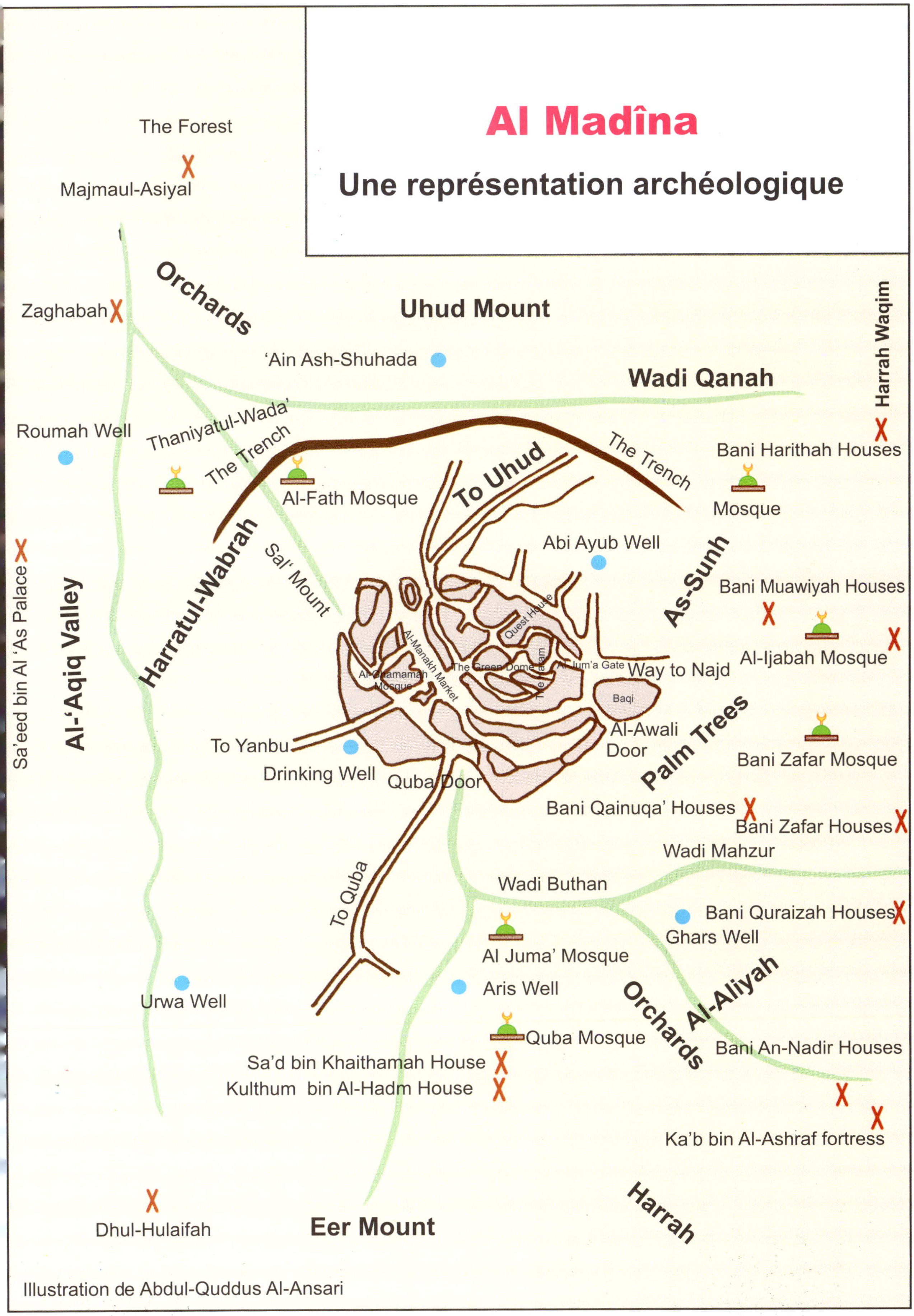

Le Prophète (ﷺ) en a fait un sanctuaire sacré entre les monts 'Ayr et Thawr. Ainsi, ses arbres ne doivent pas être coupés et aucune innovation ne doit y être accomplie. Il (ﷺ) invoqua Allah (سبحانه وتعالى) afin que cette ville soit aimée des musulmans tout comme ils aiment La Mecque, et même plus encore, et il L'implora de la bénir.

Une fois, en la décrivant il a dit :

« Elle est comme un four. Elle expulse ses souillures (impuretés, gens vils et mauvais) et purifie ses biens ». (Rapporté par Mouslim).

Médine contient la Mosquée du Prophète (ﷺ), *Masjid an-Nabî* ou *Masjid an-Nabawî*. Elle est considérée comme étant la seconde Mosquée en Islam, en tant que sanctuaire sacré et en supériorité. La première étant la Mosquée de La Mecque. Le Prophète (ﷺ) a émigré à Médine. Ses habitants lui ont accordé l'asile et l'ont pleinement soutenu, ainsi elle est devenue la capitale de l'Islam. Le Prophète (ﷺ) mourut et fut enterré à Médine. Sa tombe est toujours présente là-bas.

[Voir : Mosquée du Prophète].

Mères des croyants [Oummahât al Mou'minîn]

Oummahât al Mou'minîn sont les Mères des Croyants (singulier : *Oumm al mou'minîn*). Elles sont les femmes du Prophète (ﷺ). Chacune d'entre elles occupe une position comme une mère et ainsi elles doivent être respectées et tenues en haute estime. Il fut strictement interdit, après la mort du prophète (ﷺ), de se marier à l'une d'entre elles.

Khadîja (رضي الله عنها), avec qui il se maria avant de recevoir la Révélation, fut sa première épouse. Elle fut la première femme à croire en son message. Le Prophète (ﷺ) se maria avec elle alors qu'il n'avait que 25 ans et elle 40 ans. Elle lui donna deux garçons : *al Qasim* et *'Abdallah* (qui était surnommé at-*Tayyîb,* celui au bon cœur, et *at-Tâhir*, le pur) et quatre filles : *Zaynab*, *Fatima*, *Ruqayya,* et *Oumm Koulthoum*.

Les autres femmes avec qui le Prophète se maria, après la mort de *Khadîja* furent : *Sawda bint Zam'a ; 'Aicha bint Abû Bakr ; Hafsa bint 'Umar ; Zaynab bint Jahch ; Zaynab bint Khuzayma ; Umm Salama Hind bint Umayya ; Umm Habîba Ramla bint Abû Sufyân ; Juwairiyya bint Al Hârith ; Safiyya bint Huyay ibn Akhtab et Maymuna bint Al Hârith*.

Messager [Rasoul]

Un messager (*rasoul*, pluriel : *rousoul*) est tout homme qu'Allah (سبحانه وتعالى) a choisi pour [transmettre] Son Message et à qui Il a révélé une nouvelle loi qu'Il lui a ordonné de transmettre aux gens. Allah (سبحانه وتعالى) a envoyé Ses Messagers avec des signes évidents et les a soutenus par des miracles. Certains de ces miracles étaient le bâton de Moïse (عليه السلام) qui se transformait en serpent ; la capacité à soigner l'aveugle-né, le lépreux et à faire revivre une personne morte, par Sa volonté, comme dans le cas de 'Issa (عليه السلام). Mais le plus grand des miracles est le Coran qu'Allah (عليه السلام) a révélé à Muhammad (صلى الله عليه وسلم).

Allah (سبحانه وتعالى) a envoyé des Messagers à leurs peuples, avec le même message. Allah (سبحانه وتعالى) dit: {Certes, Nous avons envoyé à chaque un peuple un Messager [qui leur ordonnait] : « Adorez Allah et écartez-vous du rebelle (Tâghoût).} (Sourate : Les Abeilles, 16 :36). Le *Taghout* se réfère ici à tout (être animé ou inanimé) qui est adoré en dehors (ou à côté) d'Allah.

Croire en tous les Messagers qu'Allah a envoyés est un des six articles de la foi et quiconque en renie un seul est un mécréant.

[Voir : Prophète ; Foi ; Mécréance ; Jésus (عليه السلام) ; Moïse (عليه السلام) ; Muhammad (صلى الله عليه وسلم)]

Mina

Mina est un endroit désert à environ 5 kilomètres à l'est de La Mecque où plusieurs rites du pèlerinage doivent être accomplis.

Les pèlerins arrivent à Mina, le Jour de *Tarwiya* (8ème jour de *Dhoul Hijja*) avant ou après le coucher du soleil. Au matin du 9ème jour de *Dhoul Hijja*, ils quittent ce lieu pour aller en direction de *'Arafat*. Après être restés dans la plaine de *'Arafat* toute la journée et avoir passé la nuit à *Mouzdalifa*, les pèlerins retournent, au matin, à *Mina* pour le Jour du Sacrifice (10ème jour de *Dhoul Hijja*). De retour à *Mina*, les pèlerins raccourcissent les prières de quatre unités à deux seulement mais sans les regrouper. Ensuite, ils passent, au minimum, les nuits du 11ème et 12ème jour à *Mina* car elles sont obligatoires. En effet, la personne doit avoir passé au moins la plus grande partie de la nuit là-bas ou sinon il doit sacrifier un animal en guise d'expiation.

NOUVELLE STÈLE NOUVELLE STÈLE (SOUS-SOL)

Il y a trois stèles (*Jamarât*) à Mina : *Jamrat Al 'Aqabat* (stèle d'Al 'Aqabat), *Jamrat al Wustâ* (stèle moyenne) et *Jamrat as-Sughrâ* (petite stèle).

Durant les rites du pèlerinage, le musulman doit jeter, le 10ème jour, des petits cailloux sur la grande stèle et sur les trois stèles les 11, 12 et 13ème jours, après la mi-journée. Les pèlerins commencent d'abord par la petite stèle puis la moyenne et enfin la grande, celle d'*al 'Aqabat*.

Sept petits cailloux sont lancés les uns à la suite des autres sur chacune des stèles en prononçant à chaque fois *Allah Akbar* (Allah est le plus grand).

Le 13ème jour est facultatif. En somme, les pèlerins peuvent retourner à La Mecque après avoir lancé les cailloux le 12ème jour et accomplir la circumambulation d'Adieu (*Tawâf al Wadâ'*). Cependant, ils doivent avoir quitté Mina avant le coucher du soleil [ou sinon ils doivent rester].

[Voir : Circumambulation ; Pèlerinage ; 'Arafat ; Mouzdalifa].

Moïse (عليه السلام) [Moussâ]

Le Prophète Moïse (عليه السلام) était un des messagers doués de résolution. Il est connu comme *Kalîm Allah* (celui à qui Allah a parlé). En effet, Allah lui a parlé directement (sans intermédiaire) sur le Mont Sinaï.

Pharaon était un roi égyptien cruel qui vit en rêve qu'un des fils d'Israël triompherait de lui. Alors, il réunit les prêtres et les magiciens qui interprétèrent cela par la future naissance d'un nouveau-né (juif) et le peuple égyptien périrait par son biais. Voilà pourquoi, Pharaon ordonna de tuer tous les enfants mâles des fils d'Israël.

Durant cette période où tous les garçons furent mis à mort, Moïse (عليه السلام) naquit. Sa mère fut apeurée suite à sa naissance car elle craignait qu'il soit tué, donc elle s'occupa de lui en cachette. Allah (سبحانه وتعالى) lui inspira de construire une caisse pour Moïse, de le mettre à l'intérieur et de le placer sur le Nil. Elle était angoissée, cependant elle savait qu'Allah (سبحانه وتعالى) se chargerait de lui.

Quand la caisse, avec le bébé à l'intérieur, arriva sur la berge de la rivière, aux pourtours du Palais Royal, il fut introduit au Palais. Dès que la femme de Pharaon, qui était une croyante, vit ce bébé, elle éprouva immédiatement une profonde affection pour lui. Etant donné qu'elle ne pouvait enfanter, elle demanda à son mari de pouvoir le garder. Ainsi, Moïse (عليه السلام) grandit dans le palais de Pharaon.

Plus tard, Allah (سبحانه وتعالى) rendit Moïse (عليه السلام) à sa mère pour qu'elle s'occupe de lui étant donné qu'il refusait de téter quiconque.

Allah (سبحانه وتعالى) accorda à Moïse (عليه السلام) robustesse, force, connaissance et sagesse. Le faible et l'opprimé se tournaient vers lui pour lui demander protection et justice. Un jour, un israélite qui était battu par un Egyptien implora secours. Moïse (عليه السلام) s'immisça dans la dispute et donna un puissant coup de poing à l'Egyptien qui mourut sur le coup. En réalisant qu'il venait de tuer un être humain, Moïse (عليه السلام) fut rempli de tristesse et demanda immédiatement le pardon d'Allah.

Moïse (عليه السلام) savait que la peine prescrite pour le meurtre d'un Egyptien était la mort. Alors, il eut peur et décida, suite au conseil sincère d'un homme, de quitter la ville car les notables avaient décidé de le tuer.

Moïse (عليه السلام) quitta l'Egypte et voyagea en direction de Madyan. Aussitôt arrivé là-bas, il se mit à l'ombre sous un arbre afin de se reposer. Il remarqua un groupe de bergers qui abreuvaient leurs troupeaux. Il se rendit à la source où il vit deux jeunes femmes empêchant leur troupeau de se mélanger aux autres. Il sentit que les femmes avaient besoin d'aide alors il se proposa d'abreuver le troupeau à leur place. Quand les jeunes femmes retournèrent chez elles, elles racontèrent l'incident qui s'était passé au puits car elles étaient rentrées

inhabituellement en retard. Leur père envoya une des deux filles afin d'inviter l'étranger chez lui.

Alors, l'une des deux suggéra à son père d'employer Moïse (عليه السلام) car il était fort et digne de confiance. Le vieil homme fut ravi d'entendre cela et lui confia qu'il souhaitait le marier à une de ses filles à condition qu'il soit d'accord pour travailler huit ans à son service. S'il décidait de compléter deux années supplémentaires (soit dix ans) cela serait une faveur de sa part.

Cette offre plut bien à Moïse (عليه السلام) et ainsi il se maria avec l'aînée. Il travailla pour lui durant dix années.

A la fin de cette période, Moïse (عليه السلام) quitta Madyan avec sa famille et voyagea vers le sud à travers le désert en direction de l'Egypte pour y voir sa famille. Durant une nuit sombre et glaciale, ils perdirent leur chemin. Peu de temps après, il remarqua un feu à distance en direction du mont Sinaï (Tur). Il demanda à sa famille de rester sur place afin qu'il leur rapporte un tison ou une indication du lieu où il se trouvait.

Lorsqu'il arriva près du feu, il entendit une forte voix provenant d'un buisson l'appelant du côté droit de la vallée bénie de Tuwâ: {Ô Moïse, Je suis ton Seigneur .} (Sourate: Ta-Ha, 20:11-12).

Alors, Allah (سبحانه وتعالى) le gratifia de deux miracles : son propre bâton se changeait en un terrifiant serpent et lorsqu'il mettait sa main dans le pli de son vêtement elle en sortait blanche éclatante.

Puis, Il lui ordonna, aidé par son frère Aaron (عليه السلام) (Hârûn), d'appeler Pharaon à l'adoration d'Allah, seul, et de laisser partir les fils d'Israël avec lui. Quand Moïse montra à Pharaon les signes miraculeux, celui-ci rejeta la vérité avec arrogance, en lui disant qu'il produirait les mêmes tours de magie avec ses magiciens. Moïse (عليه السلام) choisit un grand jour durant une fête du Temple comme rendez-vous afin de réunir le plus de personnes possible. En ce jour historique, Moïse (عليه السلام) exposa les faux tours de passe-passe des magiciens qui réalisèrent qu'il était venu avec la Vérité. Ils tombèrent prosternés et déclarèrent leur foi dans le Seigneur des Mondes.

Comme le temps passait, Allah (سبحانه وتعالى) ordonna à Moïse de quitter l'Egypte, de nuit, avec son peuple pour aller en Palestine. Pharaon et ses soldats les

poursuivirent. Aux premières lueurs de l'aube, les deux groupes s'aperçurent et le peuple de Moïse (عليه السلام) dit alors: {Ils vont nous rejoindre}. Mais Moïse (عليه السلام) leur assura qu'Allah les assisterait contre Pharaon et ses armées. Alors, Allah (سبحانه وتعالى) inspira à Moïse (عليه السلام) de frapper la mer avec son bâton et elle se sépara de telle sorte que chaque tribu des fils d'Israël puisse passer, la mer était telle une masse montagneuse imposante [et compacte].

Les croyants traversèrent en sécurité jusqu'à l'autre bord et quand Pharaon et ses armées arrivèrent à mi-chemin, les eaux se refermèrent sur eux et ils périrent tous noyés [ainsi que Pharaon mais dont le corps fut rejeté sur le rivage en tant que signe].

Ainsi Allah (سبحانه وتعالى) sauva Moïse (عليه السلام) et ses partisans.

Monothéisme [at-Tawhîd]

Le Tawhîd, ou monothéisme, est la réalisation et le maintien de l'Unicité d'Allah en terme de Seigneurie (*Tawhîd ar-Rubûbiya*), d'Adoration (*Tawhîd Ulûhiya*) et de Noms et Attributs (*Tawhîd al Asmâ' was-Sifât*). Ces trois types de tawhîd sont comme suit :

1- Tawhîd ar-Rubûbiya : cela signifie qu'il n'y a qu'un seul et unique Seigneur pour l'Univers entier et tout ce qui s'y trouve. Allah est le Créateur et le Pourvoyeur de l'Univers.

2- Tawhîd al-Ulûhiya : c'est la croyance que nul n'a le droit d'être adoré excepté Allah. Toutes formes d'adorations, comme prier, jeûner, doivent Lui être consacrées.

3- Tawhîd al Asmâ' was-Sifât : ceci fait référence à la croyance qu'Allah a les plus beaux noms et les attributs les plus parfaits sans les qualifier, sans changer leurs significations, spécifiquement ou généralement (par une autre interprétation), sans les négliger complètement ou les faire ressembler à ceux de Ses créatures. Le Coran dit: {Rien ne Lui ressemble et Il est Celui qui entend tout et Celui qui voit tout.} (Sourate : La Consultation, 42 :11).

L'opposé du *tawhîd* est le *chirk*, c'est-à-dire le polythéisme. Allah, Le Tout-Puissant, ne pardonne pas ce péché.

[Voir : Polythéisme ; Attestation de foi]

Morale (ou Éthique) [Akhlâq]

L'Islam appelle ses partisans à se parer des nobles caractères, *al Akhlâq* (singulier : *khuluq*) c'est-à-dire : la morale, l'éthique.

En décrivant Son Messager (ﷺ), Allah (سبحانه وتعالى) dit : {Et vraiment, Tu es d'une moralité exemplaire} (Sourate: La Plume, 68:4).

Beaucoup de versets du Coran encouragent les musulmans à avoir les nobles caractères. Allah (سبحانه وتعالى) dit: {Et parlez aux gens convenablement} (Sourate: La Vache, 2:83).

Il y a aussi de nombreuses traditions Prophétiques, ou hadiths, qui incitent au bon comportement. Les exemples suivants en sont quelques-unes :

- *« Crains Allah où que tu sois, fais suivre la mauvaise action par une bonne, elle l'effacera et accompagne les gens par le bon comportement. »* (Rapporté par Tirmidhî qui a dit : hadith bon authentique).

- *« Quiconque croit en Allah et au Jour Dernier, qu'il dise un bien ou se taise. Quiconque croit en Allah et au Jour Dernier, qu'il soit généreux envers son voisin. Quiconque croit en Allah et au Jour Dernier, qu'il accueille généreusement son invité. »* (Rapporté par Mouslim).

● *« Nul d'entre vous ne sera croyant tant qu'il n'aimera pas pour son frère ce qu'il aime pour lui-même. »* (Rapporté par Boukhârî et Mouslim).

● *« La chose la plus lourde qui sera placée dans la balance du croyant le Jour de la Résurrection sera le bon comportement. Et Allah déteste la personne outrancière et tenant des propos obscènes. »* (Rapporté par Tirmidhî. Il a dit: hadith bon authentique).

● *« La personne que je préfère et la plus proche de moi le Jour du Jugement sera celle ayant des nobles caractères. »* (Rapporté par Tirmidhî. Il a dit: hadith bon authentique).

Lorsque l'on demandait à 'Aicha concernant les caractères du Prophète (ﷺ), elle répondait : *« Son comportement était celui du Coran. »*

Ceci signifie qu'il agissait selon les magnifiques enseignements du Coran.

Mosquée [Masjid]

La mosquée (*Masjid*, au pluriel : *masâjid*) est le lieu islamique de l'adoration et l'axe autour duquel la vie entière de la Communauté Musulmane tourne. De l'importance de la mosquée, on comprend pourquoi la première tâche que le Prophète (ﷺ) entreprit dès son arrivée à Médine fut la construction d'une mosquée.

Les mosquées sont en premier {Les maisons qu'Allah a permis que l'on élève et où Son nom est invoqué} (Sourate : La Lumière, 24 :36).

Extérieur de la Mosquée

Intérieur de la Mosquée

En réalité, les mosquées sont les meilleurs endroits, auprès d'Allah, comme le Prophète (ﷺ) l'a dit. Du fait de leur statut spécial et de l'unique position qu'elles occupent en Islam, Allah (سبحانه وتعالى) récompensera abondamment ceux qui construisent des mosquées pour Sa cause. Le Prophète (ﷺ) a dit: « *Quiconque construit une mosquée pour le seul fait de gagner la satisfaction d'Allah, Allah lui construira une maison au Paradis.* » (Rapporté par Boukhârî).

Les mosquées doivent toujours et tout le temps rester propres et entretenues. Les musulmans doivent les respecter. Ils ne doivent pas y aller avec des odeurs nauséabondes. Ils ne doivent pas emmener avec eux des enfants en bas âge qui peuvent violer leur sacralité et déranger les fidèles. Ils ne doivent pas y élever la voix, discuter d'affaires mondaines ou s'engager dans du commerce et des affaires.

Accomplir les cinq prières quotidiennes à la mosquée permet d'obtenir de grandes récompenses. Le Prophète (ﷺ) a dit: « *Allah prépare un banquet pour ceux qui viennent régulièrement visiter la mosquée matin et soir* [pour y accomplir leurs prières].» (Rapporté par Boukhârî).

Il a aussi dit: « *La personne dont le cœur est attaché aux mosquées sera à l'ombre du Trône d'Allah, le Jour de la Résurrection.* » (Rapporté par Boukhârî).

[Voir : Prière ; Médine].

Mosquée du Prophète (ﷺ) [al Masjid an-Nabawî]

Quand le Prophète (ﷺ) émigra à Médine, qui était alors appelée Yathrib, il montait son chameau. Les chefs de la ville ainsi que ses partisans l'accueillirent dans leurs plus beaux habits et rayonnants d'amour. Chacun espérait qu'il s'arrêterait chez lui. Le Prophète (ﷺ) répondait poliment et gentiment à chacun: *« Ce chameau est commandé par Allah, ma maison sera à l'endroit où il s'arrêtera. »*. Le chameau déambulait, atteignit le lieu de la Mosquée Prophétique et s'agenouilla. Là, il descendit sur une terre qui appartenait à deux orphelins des *Bani Najjâr*, une tribu affiliée au Prophète (ﷺ) du côté maternel. Alors, le Prophète (ﷺ) a dit : *« Voilà la maison. »*

Ce fut à cet endroit précis qu'il construisit sa mosquée. Ainsi, la terre fut achetée. Le sol fut nettoyé des palmiers et les tombes des polythéistes enterrés furent excavées et nivelées. Le Prophète (ﷺ) lui-même prit part à la construction de la mosquée avec des briques d'argile et des pierres. Le toit fut construit avec des feuilles de palmiers et supporté par des troncs d'arbres de palmier. Au fond de la mosquée, le Prophète (ﷺ) construisit un petit endroit appelé *as-Souffa* où les compagnons pauvres passaient leurs nuits.

La mosquée fut élargie par le Prophète (ﷺ) lui-même au début. Ensuite, un nombre de califes incluant Abou Bakr as-Siddiq, 'Umar ibn al Khattâb, 'Uthmân ibn 'Affân et al Walid ibn 'Abd al Mâlik firent de même. Cependant, les élargissements majeurs prirent place sous les règnes du Roi 'Abd al 'Azîz Al Saoud et du Roi Fahd ibn 'Abd al 'Azîz Al Saoud.

La Mosquée du Prophète est la seconde mosquée, en Islam, après la Mosquée Sacrée. Elle a aussi de nombreux mérites et vertus.

Le Prophète (ﷺ) a dit: « *Vous ne devez pas entreprendre un voyage spécifique pour visiter un lieu autre que l'une de ces trois mosquées-ci : la Mosquée Sacrée (de La Mecque), ma Mosquée [de Médine] et la Mosquée d'al Aqsâ' (de Jérusalem).* » (Rapporté par Boukhârî et Muslim).

Il a aussi dit: « *Une prière accomplie, ici, dans ma mosquée est meilleure que 1000 prières accomplies autre part excepté à la Mosquée Sacrée (à La Mecque) où une prière est meilleure que 100 000 prières accomplies dans une autre mosquée.* » (Rapporté par Ahmad avec une bonne chaîne de gens dignes de confiance).

Il y a dans la mosquée du Prophète (ﷺ) un lieu d'une grande importance connu sous le nom de « *Rawda* » (Jardin) à propos duquel il a dit: « *Entre ma maison et ma chaire, il y a un jardin parmi les jardins du Paradis.* » (Rapporté par Boukhârî et Muslim).

[Voir : Mosquée ; Jérusalem et Médine].

Mosquée Sacrée [al Masjid al Harâm]

Mosquée Sacrée [al Masjid al Harâm]

Al Masjid al Harâm (la Mosquée Sacrée) est la mosquée de La Mecque qui contient la Ka'ba, une construction cubique où la Pierre Noire (*al Hajar al Aswad*) est insérée.

Au début, elle était très petite et non entourée par un mur. Puis, le Prophète (ﷺ) l'a élargie et ensuite les califes Abou Bakr As-Siddîq, 'Umar ibn al Khattâb, 'Uthmân ibn 'Affân ont fait de même. Après eux, 'Abdoullah ibn Az-Zoubayr, Abou Ja'far al Mansour et al Mehdi ibn Ja'far al Mansour ainsi que d'autres ont aussi fait de même. Cependant, les dernières mesures d'élargissement majeures ont été accomplies par le Roi 'Abd al 'Azîz Al Saoud, en 1375 / 1956 et le Roi Fahd ibn 'Abd al 'Azîz Al Saoud, en 1409 / 1988.

En réalité, *Al Masjid al Harâm* est la première maison d'adoration sur Terre établie pour l'Humanité afin d'adorer leur Seigneur. Allah (سبحانه وتعالى) dit: {Vraiment, la première maison établie pour les hommes [pour l'adoration] est celle de Bakka, elle est une bonne direction et une bénédiction pour l'Univers. Quiconque y entre y est en sécurité.} (Sourate : La famille d'Imrân, 3 :96-97).

La *Ka'ba*, au sein du *Masjid al Harâm*, fut construite par Adam (عليه السلام). Mais ensuite, après que le déluge et les flots eurent tout balayé à la surface de la Terre du temps de Noé (عليه السلام), Allah ordonna à Abraham (عليه السلام) et à son fils Ismaël (عليه السلام) de reconstruire la *Ka'ba* et d'élever ses fondations qui furent entièrement submergées par les flots à l'époque de Noé (عليه السلام). En fait, ce fut l'ange Gabriel (عليه السلام) qui les mena sur le lieu où se situaient les fondations perdues. Pendant que tous deux reconstruisaient la mosquée, ils invoquaient Allah (سبحانه وتعالى) d'accepter leur œuvre, de faire d'eux ainsi que leurs descendances des personnes soumises,

de leur montrer les rites du pèlerinage et de la *'Umra*, d'accepter leur repentir et d'envoyer à leurs descendances un Messager issu d'entre eux qui leur récite Ses versets, leur enseigne le Livre et la Sagesse et les purifie. Allah exauça leur prière et invocation et Il envoya le Prophète Muhammad (ﷺ). [Voir : Sourate : La Vache, 2 : 127 à 129].

La Mosquée Sacrée fut purifiée et vierge de toute forme de polythéisme. Cependant, le temps passa, les gens adorèrent de nouveau les idoles et ainsi ces dernières revinrent à La Mecque. Les gens érigèrent des idoles autour et à l'intérieur même de la *Ka'ba* et ainsi la situation perdura jusqu'à la venue du Prophète (ﷺ) qui les détruisit toutes lors de son retour victorieux à La Mecque. Il les fit tomber avec un bâton qu'il tenait dans sa main en récitant :{La vérité est venue et le faux a disparu. Assurément, le faux est condamné à disparaître.} (Sourate : Le Voyage Nocturne, 17 :81).

Un des évènements associés à *Al Masjid al Harâm* est celui qui se passa lors de l'année de l'Eléphant, quand Abraha, le gouverneur du Yémen, construisit un temple à Sanaa, capitale du Yémen, avec l'intention d'appeler les Arabes à accomplir leur pèlerinage ici au lieu de La Mecque. Allah le détruisit lui et son armée.

La Mosquée Sacrée est la mosquée la plus sainte sur terre. Elle a de nombreuses vertus et mérites.

Le Prophète (ﷺ) a dit: *« Une prière accomplie, ici, dans ma mosquée est meilleure que 1000 prières accomplies autre part excepté à la Mosquée Sacrée (à La Mecque) où une prière est meilleure que 100 000 prières accomplies dans une autre mosquée. »* (Rapporté par Ahmad avec une bonne chaîne de gens dignes d'autorité).

[Voir : Mosquée ; La Mecque ; Année de l'Eléphant ; Mosquée du Prophète ; Jérusalem].

Muhammad (ﷺ) est le fils de *'Abdallah ibn 'Abdel Mouttalib*. Sa mère était *Amîna*. Abdallah appartenait à la famille de *Hâchim* qui était la tribu la plus noble de *Qouraych* de la race arabe. Muhammad est né l'année de l'Eléphant en l'an 571. Son père mourut avant sa naissance et sa mère décéda alors qu'il n'avait que six ans. Ainsi, il grandit comme un orphelin.

Sa première nourrice, après sa mère, fut *Thouwayba*. Ensuite, Halima fut sa nourrice, elle était de la fameuse tribu des Bani Sa'd, connue pour son air désertique revigorant.

Puis, son vieux grand-père s'occupa de lui jusqu'à ce qu'il décéda lui aussi alors que le jeune Muhammad (ﷺ) n'avait que huit ans. Finalement, c'est son oncle Abou Tâlib qui s'en occupa.

Il était connu depuis son plus jeune âge pour son comportement doux et merveilleux. Ceci est la raison pourquoi il était nommé parmi les gens *as-Sâdiq*, *al Amîn*, c'est-à-dire : Le Véridique, Le Digne de Confiance.

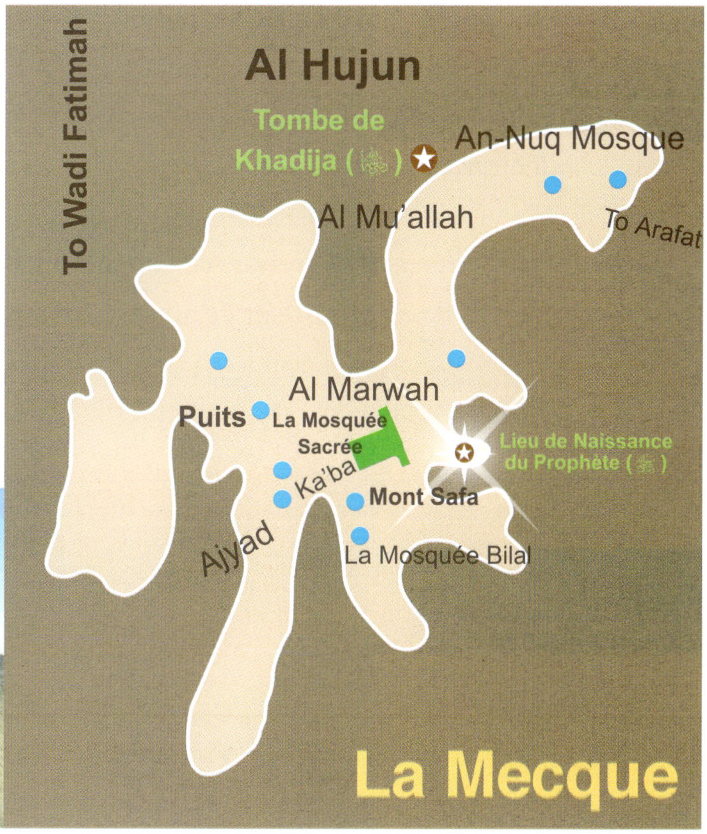

A l'âge de quarante ans, Allah (سبحانه وتعالى) l'envoya pour l'Humanité entière avec comme Religion l'Islam. Par conséquent, il fut le sceau des Messagers d'Allah.

Les premières révélations que le Prophète reçut furent en rêve réel, comme le rapporte sa femme A'icha.

Ensuite, l'ange Jibrîl (عليه السلام) vint à lui avec des révélations de la part d'Allah (سبحانه وتعالى). Les premiers versets qui lui furent révélés étaient: {Lis, au nom de Ton Seigneur qui a créé ; qui a créé l'homme d'une adhérence ; Lis ! Ton Seigneur est Le Très Noble ; qui a enseigné par la plume ; a enseigné à l'homme ce qu'il ne savait pas.} (Sourate : L'Adhérence, 96 :1 à 5).

Ces versets lui furent révélés quand il était dans la caverne du mont *Hirâ,* au moment de sa retraite et de son isolement pour adorer Allah jour et nuit.

Muhammad (ﷺ) donna le meilleur de lui pour transmettre le Message de l'Islam et en conséquence, il souffrit maintes épreuves. Ses nobles compagnons, eux aussi, souffrirent terriblement aux mains des polythéistes arabes. La persécution atteignit un tel paroxysme qu'ils durent émigrer, en premier, en Abyssinie puis à Médine. Lui-même (ﷺ) émigra à Médine. Mais toutes ces souffrances ne furent pas vaines. Après plusieurs années, le Prophète (ﷺ) et ses partisans purent retourner à La Mecque victorieusement et ils pardonnèrent à leurs ennemis.

Avant que le Prophète Muhammad (ﷺ) décède à l'âge de 63 ans, la majeure partie de la péninsule arabique était devenue musulmane et un siècle après, l'Islam s'était étendu à l'Ouest jusqu'en Espagne et à l'Est aux confins de la Chine. Parmi les raisons de l'expansion rapide il y a le pacifisme de l'Islam, la vérité de ses croyances et la clarté de sa pratique.

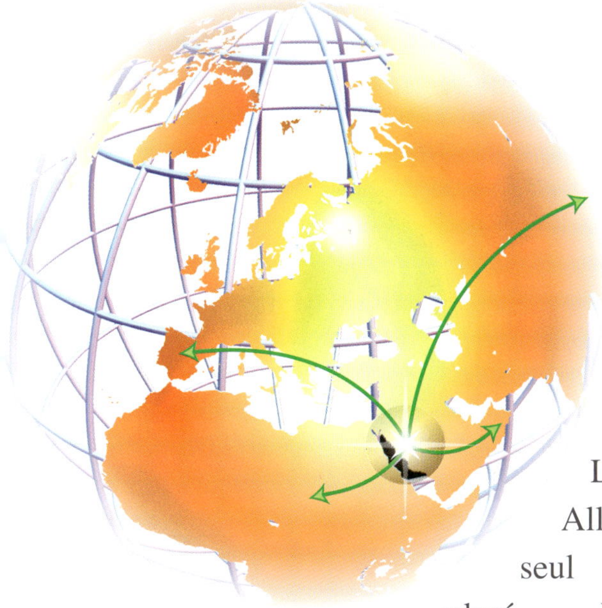

L'Islam appelle à croire en un Seul Dieu, Allah, qui est le seul digne d'être adoré. Le Prophète Muhammad (ﷺ) était un exemple parfait d'honnêteté, de justice, de miséricorde, de compassion, de sincérité et de courage. Bien qu'il n'était qu'un homme, il était loin de tout caractère vil. Il luttait uniquement pour la cause d'Allah et Sa récompense dans l'au-delà. De plus, dans toutes ses actions et relations, il était rempli à la fois de bon sens et de crainte d'Allah. Qu'Allah lui accorde Sa paix et qu'Il déverse sur lui Ses bénédictions.

Allah (سبحانه وتعالى) l'a envoyé comme miséricorde pour l'Humanité toute entière, annonciateur de bonnes nouvelles pour les croyants et avertisseur pour les mécréants. Le Jour du Jugement, il sera le Maître des fils d'Adam. Il sera le premier dont la tombe s'ouvrira. Il sera le premier à intercéder. Il sera le premier à voir son intercession garantie. Il sera le premier à entrer au Paradis. Enfin, Il sera le Leader des Messagers et Prophètes.

La Mosquée du Prophète de jour

Il est venu avec la Vérité de Son Seigneur. Allah (سبحانه وتعالى) a ordonné aux croyants de l'aimer, le suivre et lui obéir. Allah dit à son sujet: {Muhammad est Le Messager d'Allah.} (Sourate : La victoire, 48 :29). Il a dit aussi: {Ô vous qui avez cru ! Obéissez à Allah et obéissez au Messager.} (Sourate : Les Femmes, 4 :59).

La Mosquée du Prophète le soir

Le Prophète (ﷺ) a dit : « *Par Celui qui tient mon âme dans Sa Main, personne ne sera croyant tant qu'il ne m'aimera pas plus qu'il n'aime ses enfants, ses parents et l'humanité entière.*» (Rapporté par Boukhârî).

La Mosquée du Prophète de nuit

Il a aussi dit : « *Quiconque m'obéit obéit à Allah, quiconque me désobéit désobéit à Allah.* » (Rapporté par Boukhârî).

En réalité, une des conditions pour aimer le Prophète (ﷺ) est de croire en lui, de le suivre et de lui obéir. Le Coran dit: {Dis : « Si vous aimez vraiment Allah, alors suivez-moi, Allah vous aimera et vous pardonnera vos péchés. Et Allah est vraiment Le Grand Clément, Le Très Miséricordieux.} (Sourate : La famille d'Imrân, 3 :31- 32).

[Voir : Année de l'Eléphant ; La Mecque ; Médine ; Emigration].

Mouzdalifa

Mouzdalifa est le lieu à mi-chemin entre M*ina* et *Arafat*. Il est aussi appelé *al Mash'ar al Harâm* (le Monument sacré) ou encore *al Jam'* (le Rassemblement) car les pèlerins se réunissent ici la nuit du dixième jour de *Dhoul Hijja* après leur départ de *'Arafat*. En effet,. ils doivent passer obligatoirement la nuit à *Mouzdalifa* et quiconque manque à cette obligation doit expier cela en sacrifiant un animal.

Après le coucher du soleil du neuvième jour de *Dhoul Hijja,* les pèlerins quittent calmement *'Arafat* pour aller en direction de *Mouzdalifa* sans cesser de prononcer la *talbiya*.

Une fois là-bas, ils regroupent les prières du *Maghrib* et du *'Icha* en raccourcissant cette dernière à deux *raka't*. Ensuite, ils passent la nuit sur place et le lendemain ils accomplissent la prière du Fajr. Avant que le soleil ne se lève, ils quittent *Mouzdalifa* pour *Mina* et sur le chemin ils prennent sept petits cailloux afin de les lancer sur la stèle d'al *'Aqabat*.

Si quelqu'un oublie, ou pour une autre raison, de ramasser des petits cailloux à *Mouzdalifa,* il n'y a pas de gêne à ce qu'il les prenne en chemin ou à *Mina*.

[Voir : Pèlerinage ; Talbiya ; 'Arafat]

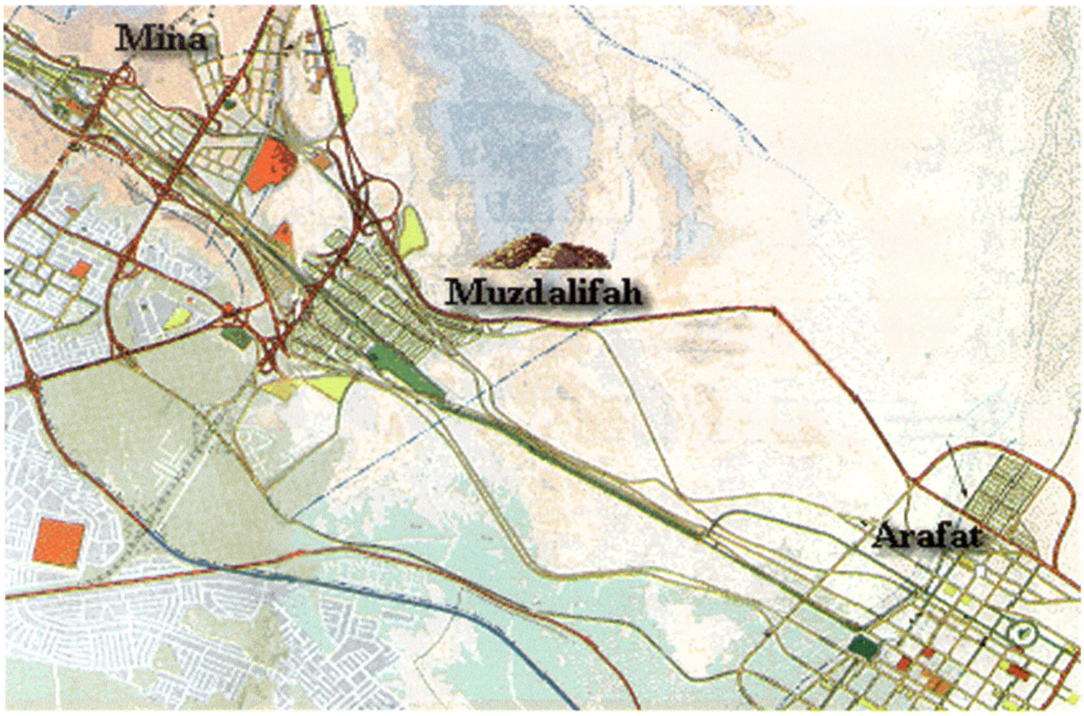

Nettoyage des parties intimes [Istinjâ]

L'Islam est une religion d'hygiène individuelle insistant sur la propreté. En réalité, l'Islam considère la propreté comme faisant partie de la foi. Par conséquent, le Prophète (ﷺ) a montré aux musulmans toutes les manières et tous les moyens de l'hygiène individuelle et l'éducation à avoir dans l'utilisation des toilettes. Une de ces manières est appelée en arabe *Istinjâ*.

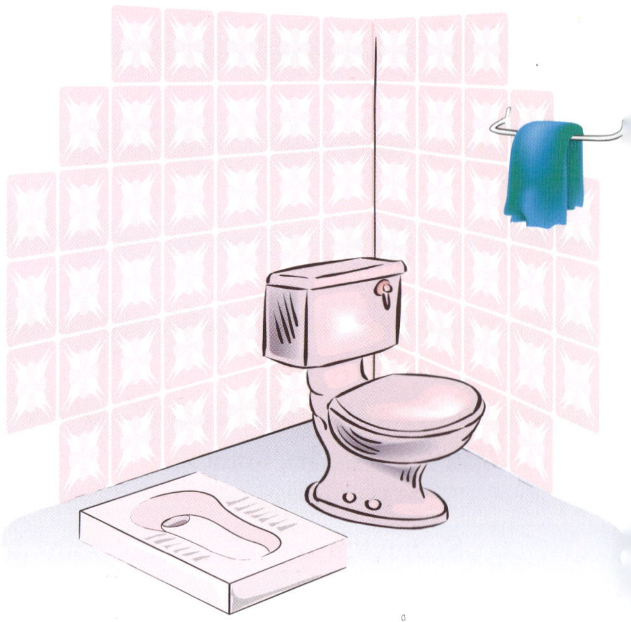

L'*istinjâ* est l'acte de se laver à l'eau après avoir accompli ses besoins naturels. S'il n'y a pas d'eau alors on utilise le papier toilette ou alors de la terre sèche ou encore des pierres. Pour ces deux derniers types de lavage, le mot arabe est *istijmâr*.

Les points suivants sont quelques indications sur la manière de se nettoyer :

1- Tout d'abord, le musulman dit : *Bismillah. Allahoumma innî a'oudhou bika minal khoubouthi wal khabâ'ith* (Au nom d'Allah, Ô Allah je cherche refuge auprès de Toi contre les djinns mâles ou femelles). Ensuite, il entre aux toilettes du pied gauche.

2- [Quand il a terminé son besoin] Il quitte les toilettes du pied droit et dit : *Ghoufrânak* (Je Te demande pardon).

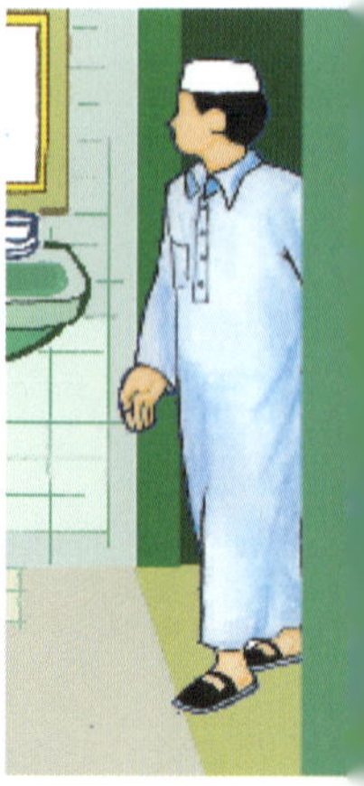

3- Il ne doit pas avoir avec lui quelque chose qui contient le nom d'Allah à moins qu'il ne craigne de le perdre.

4- Il ne doit pas être en face de la Qibla ni lui tourner le dos.

5- Il doit couvrir les parties intimes de son corps appelées en arabe *'awrat*.

Cette *'awrat* est la partie du corps qui va du nombril aux genoux pour les hommes alors que pour les femmes cela correspond au corps entier.

6- Il doit s'assurer que ni urine ni selles ne touchent son corps ou ses habits.

7- Il doit se laver les parties intimes avec de l'eau. S'il n'y a pas d'eau, il utilise du papier toilette ou des pierres ou alors ce qu'il y a de disponible et qui convient pour le but. S'il combine les différentes choses, c'est-à-dire papier toilette et eau, qu'il utilise d'abord le papier toilette et ensuite l'eau, ceci est meilleur pour une plus grande propreté.

8- Il doit utiliser sa main gauche pour se nettoyer et il doit s'assurer qu'il se lave en nombre impair.

[Voir : Purification].

Noé (عليه السلام) [Nouh]

Noé (عليه السلام) fut le premier Messager qu'Allah (سبحانه وتعالى) envoya à son propre peuple après qu'il se fut égaré. Ils crurent que les idoles qu'ils adoraient leur apporteraient du bien, les protègeraient du mal, et accompliraient tous leurs besoins. Ils donnèrent à leurs idoles des noms comme Wadd, Suwa', Yaguth et Nasr. En réalité, ces noms étaient initialement des noms de personnes vertueuses qui vécurent parmi eux.

Mais, après leur mort, des statues les représentant furent érigées en leurs mémoires afin de garder leur souvenir vivant. Ils savaient seulement que leurs ancêtres les invoquaient dans leurs prières et donc ils firent de même. Voilà comment l'adoration des idoles débuta.

Allah (سبحانه وتعالى) envoya Son Messager Noé (عليه السلام) afin de guider son peuple. Il attira leur attention sur la magnifique Création d'Allah tel que les cieux, la terre et la lune. Il leur expliqua comment le Diable les avait induits en erreur depuis si longtemps. Il leur parla de la merveilleuse Création d'Allah et il leur rappela les nombreuses grâces qu'Il leur avait accordées. Il les avertit de ne pas adorer quiconque en dehors d'Allah ainsi que de craindre le douloureux châtiment qu'Allah leur ferait subir s'ils perduraient dans leurs viles actions.

Ils accusèrent Noé (عليه السلام) de n'être qu'un être humain comme eux et ils se mirent à le railler quand ils constatèrent que seuls les pauvres le suivirent. Bien qu'ils rejetèrent avec arrogance la vérité, Noé (عليه السلام) continua, nuit et jour, en public et en privé, à les appeler à croire en Allah, à leur expliquer les signes d'Allah et à leur illustrer Sa capacité dans la création et la formation de Ses créatures.

Mais à chaque fois qu'il les appelait à Allah, ils le fuyaient. Il les appelait à se faire pardonner d'Allah mais obstinément ils se bouchaient les oreilles et retournaient leurs vêtements afin d'éviter d'écouter la vérité.

Noé (عليه السلام) continua, durant 950 ans, à appeler son peuple à croire en Allah. Chaque génération ancienne avertissait la nouvelle de ne pas croire en Noé (عليه السلام) et de ne pas suivre la vérité. Dès lors où il vit que le nombre des croyants n'augmentait pas, il invoqua leur destruction.

Allah (سبحانه وتعالى) exauça la prière de Noé (عليه السلام) et lui ordonna de construire une arche sur laquelle il travailla nuit et jour, ignorant les moqueries des chefs de son peuple lorsqu'ils passaient près de lui.

Le jour funeste arriva quand les sources de la terre commencèrent à déborder. Sur ordre d'Allah, Noé (عليه السلام) appela les croyants à monter dans l'arche et il prit avec lui un couple, mâle et femelle, de chaque espèce d'animaux, d'oiseaux et d'insectes afin de les protéger.

Le fils de Noé refusa de monter dans l'arche car il pensait qu'il pouvait chercher refuge contre le déluge sur le sommet de la montagne. Mais il ne savait pas que les sommets eux-mêmes seraient aussi submergés.

Des pluies diluviennes du ciel accompagnées de torrents d'eau provenant des nappes phréatiques de la terre engendrèrent un immense déluge jamais vu auparavant. Aucun des mécréants malfaisants ne fut épargné. Le fils de Noé, aussi bien que sa femme, qui était non croyante périrent dans le déluge.

Puis, par ordre Divin, le calme revint sur terre. L'eau se retira et la surface de la terre réapparut. Le déluge avait nettoyé et purifié la terre de ceux qui agissaient mal. Ainsi Allah secourut Noé (عليه السلام) et ses partisans.

Noms d'Allah les plus Beaux [Asmâ' Allah al Husnâ]

Allah a les plus beaux Noms et les Attributs les plus parfaits. Les noms d'Allah expriment Sa Grandeur, Sa Suprématie, Sa Sainteté, Sa Pureté et la perfection de Ses attributs. Allah les confirme pour Lui-même et nous commande de L'appeler par ces noms. Le Coran dit: {A Allah appartiennent les plus beaux noms, invoquez-Le par ces noms} (Sourate : al A'râf, 7 : 180).

Un musulman doit croire dans tous les noms d'Allah et confirmer qu'ils Lui appartiennent tous sans changer leurs significations, les négliger complètement ou les comparer aux noms d'une de Ses créatures. Allah dit: {Rien ne lui ressemble et Il est Celui qui entend tout et voit tout} (Sourate : La consultation, 42 :11).

Certains de Ses noms sont: *ar-Rahman* (Le Tout Miséricordieux), *ar-Rahîm* (Le Très Miséricordieux), *al Khâliq* (Le Créateur), *al Mâlik* (Le Souverain), *al Qouddous* (Le Saint), *al 'Azîz* (Le Tout-Puissant), *al Hakîm* (Le Sage), *as-Salâm* (Celui qui est source de Paix), *al 'Alîm* (L'Omniscient), etc.

Le prophète (ﷺ) a dit: *« Allah a 99 noms : 100 moins un. Celui qui croit dans leurs significations (et agit selon eux) entrera au Paradis. »* (Rapporté par Boukhârî et Muslim).

[Voir : Allah].

Nuit du Destin [Laylat al Qadr]

La nuit du Destin (*Laylat al Qadr*) est une des dix dernières nuits impaires du mois de *Ramadan*. Elle est la nuit où le Coran a été descendu. Les actes vertueux accomplis durant cette nuit équivalent à ceux d'une période de 1000 mois. Allah (سبحانه وتعالى) dit: {Nous l'avons, certes, fait descendre (le Coran) pendant la nuit d'al Qadr. Et qui te dira ce qu'est la nuit d'al Qadr ? La nuit d'al Qadr est meilleure que mille mois. Durant celle-ci les anges ainsi que l'Esprit descendent, par permission de leur Seigneur, pour tout ordre. Elle est paix et salut jusqu'à l'apparition de l'aube.} (Sourate : La Nuit du Destin, 97 : 1 à 5).

Le Coran l'a aussi décrite comme étant une nuit bénie :{Nous l'avons fait descendre (le Coran) durant une nuit bénie.} (Sourate : La Fumée, 44 :3).

Concernant les mérites de *Laylat al Qadr*, le Prophète (صلى الله عليه وسلم) a dit: « *Quiconque prie durant Laylat al Qadr avec foi et espoir de la récompense auprès d'Allah sera pardonné de tous ses péchés passés.* » (Rapporté par Boukhârî et Mouslim).

Le Prophète (ﷺ) recherchait *Laylat al Qadr* et recommanda à ses compagnons de faire de même. Il réveillait les membres de sa famille durant les dix dernières nuits de ce mois béni et ainsi ils passaient ces saintes nuits en adoration.

A'icha rapporta que le Messager d'Allah (ﷺ) disait : « *Cherchez Laylat al Qadr dans les nuits impaires des dix dernières nuits du mois de Ramadan.* » (Rapporté par Boukhârî).

Elle a aussi dit : « *Lorsque débutaient les dix derniers jours de Ramadan, le Prophète (ﷺ) cessait tout rapport sexuel, il redoublait d'ardeur et il restait éveillé toute la nuit durant à prier en réveillant aussi sa famille* [afin qu'elle prie aussi]. » (Rapporté par Boukhârî).

[Voir : Ramadan].

Paradis [Jannat]

Le Paradis est la demeure du bonheur éternel qu'Allah, Le Tout-Puissant, a préparé pour Ses pieux serviteurs. Cette réjouissance éternelle sera ce que nul œil n'aura vu et nulle oreille n'aura entendu. Le Prophète (ﷺ) a dit: *« Allah (ﷻ) a dit : « J'ai préparé pour Mes serviteurs ce que nul œil n'a vu, nulle oreille n'a entendu et nul cœur n'a imaginé. »* Abou Hourayra, le rapporteur du hadith, a alors dit : *«Si vous le voulez récitez:* {Et nulle âme ne sait ce qu'on leur

a préparé (aux habitants du Paradis) en récompense de ce qu'ils ont accompli} (Sourate : La Prosternation, 32 :17). (Rapporté par Boukhârî, Muslim et Tirmidhî).

Ceux qui seront admis au Paradis auront ce qu'ils désirent. Le Paradis a huit portes. L'une d'entre elles est appelée Rayyân, seuls les jeûneurs entreront par cette porte et personne d'autre. *« Quand ils y seront entrés, elle sera fermée et plus personne ne pourra y entrer »* (Rapporté par Boukhârî).

La majorité des gens du Paradis seront les pauvres. Leurs vaisselles seront d'or et d'argent, leurs habits seront des vêtements verts, de la fine soie et du brocart et ils porteront des bracelets d'argent.

Ils se reposeront sur des divans ornés et ils ne seront pas atteints par la chaleur ardente du soleil ni par un froid glacial. Ils seront à l'ombre, il y aura des sources, des fruits et ils auront ce qu'ils désirent.

Une des attractions du Paradis est la rivière *al Kawthar*, dont l'eau est plus blanche que le lait, plus douce que le miel et dont les rives sont faites de tentes de perles creuses. Le Paradis a différents niveaux. Le plus haut est *al Firdaws*. Le Prophète (ﷺ) a dit : *« Lorsque vous invoquez Allah, demandez-Lui le Firdaws. »* [Voir : Majma' az-Zawâ'id].

Allah (سبحانه وتعالى) a dit concernant les habitants du Paradis: {Ceux qui patientent dans la recherche de l'agrément d'Allah, accomplissent la prière et dépensent, en secret et en public, de ce que Nous leur avons attribué et repoussent le mal par le bien. A ceux-là, la bonne demeure finale, les Jardins d'Eden. Ils y entreront, ainsi que tous ceux de leurs ascendants, conjoints et descendants qui auront été de bons croyants. Les anges entreront auprès d'eux de chaque porte, ils leur diront : « Paix sur vous, pour ce que vous avez enduré. Comme est bonne votre demeure finale !} (Sourate : Le Tonnerre, 13 :22 à 24).

[Voir : Géhenne].

Pèlerinage (Hajj):

Le *Hajj,* ou pèlerinage à La Mecque, est le cinquième pilier de l'Islam et un devoir religieux incombant à chacun au moins une fois dans sa vie pour celui qui en a la capacité physique et financière. Allah (ﷻ) dit : {Faire le pèlerinage est un devoir envers Allah pour quiconque en a la possibilité} (Sourate : La Famille d'Imrân, 3 : 97).

Le *Hajj* est le plus grand rassemblement annuel spirituel où chaque musulman, quelles que soient sa race, sa couleur, sa manière de vivre, glorifie Allah, L'évoque, recherche Son pardon et observe les rites du pèlerinage comme décrits et montrés par le Prophète (ﷺ). Durant ce rassemblement, ils font connaissance mutuelle avec d'autres et discutent de leurs affaires communes. C'est une démonstration de l'universalité de l'Islam, de l'unité et de l'égalité de tous les Musulmans.

Le Hajj confirme la soumission des Musulmans à Leur Créateur et leur empressement à abandonner les intérêts matériels pour être à Son service. Lorsque le pèlerin se présente à Allah (ﷻ), il

Malcolm X, le célèbre leader musulman noir américain, dont le pèlerinage à La Mecque l'aida à arrêter l'utilisation de l'Islam pour véhiculer la cause raciale noire, évoqua cela et écrivit: « *Je me souviens une nuit à Mouzdalifa, je me réveillai parmi mes frères musulmans et j'appris alors que les pèlerins de toutes contrées, de toutes couleurs, de toutes classes et de tous rangs, hauts dignitaires ou mendiants, tous étaient semblables parlant le même langage.* »

sacrifie toutes les choses mondaines : richesse, famille, amis, distinctions vestimentaires ou raciales.

Il célèbre la fraternité de tous les musulmans. Ils sont tous égaux tant dans leurs tenues vestimentaires que dans les tâches qu'ils doivent accomplir, à l'image du jour où ils seront rassemblés lorsqu'ils se tiendront devant Allah (سبحانه وتعالى), le Jour de la Résurrection.

En fait, il n'y a rien qui favorise autant l'Unité Musulmane que cette venue ensemble durant cet immense rassemblement annuel à travers lequel des musulmans de différentes parties du globe revivifient leur énergie spirituelle.

Le pèlerinage constitue l'illustration visuelle la plus spectaculaire de la manière dont la croyance en un Dieu Unique, Allah, amène à l'union et à l'unisson des peuples de différentes parties du monde, de différentes communautés ethniques et à tisser des liens de fraternité. Cela crée pour ceux qui l'accomplissent une occasion unique de se rencontrer et de se connaître mutuellement, d'échanger des vues, de comparer des expériences et d'unir leurs efforts pour le bien commun. Le *Hajj* purifie l'âme et encourage les nobles

qualités comme la bienveillance, la force et l'humilité. Allah (ﷻ) ordonne aux pèlerins d'éviter toute forme de malfaisance et de montrer de la patience et de la persévérance. Le Coran dit: {Le pèlerinage (Hajj) s'effectue en des mois déterminés. Quiconque s'y engage devra s'interdire tout rapport sexuel, tout libertinage et toute polémique durant la période du Hajj.} (Sourate : La Vache, 2 : 197).

Le Prophète (ﷺ) mentionna en différentes occasions les grands mérites qu'il y a à accomplir un pèlerinage à La Mecque.

Lorsqu'on l'interrogeait concernant la meilleure des actions, il répondait : *« Croire en Allah et en Son Messager »*, puis on lui demandait : « *…et ensuite ?* », il répondait : « *Participer au combat dans la voie d'Allah* », on lui demandait encore : « *et ensuite ?* », il répondait alors : « *accomplir un Hajj mabrour (pèlerinage vierge de tout péché).* » (Rapporté par Boukhârî).

Le *Hajj mabrour* signifie, ici, un pèlerinage accompli uniquement avec l'intention de rechercher la satisfaction d'Allah et en accord avec la pratique du Prophète (ﷺ). Le Prophète (ﷺ) a aussi dit en une autre occasion : « *Celui qui accomplit un pèlerinage pour le visage d'Allah et ne parle pas futilement, ni n'agit immoralement retournera vierge de tout péché comme le jour où sa mère l'a enfanté.* » (Rapporté par Boukhârî).

Il y a trois types de pèlerinage :

1- Le *Hajj Tamattou'* : cela implique d'accomplir la *'Umra* en premier durant les mois de pèlerinage puis de se désacraliser après la *'Umra* et se sacraliser à nouveau pour le *Hajj* au huitième jour de *Dhoul Hijja* de la même année.

2- Le *Hajj Ifrâd* : cela implique de se sacraliser uniquement pour le *Hajj* et rester dans cet état jusqu'à la fin du pèlerinage. Une *'Umra* n'est pas requise.

3- Le *Hajj Qirân* : cela implique de se sacraliser tant pour la *'Umra* que pour le *Hajj*.

Comment accomplir le Pèlerinage :

-Au **huitième jour** de *Dhoul Hijja,* connu sous le nom de *Yawm at-Tarwiya*, les pèlerins se dirigent vers *Mina*. Ils quittent La Mecque après s'être mis en état d'*Ihrâm*. Ils doivent prononcer : *Labbayka allahoumma hajjan,* (c'est-à-dire : Ô Allah j'accours à Ton service pour accomplir un pèlerinage). Si les gens accomplissent un *Hajj Qirân* ou un *Hajj Ifrâd*, ils partent à *Mina* sans recommencer les étapes de la sacralité.

-Au **neuvième jour**, après le lever du soleil, ils se dirigent, avec calme et sans causer de tort à leurs frères pèlerins, en direction d'*Arafat*. Ils continuent toujours à prononcer leur *talbiya*, le plus souvent possible. Sur place, ils regroupent le *Dhur* et le *'Asr* ensemble mais en ne priant que deux unités pour chacune [au lieu de quatre]. Ils doivent s'assurer d'être dans les limites d'Arafat et ne pas quitter le lieu avant le coucher du soleil. Ils consacrent leur temps à célébrer les louanges d'Allah (سبحانه وتعالى) et à L'invoquer en direction de la *Qibla*, mains levées, comme le faisait le Prophète (صلى الله عليه وسلم).

Une fois le soleil couché, ils se dirigent tranquillement en direction de *Mouzdalifa*. Arrivés sur place, ils prient le *Maghrib* et le *'Ichâ* ensemble en raccourcissant le *'ichâ* à deux unités. Ensuite, ils passent la nuit entière à *Mouzdalifa*.

Au matin du **dixième jour**, après avoir prié le *Fajr*, les pèlerins se tiennent en direction de la *Qibla* invoquant, mains levées, le plus possible leur Seigneur comme le faisait le Prophète (ﷺ). Aux lueurs du jour, ils se dirigent en direction de *Mina* avant que le soleil ne se soit levé.

A *Mina*, ils jettent les cailloux sur la grande stèle, celle d'*Aqabat*, avec sept petits cailloux qu'ils ont ramassés à *Mouzdalifa* ou même à *Mina*. Ils sacrifient un animal s'ils accomplissent un *Hajj Tamattou'* ou *Qirân*. Ensuite, les hommes rasent leurs cheveux et les femmes coupent une mèche. Il est mieux d'effectuer ces actes dans cet ordre là mais il n'y a aucune gêne à les intervertir. Après ces trois actes les pèlerins peuvent ôter leur habit d'*ihrâm* [et se désacraliser] seules les relations sexuelles leurs sont encore interdites.

Ensuite, les pèlerins se dirigent en direction de La Mecque afin d'accomplir le *tawâf al Ifâdat* et la course entre *Safâ* et *Marwâ*. Si le pèlerin est en *qirân* ou *Ifrâd* et a déjà accompli son *sa'yi* lors de sa première venue à La Mecque, il ne fait alors que le *tawâf al ifâdat* sans faire le *sa'yi*. A la fin du *tawâf* et du *sa'yi* toutes les interdictions liées à la sacralisation n'ont plus lieu d'être et les pèlerins peuvent retourner à leurs activités normales.

Le soir, les pèlerins retournent à *Mina* pour y passer trois nuits. Cependant, il est permis de n'en passer que deux. Chaque jour après le *Dhur,* les gens jettent les cailloux sur les trois stèles en commençant par la plus petite des trois puis la moyenne et enfin la plus grande. Ils jettent sept pierres sur chacune en prononçant le *takbîr*, face à la *Qibla* et ensuite ils invoquent. Après la première, ils se dirigent vers la seconde par le côté gauche et effectuent de même. Puis la troisième, pareillement mais sans faire d'invocation.

Finalement, après avoir achevé leurs rites, les pèlerins sont autorisés à partir non sans avoir effectué auparavant le *tawâf al wada'*, ou circumambulation d'adieu, avant leur départ. Seules les femmes ayant leurs menstrues ou en période de lochies sont dispensées de ce tawâf.

En réalité, les pèlerins ne doivent pas rester longtemps à La Mecque après la fin de leur pèlerinage, excepté pour une courte période si nécessaire.

[Voir : 'Arafat ; Sacralisation ; Mina ; Mouzdalifa ; Circumambulation ; Course entre Safâ et Marwâ].

Petits Signes de l'Heure [Alâmât as-Sâ'at as-Sughrâ]

Ce sont les petits signes qui arriveront avant le Jour du Jugement. Ces signes ne seront pas les plus rapprochés de sa venue [à la différence des Grands Signes]. Plutôt, ils se produiront à des périodes différentes. Certains sont déjà arrivés comme les suivants:

- la fissure de la lune. Le Coran dit : {l'Heure approche et la lune s'est fendue.} (Sourate : la Lune, 54 :1). Ceci s'est passé au temps du prophète (ﷺ) et tout le monde l'a vu.

- Le combat contre les Mongols et les Tatars. Le prophète (ﷺ) a dit : *« l'Heure ne viendra pas tant que vous n'aurez pas combattu un peuple qui portera des chaussures en poil ainsi que les Turcs qui eux auront des petits yeux, des visages basanés et des nez imposants. Leurs visages seront comme des grands boucliers. »* (Rapporté par Boukhârî). Certains savants ont dit que la description ci-dessus convenait parfaitement aux Tatars qui ont attaqué le Monde Musulman au début du 7ème siècle après l'Hégire et ont défait les musulmans en 656 AH. Ensuite, en 658 AH, à la bataille de *'Ain Jalût* les musulmans les ont combattus et leur ont infligé une cuisante défaite.

- Le feu du *Hijâz*. Le Prophète (ﷺ) a dit : *« l'Heure ne viendra pas jusqu'à ce qu'un feu se déclenche dans la contrée du Hijâz qui illuminera les cous des chameaux à Bassora. »* (Rapporté par Boukhârî). Ce feu s'est réellement produit le vendredi 6 du mois de *Jumada al Akhir* en l'an 654 AH. Celui-ci s'est propagé partout à une vitesse alarmante et il mit trois mois pour s'éteindre complètement.

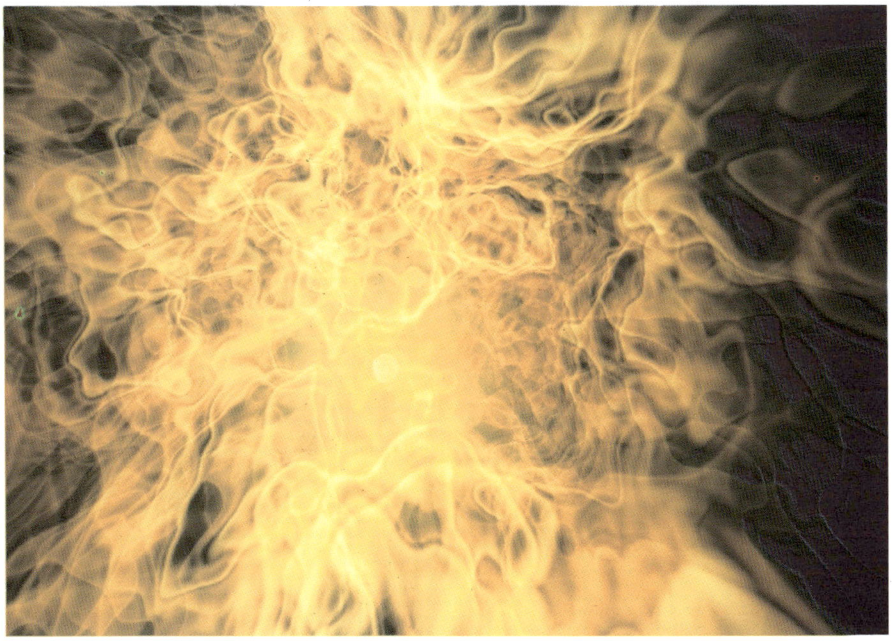

- La chute des empires Perse et Romain. Le Prophète (ﷺ) a dit : *« Lorsque Chosroes périra, il n'y aura pas un autre Chosroes à sa suite. Lorsque César périra, il n'y aura pas un autre César à sa suite. »* (Rapporté par Boukhârî).

Il y a encore bien d'autres signes mineurs. Certains nous les voyons de nos jours. Notamment, le Prophète (ﷺ) a dit : *« Parmi les signes de l'Heure, il y aura : le savoir religieux sera ôté, l'ignorance prévaudra, la consommation de boissons alcoolisées prévaudra aussi et l'adultère sera propagé. »* (Rapporté par Boukhârî et Mouslim).

Dans maintes narrations rapportées par Boukhârî et Mouslim, le Prophète (ﷺ) a aussi mentionné d'autres signes qui incluent les choses suivantes :

- Le sang coulera à profusion et il y aura de nombreux tremblements de terre.
- L'avarice prévaudra [dans le cœur des gens].
- Les épreuves et les tests seront légions.
- Les femmes dépasseront les hommes en nombre.

D'autres petits signes ne sont pas encore apparus, cela inclut les suivants :

- Les Musulmans combattront les Juifs en Palestine et ils les vaincront. Le Prophète (ﷺ) a dit : « *l'Heure ne se lèvera pas tant que les Musulmans ne combattront pas les Juifs et ils les vaincront.* » (Rapporté par Boukhârî et Mouslim).

- Le trésor de l'Euphrate. Le Prophète (ﷺ) a dit : « *l'Heure ne se lèvera pas tant que l'Euphrate ne* [laissera] *découvrir* [son] *trésor, telle une montagne d'or, pour lequel les gens se battront.* » (Rapporté par Boukhârî et Mouslim).

- Il y aura une bataille sanglante entre les Musulmans et les Chrétiens avant la seconde conquête de Constantinople, au nord de la Syrie. Le Prophète (ﷺ) a dit : « *l'Heure ne se lèvera pas tant que le Monde Romain n'atteindra pas A'mâq ou Dâbiq.* » (Rapporté par Mouslim). *Dâbiq* est un village proche de Alep et A'mâq est un district entre Alep et Antioche.

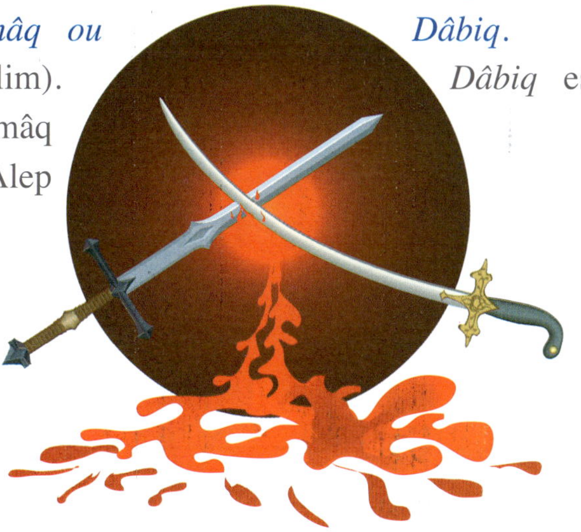

[Voir: Grands Signes de l'Heure].

Piété [at-Taqwâ]

La *Taqwa* signifie la piété ou la crainte d'Allah. Une personne qui a de la *taqwâ* est consciente qu'Allah (سبحانه وتعالى) connaît et voit tout ce qu'elle fait et donc elle cherche refuge auprès de Lui contre son châtiment prenant toujours soin de ce qu'elle dit et accomplissant les choses justement.

Il observe strictement les commandements d'Allah, il se réfrène d'accomplir des actes qui mènent en Enfer et il accomplit ceux qui mènent au Paradis. Allah ordonne aux croyants d'être pieux: {Et craignez Allah car Allah est avec ceux qui Le craignent.} (Sourate : La Vache, 2 :194).

Allah (سبحانه وتعالى) mentionne dans le Coran que la meilleure des provisions pour le voyage dans l'au-delà est la *taqwâ*: {Et prenez vos provisions, mais la meilleure des provisions est la piété. Et craignez-Moi, Ô gens doués d'intelligence.} (Sourate : La Vache, 2 :197).

Il nous a informés aussi que la personne la plus noble auprès de Lui est la personne la plus pieuse: {Ô Gens ! Nous vous avons créés d'un mâle et d'une femelle, et Nous avons fait de vous des nations et des tribus afin que vous vous connaissiez mutullement. Assurément, le plus noble d'entre vous auprès d'Allah est le plus pieux.} (Sourate : Les Appartements, 49 :13).

Il a aussi dit qu'Il aimait les gens pieux: {Vraiment, Allah aime les pieux} (Sourate : Le Repentir, 9 :4).

L'issue finale est pour eux: {Sois patient ! Vraiment, la bonne fin sera pour les pieux.} (Sourate: Hûd, 11 :49).

Il leur a préparé un lieu magnifique pour leur retour final: {Certes, c'est aux pieux qu'appartient la meilleure retraite, des Jardins d'Eden, aux portes ouvertes pour eux, où, accoudés, ils demandent des fruits abondants et des boissons.} (Sourate : Sad, 49 à 51).

Piété Filiale [Birr al Wâlidayn]

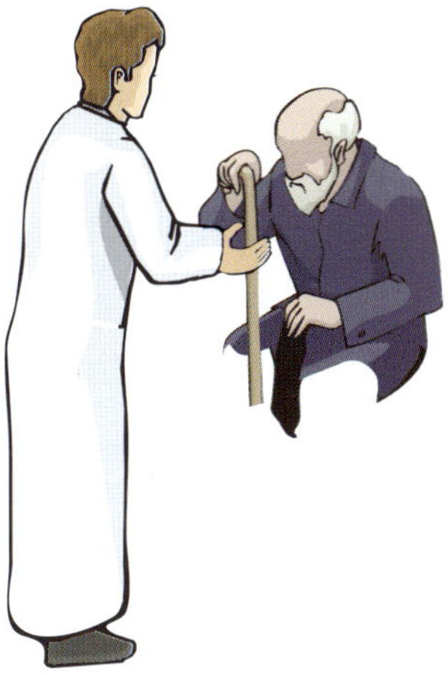

L'Islam ordonne aux musulmans de montrer de la gentillesse, du respect et de l'obéissance à l'égard des parents. [Par opposition] il met vivement en garde contre le fait de montrer des signes d'irrespect ou de désobéissance envers eux. Allah (ﷻ) dit: {Ton Seigneur a décrété de n'adorer que Lui et d'être vertueux envers les parents. Si l'un d'entre eux ou tous les deux atteignent l'âge de vieillesse, alors ne leur dites pas : « ouf », ne les rabrouez pas, mais plutôt adressez-leur des paroles gentilles.} (Sourate : Le Voyage Nocturne, 17 :23).

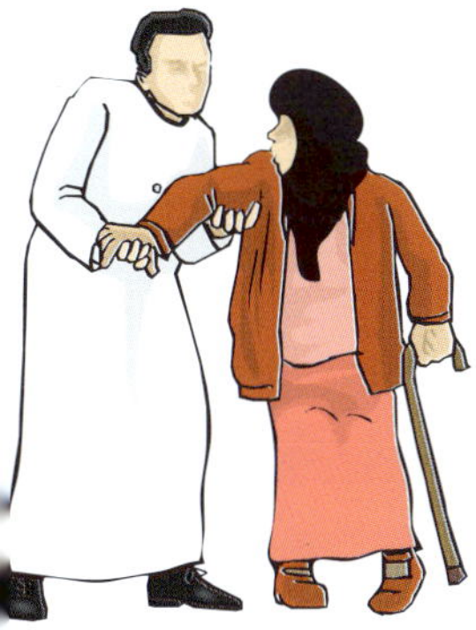

Montrer de la bienveillance envers les parents est une des actions les plus aimées et parmi celles qui rapprochent le plus d'Allah. Elle est une des clés du Paradis. Le Prophète (ﷺ) a dit : *« Qu'il soit malheureux ! Qu'il soit malheureux ! ».* Lorsqu'on l'interrogea à propos de qui était cette personne malheureuse, il répondit : *« Celui qui est présent au moment de la vieillesse de l'un de ses parents ou de tous les deux et il ne rentre pas au Paradis* [du fait qu'il n'a pas été serviable envers eux]. » (Rapporté par Mouslim).

Une fois, le Prophète (ﷺ) mentionna que montrer de la désobéissance aux parents est un péché majeur (Boukhârî). Le Jour du Jugement, Allah (ﷻ) ne regardera pas ceux qui désobéissaient à leurs parents (Nasâ'i). Allah (ﷻ) retarde le châtiment de tout péché pour le Jour de la Résurrection excepté la désobéissance aux parents pour laquelle Il punit le pécheur dans ce bas monde aussi bien que dans l'au-delà (Al Hâkim avec une bonne chaîne de rapporteurs).

L'Islam ordonne aussi aux musulmans d'accomplir des actes de bonté pour leurs parents même après leur mort. Lorsqu'un homme demanda au Prophète (ﷺ) s'il y avait encore un acte de bonté qu'il pouvait accomplir après la mort de ses parents, le Messager lui répondit : *« Oui, il y en a. Tu peux invoquer les bénédictions (d'Allah) sur eux, implore Allah de leur pardonner, acquitte-toi d'accomplir leurs dernières recommandations après leur décès, unis les liens de parenté qui découlent d'eux et honore leurs amis. »* (Rapporté par Abû Dawoud).

[Voir: Grands Péchés].

Polythéisme (ou Association) [*ach-Chirk*]

Le polythéisme [ou association] (*Chirk*) est l'opposé du monothéisme [ou unicité] (*Tawhîd*). C'est adorer quelque chose d'autre [créatures, objets,] en dehors d'Allah. De même, cela implique d'attribuer à d'autres des attributs divins à côté [de ceux] d'Allah (سبحانه وتعالى). Plus particulièrement, cela implique d'associer [des partenaires ou des associés] avec Allah dans Son adoration, voire de croire que la source du Pouvoir et de la Puissance, pour nuire ou gratifier, émane d'autres [êtres animés ou inanimés] aux côtés d'Allah, Le Tout-Puissant (سبحانه وتعالى). Allah (سبحانه وتعالى) nous a avertis contre cet impardonnable péché (l'association). Il a dit: {Ne donne pas d'associé à Allah, car l'association [à Allah] est une immense injustice.} (Sourate : Louqmân, 31 :13).

Il y a trois types d'association :

1- La grande association (ou association majeure) [*ach-Chirk al-Akbar*].

Cette forme d'association est celle dont les actes d'adoration sont dirigés vers un autre qu'Allah. En réalité, ce type d'association est le plus grave qui soit. Elle inclut des aspects comme: invoquer, implorer et prier d'autres divinités aux côtés d'Allah. De même, avoir l'intention d'accomplir des actes d'adoration autre que pour Allah, obéir à une autorité [qui va à l'encontre] de l'ordre d'Allah et éprouver de l'amour, qui ne sied qu'à Allah, envers une de Ses créatures.

La personne qui associe quoi que ce soit dans l'adoration d'Allah, par exemple, ne sera jamais pardonnée pour avoir commis ce péché et ainsi elle restera éternellement en Enfer. Allah (سبحانه وتعالى) dit: {Vraiment, Allah ne pardonne pas qu'on lui associe quoi que ce soit [dans Son adoration], en dehors de cela Il pardonne à qui Il veut.} (Sourate : Les femmes, 4 :48 et 4 :116).

2- La petite association (ou association mineure) [*ach-Chirk al-Asghar*].

Cette forme d'association a trait à chaque mot ou acte que l'Islam décrit comme une forme d'association mais n'excluant pas pour autant la personne du giron de l'Islam. Cela inclut des choses comme jurer par un autre qu'Allah, accomplir des actes d'adoration afin d'être loué, d'en tirer une renommée ou par ostentation (*riyâ'*), autre que pour la satisfaction d'Allah. Ce type d'association n'implique pas l'apostasie ni n'induit le châtiment éternel dans le Feu mais il rend déficient la perfection Du Monothéisme (*Tawhîd*), qui elle est une obligation.

3- L'association cachée (ou subtile) [*ach-Chirk al-Khafî*] :

Un jour, le Prophète (ﷺ) a dit : « *Ne vais-je pas vous informer de ce que je crains le plus pour vous, plus encore que le Faux Messie (al-Masîh ad-Dajjâl) ?* Les compagnons répondirent : « *Oh que oui, Ô Messager d'Allah !* ». Alors, il a dit : « *l'association cachée, c'est-à-dire : un homme accomplit la prière puis voyant qu'on le regarde il l'embellit* [encore plus]. » (Rapporté par Ahmad dans son Mousnad d'après Abou Sa'îd al Khoudrî et al Hâkim l'a considéré authentique.)

L'association cachée peut être soit contenue dans l'association majeure ou dans l'association mineure, tout dépend de la sorte d'association que la personne a dans son cœur. Ce peut être un acte d'association majeure, comme celle commise par les hypocrites qui dissimulent leurs fausses croyances et manifestent l'Islam. Ce peut être aussi un acte d'association mineure, comme l'ostentation (c'est-à-dire : accomplir de belles œuvres afin d'être vu).

Une fois, le Prophète (ﷺ) a dit : « *Ô gens! Craignez l'association car elle est plus cachée que le déplacement d'une fourmi*. [noire, sur un rocher noir, durant une nuit ténébreuse]». Alors, les compagnons lui demandèrent comment l'éviter, il leur répondit : « *dites : Ô Allah, nous cherchons refuge auprès de Toi de T'associer quoi que ce soit que nous connaissons et nous Te demandons pardon de ce que nous ne connaissons pas. (*Allahoumma innâ na'oudhou bika min an-nouchrika bika chay'an na'lamou, wa nastaghfirouka limâ lâ na'lamou.). (Rapporté par Ahmad et considéré comme bon par Al Albânî).

[Voir: Adoration ; Monothéisme; Mécréance ; Hypocrisie].

Prière [as-Salât]

As Salât, ou prière, est une obligation incombant à chaque musulman, homme ou femme. L'Islam considère la prière comme un pilier de la religion. Ce pilier est le plus important après la *chahâda*, ou attestation de foi. La prière est la première chose sur laquelle Allah interrogera la personne le Jour du Jugement. Si elle est acceptée alors le serviteur réussira et prospèrera. Mais si elle est déficiente, alors il échouera et sera parmi les perdants.

La prière est le critère décisif entre un musulman et un non musulman, entre un [vrai] croyant et un hypocrite. Quiconque ne l'accomplit pas est, littéralement parlant, un non musulman. Ce point fait l'objet d'une divergence entre savants. Le Prophète (ﷺ) a dit : *« L'engagement entre nous et eux est la prière. Quiconque la délaisse a mécru.»* (Rapporté par Ahmad, Abû Dawoud et Nasâ'î). Il a aussi dit : *« Ce qu'il y a entre un homme et le polythéisme et la mécréance est l'abandon de la prière. »* (Rapporté par Mouslim, Abû Dawoud et Nasâ'î).

Du fait de son importance, ses nombreux mérites et le grand amour d'Allah pour cette œuvre, Il l'a rendue obligatoire pour tout musulman pubère et sain d'esprit cinq fois par jour. Allah (سبحانه وتعالى) dit : {accomplissez la prière car la prière est une prescription à des temps déterminés pour les croyants.} (Sourate : Les Femmes, 4 :103).

En nous informant des habitants de l'Enfer, Allah (سبحانه وتعالى) dit : {Qu'est-ce qui vous a conduits en Enfer ? Ils diront : Nous n'étions pas parmi ceux qui accomplissaient la prière et nous ne nourrissions pas le pauvre, nous tenions des propos futiles et nous avons déclaré mensonger le Jour de la Rétribution, jusqu'à ce que nous soit venue la certitude [la mort]. Alors, l'intercession des intercesseurs ne leur sera d'aucun bénéfice.} (Sourate : Le revêtu d'un manteau, 74 :42 à 48).

Une fois, en mentionnant la prière, le Prophète (ﷺ) a dit : *« Celui qui la préserve, elle lui sera une lumière, une preuve évidente et un secours le Jour de la Résurrection. Mais celui qui ne la préserve pas, elle ne lui sera pas une lumière, ni une preuve évidente et ni un secours le Jour de la Résurrection. En ce jour, il sera associé à Qaroun, Pharaon, Haman et Oubay ibn Khalaf. »* (Rapporté par Ahmad, Tabarânî et ibn Hibbân).

Ceci signifie qu'il sera en Enfer avec les pires créatures d'Allah : Qarûn était ingrat avec Allah malgré Ses faveurs infinies à son égard. Pharaon était le Roi tyrannique d'Egypte qui se prenait pour dieu lui-même. Haman était son vil conseiller. Enfin, Oubay in Khalaf était l'ennemi de l'Islam parmi Qouraych.

La fréquence et la périodicité des prières obligatoires ne laissent jamais un musulman oublier, dans le flot de ses activités mondaines, pourquoi Allah l'a créé.

Les cinq prières obligatoires sont :

1- La prière du *Fajr*, à l'aube. Son temps commence à l'aube et dure jusqu'au lever du soleil. Cependant, il est préférable de l'accomplir tôt dans son temps autorisé.

2- La prière du *Dhor*, à midi. Son temps commence quand le soleil franchit le méridien céleste et dure jusqu'à ce que l'ombre d'un objet ait la même longueur que l'objet lui-même.

3- La prière du '*Asr,* dans l'après-midi. Son temps commence dans l'après-midi lorsque l'ombre d'un objet à la même longueur que l'objet lui-même et dure jusqu'au coucher du soleil.

4- La prière du *Maghrib*, au coucher de soleil. Son temps commence avec la disparition du soleil et dure jusqu'à la fin des lueurs rougeâtres crépusculaires.

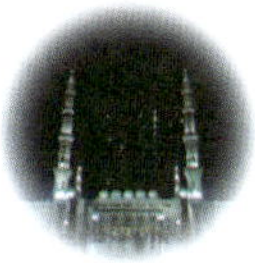

5- La prière du *'Ichâ*, la nuit. Son temps commence avec la disparition des rayons rougeâtres et dure jusqu'à la moitié de la nuit.

Le mérite de la prière est incomparable et ses vertus sont sans limites. Ceux qui l'observent régulièrement et assidûment reconnaissent la grandeur d'Allah. Leurs cœurs connaissent un sentiment unique de crainte et d' effroi d'Allah. Ce sentiment les aide à éviter tous les actes où il y a un péché en leur permettant d'avoir des opportunités de communion directe avec Leur Créateur et cela cinq fois par jour. Sans aucun doute, le Coran dit: {Accomplis la prière ! Vraiment la prière préserve de la turpitude et du blâmable. Et le rappel d'Allah est la chose la plus grande.} (Sourate : L'Araignée, 29 :45).

La prière enseigne aussi aux musulmans à observer la ponctualité comme sa prescription à des temps déterminés. {Accomplissez la prière car la prière est une prescription en des temps déterminés pour les croyants.} (Sourate : Les Femmes, 4 :103).

C'est aussi une source abondante de courage, de patience et un grand appui en temps de détresse et de difficulté. Le Coran dit: {Et recherchez assistance dans la patience et la prière.} (Sourate : La Vache, 2 :45).

Lorsque les personnes vertueuses observent régulièrement la prière, elles développent un puissant désir d'accomplir des actions pieuses en anticipant la récompense d'Allah dans l'au-delà. Lorsqu'elles l'accomplissent en groupe, elles établissent des rapports de relations sociales fortes avec les autres et elles renforcent ces liens de fraternité avec des qualités comme l'amour, la douceur, le respect et la coopération.

Comment accomplir la prière :

-Premièrement, le musulman réunit l'intention d'accomplir la prière mais sans l'exprimer à voix haute.

-Il se met en direction de la *Qibla* (c'est-à-dire: vers la Ka'ba en direction de La Mecque).

-Il lève ses mains à hauteur des lobes de ses oreilles ou de ses épaules et dit : *Allah Akbar* (Allah est le plus grand).

-Il place sa main droite sur sa main gauche au niveau de la poitrine.

-Il récite la sourate *al Fatiha* et ensuite ce qu'il peut du Coran.

-Il lève ses mains, comme au début de la prière en disant : *Allah Akbar* (Allah est le plus grand) puis il s'incline. Il pose ses mains sur ses genoux, s'assure que son dos est droit et il dit : *Soubhânallah Rabbi al 'Azîm* (Gloire à Mon Seigneur, Le Majestueux), trois fois.

-Il se relève de l'inclinaison en levant ses mains comme au début de la prière et il dit : *Soubhânallah liman hamidah* (Allah entend celui qui Le loue). Une fois son corps revenu droit et en même temps qu'il lève ses mains, il dit : *Rabbanâ lakal hamd* (Ô notre Seigneur, les louanges T'appartiennent).

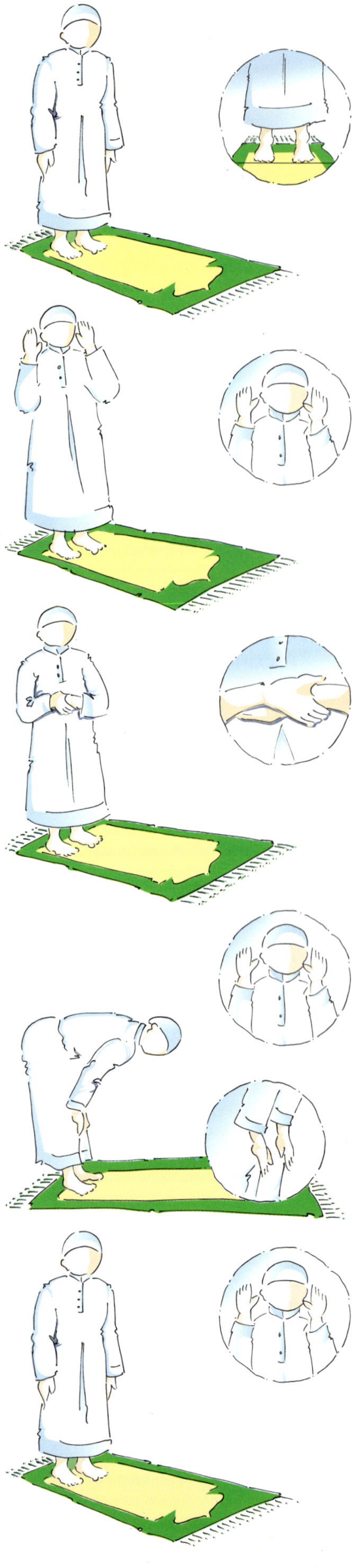

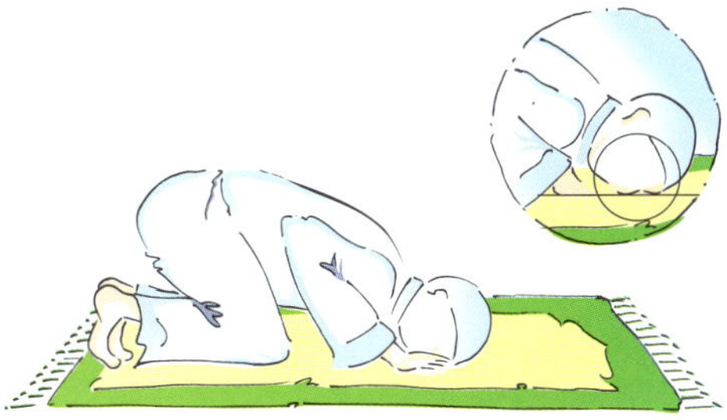

-Il dit : *Allah Akbar* (Allah est le plus grand) puis il se prosterne. Sept parties de son corps touchent le sol : son front avec son nez, ses deux mains, ses deux genoux et ses deux pieds. Dans cette position, il dit : *Soubhânna Rabbi al A'lâ* (Gloire à Mon Seigneur, Le Très-Haut). Alors, il peut invoquer Allah concernant tout ce qu'il souhaite, de cette vie d'ici bas ou dans l'au-delà.

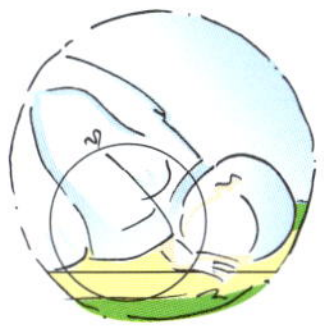

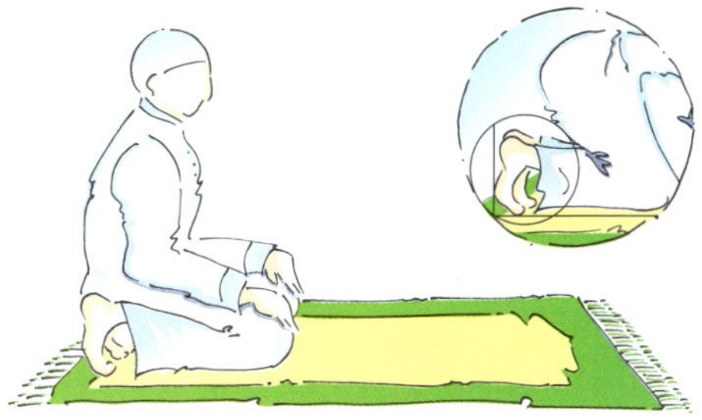

-Ensuite, il s'assoit en disant : *Allah Akbar*, sans lever ses mains comme à l'habitude. Il s'assoit sur son pied gauche, son pied droit ayant les orteils en direction de la *Qibla*.

-Puis, il redit : *Allah Akbar* et se prosterne de nouveau. Et il recommence ce qu'il a fait juste précédemment.

-Tout ceci constitue une unité de prière complète.

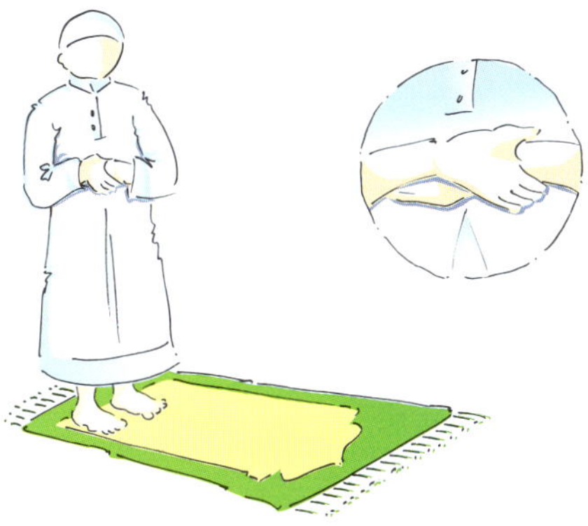

-Ensuite, il se relève et débute la seconde unité en recommençant exactement tout ce qu'il a fait dans la première.

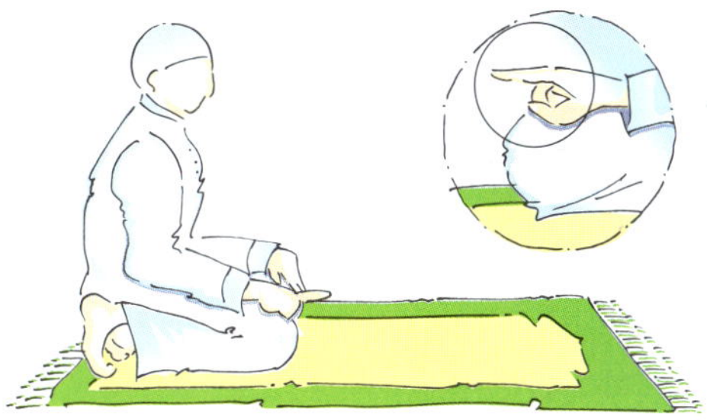

-A la fin de la seconde, il s'assoit pour accomplir le *tachahhoud*, ou salutation. C'est-à-dire, il dit : *at-Tahiyyât lillahi was Salawât wat-Tayyibât ; as-Salâm 'alayka ayyouhân Nabiyyou wa rahmatoullahi wa barakâtouhou ; as-Salâm 'alaynâ wa 'alâ 'ibâdîllah as-Sâlihîne ach hadou al lâ ilaha illa Allah wa ach hadou anna Muhammadan 'abdouhou wa rasoulouh* (Les salutations sont pour Allah ainsi que les bénédictions et les bonnes choses. Paix sur toi, ô Prophète ainsi que la grâce et la bénédiction d'Allah. Paix sur nous, ainsi que sur les serviteurs vertueux d'Allah. Je témoigne qu'il n'y a nulle

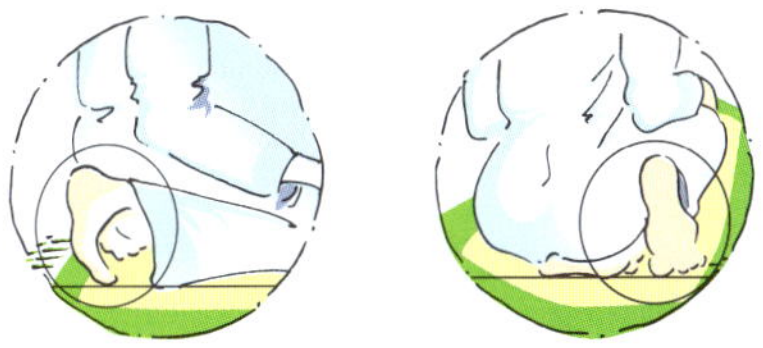

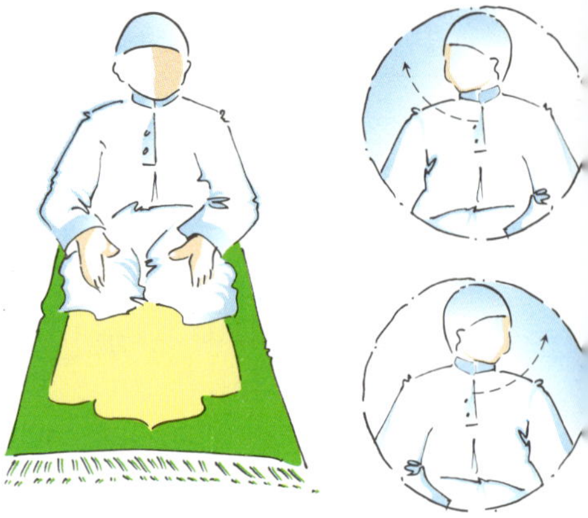

autre divinité digne d'adoration en toute vérité excepté Allah et je témoigne que Muhammad est Son Serviteur et Son Messager.) Dans cette position, il pose sa paume gauche sur son genou gauche, sa main droite sur sa cuisse droite en joignant son majeur à son pouce en décrivant un cercle et l'index pointé en direction de la *Qibla* en prononçant son *tachahhoud* [et en bougeant légèrement son index].

-Si la prière consiste en deux *raka't,* comme pour la prière du *fajr,* il ajoute à son *tachahhoud* le salut sur le Prophète (ﷺ) en disant : *Allahoumma salli 'alâ Muhammadin wa'alâ âli Muhammadin kamâ sallayta 'alâ Ibrâhîm wa 'alâ âli Ibrâhîm innaka hamidoun majid. Allahouma bârik 'alâ Muhammadin wa 'alâ âli Muhammmadin kamâ barakta 'alâ Ibrâhîm wa 'alâ âli Ibrâhîm innaka hamîdoun majid* (Ô Allah prie sur Muhammad et sur la famille de Muhammad comme Tu as prié sur Abraham et sur la famille d'Abraham, Tu es certes digne de louange et le Majestueux. Ô Allah bénis Muhammad et la famille de Muhammad comme Tu as béni Abraham et la famille d'Abraham, Tu es certes digne de louange et le Majestueux.)

-Enfin, il achève sa prière par le salut final : *as-salam 'alaykoum wa rahmatoullah* (Que la paix et le salut soient sur vous), à droite et à gauche.

-Si la prière consiste en trois *raka't*, comme pour la prière du *maghrib*, il se relève après son *tachahhoud* en levant ses mains et disant *Allah Akbar* puis il rajoute une dernière unité de prière. Il accomplit une raka't normalement mais à la fin de son *tachahhoud* il effectue la salutation sur le Prophète (ﷺ) et prononce le salut final.

-Si la prière consiste en quatre *raka't*, comme pour les prières du *Dhor*, du *'Asr* et du *'Ichâ*, alors il y a deux *tachahhoud,* un à la fin de la seconde *raka't* et l'autre à la fin de la quatrième *raka't*. Lorsque l'on récite le *tachahhoud* lors d'une dernière *raka't* qui clôture la prière, alors obligatoirement on adresse les salutations sur le Prophète (ﷺ) puis on conclut par le salut final : *as-salam 'alaykoum wa rahmatoullah* (Que la paix et le salut soient sur vous), à droite et ensuite à gauche.

[Voir : Islam].

Prière de nuit [*at-Tahajjoud*]

Le *Tahajjoud* est l'expression contractée de *salât at-tahajjoud,* c'est-à-dire les prières surérogatoires durant la nuit, exactement: la prière nocturne accomplie par une personne après son sommeil. C'est une *sounnah* confirmée par la pratique régulière du Prophète Muhammad (ﷺ) et c'est un moyen efficace et sûr de purifier son âme et de développer des qualités de persévérance et d'endurance dans la voie d'Allah.

Bien que cette prière soit un acte d'adoration volontaire, elle incombait néanmoins de manière obligatoire au Prophète (ﷺ). Ce dernier a encouragé les musulmans à l'observer du fait de ses nombreux mérites.

Le Prophète (ﷺ) a dit : « *Attachez-vous à la prière de nuit. En effet, elle est une coutume des gens vertueux qui vous ont précédés, elle vous rapproche de votre Seigneur, elle efface les péchés et elle vous préserve des mauvaises actions.*» (Rapporté par Mouslim).

Le Prophète (ﷺ) avait l'habitude de se tenir debout en prière la nuit jusqu'à ce que ses pieds se fendillent bien qu'Allah lui ait pardonné ses péchés passés et futurs. Le minimum de *raka't* à accomplir est de deux, le maximum huit. Le Prophète (ﷺ) priait deux par deux avec un salut final (à droite et à gauche) à la fin de chaque cycle de prière. Il n'a jamais accompli plus de onze unités en incluant le *witr*.

Le meilleur moment pour le *Tahajjoud* est la dernière partie de la nuit. Le Prophète (ﷺ) a dit : « *Notre Seigneur (ﷻ) descend durant le dernier tiers de chaque nuit au ciel le plus proche et dit : Qui M'invoque afin que Je l'exauce ? Qui me demande afin que Je lui accorde ? Qui me demande pardon afin que Je lui pardonne ? »* (Rapporté par Boukhârî).

Allah (سبحانه وتعالى) loue celui qui pratique la prière de *tahajjoud* : {Ils s'arrachent de leurs lits pour invoquer leur Seigneur avec crainte et espoir et ils dépensent de ce que Nous leur avons attribué. Nulle âme ne sait ce qu'on lui a préparé comme réjouissance des yeux en récompense de ce qu'ils ont accompli.} (Sourate: La Prosternation, 32 :16-17).

[Voir : Prière ; Impair ; Unité de prière].

Prière du mois de Ramadan (at-Tarâwih)

Le terme *tarawîh* est le pluriel du mot *tarwîha*, qui signifie : repos. Ce type de prière est ainsi appelé car les fidèles s'assoient et se reposent après chaque cycle de deux unités de prière. En effet, le *tarawîh* est la prière de nuit, effectuée, en groupe, lors des nuits du mois de Ramadan, après la prière du '*Ichâ*'. Le Prophète avait accompli et dirigé cette prière pendant trois nuits dans sa mosquée, mais quand il vit que le nombre de fidèles grandit, il la pria chez lui de crainte qu'elle ne devienne obligatoire pour les musulmans.

Après le décès du Prophète (ﷺ), les gens cessèrent d'accomplir cette prière. Certains d'entre eux la priaient individuellement alors que d'autres l'effectuaient en groupe. Ce fut seulement durant le Califat de 'Umar ibn al Khattâb (رضي الله عنه) que les gens effectuèrent cette prière derrière un imam, en l'occurrence Oubay ibn ka'b (رضي الله عنه). Le nombre de *raka't* (unité de prière) effectué pour cette prière particulière est de onze. Quand Abû Salam ibn 'Abd ar-Rahman demanda à 'Aicha (رضي الله عنها) concernant la prière du Prophète (ﷺ) durant le mois de Ramadan, elle répondit : *« Le Messager d'Allah (سبحانه وتعالى) n'a jamais dépassé onze raka't pendant le mois de Ramadan ou en dehors. »* (Rapporté par Boukhârî).

Prière du tarawih accomplie par les fidèles à la Mecque

Accomplir les prières nocturnes du mois de Ramadan est sans aucun doute un acte méritoire qui procure une grande récompense de la part d'Allah. Le Prophète (ﷺ) a dit : *« Quiconque prie les nuits du mois de Ramadan avec foi et espoir dans la récompense d'Allah, Allah lui pardonnera tous ses péchés passés. »* (Rapporté par Boukhârî et Mouslim).

[Voir: Ramadan; Unité de prière ; 'Umar ibn al Khattâb].

Proclamation de la grandeur d'Allah [at-Takbîr]

Le *takbîr* est le fait de dire *Allah akbar* (c'est-à-dire: Allah est le plus grand). C'est une forme de rappel (*Dhikr*) qui a de nombreuses vertus. Le Prophète (ﷺ) a dit : « *Dire soubhânallah wal hamdoulillah wa lâ ilâha illa Allah wallah akbar (Gloire à Allah, louange à Allah, il n'y a pas d'autre divinité excepté Allah et Allah est le plus grand) m'est préférable au lever du soleil.* » (Rapporté par Mouslim).

Dû à la grandeur des mots *Allah akbar*, ceux-ci sont proclamés au début de l'appel à la prière et vers la fin ; au début de la prière ; au moment de descendre en inclinaison et en prosternation ; en s'asseyant et en se relevant de la prosternation. Ces mots sont aussi prononcés en maintes occasions comme à la vue de la nouvelle lune et pour les fêtes du *'Id al Fitr* et *'Id al Adhâ*. Concernant cette dernière, le *takbîr* commence à l'aube du neuvième jour de *Dhoul Hijja* et dure jusqu'au *'Asr* du treizième jour du même mois. Quant au '*Id al Fitr*, le *takbîr* commence au moment de se rendre à la prière jusqu'à la venue de l'imam pour la prière. La formulation du *takbîr* durant ces deux occasions est la suivante : *Allah Akbar, Allah Akbar, Lâ ilâha illa Allah, Allah Akbar, Allah Akbar wa lillahi al Hamd (*Allah est le plus grand, Allah est le plus grand, nulle divinité n'est digne d'être adorée en dehors de Lui, Allah est le plus grand, Allah est le plus grand et à Lui revient la louange.).

Allah Akbar signifie qu'Allah est plus grand que tout ; Il est le plus fort ; Il est le plus puissant; Celui qui possède tout ; rien ni personne ne peut donner ce qu'Il retient ou retenir ce qu'Il donne ; personne ne donne la vie si ce n'est Lui et personne ne fait mourir à part Lui.

[Voir : Evocation [ou Rappel] ; Glorification ; Fête du Sacrifice ;

Prophète [Nabî]

Le terme *Nabî* (pluriel : *anbiyâ*) signifie Prophète. Ce terme s'applique à tout homme libre à qui Allah (ﷻ) a révélé une certaine loi et lui a ordonné de la transmettre à un peuple non guidé.

La différence entre un Prophète et un Messager est que le Messager est un homme envoyé par Allah à un certain peuple, avec ou sans livre divin, mais à qui Il a révélé une loi inconnue auparavant. D'un autre côté, un Prophète est un homme à qui Allah (ﷻ) a ordonné de prêcher une loi, déjà présente, sans lui révéler un livre divin ou une nouvelle loi. De cette manière, nous pouvons dire que tout Messager est un Prophète mais tout Prophète n'est pas forcément un Messager.

Les Prophètes possèdent des excellentes qualités comme la sincérité, l'honnêteté, l'infaillibilité, une bonne habilité physique et un moral à toute épreuve de telle sorte que ni humain ni djinn n'ont le dessus sur eux.

Les Prophètes sont des êtres humains qui mangent, boivent, tombent malades, se marient et meurent.

Ils ne possèdent aucun attribut divin et par conséquent, ils ne doivent pas être adorés.

[Voir : Messager].

Prosternation [as-Soujoud]

As-soujoud (la prosternation) est l'acte de se prosterner en prière. Ceci est effectué en posant son front et son nez sur le sol, les paumes à plat, les doigts regroupés et pointés en direction de la *Qibla* et en levant les coudes à hauteur des oreilles. Les avant-bras doivent être bien levés, distants du sol et sur les côtés. Les pieds sont levés, les talons regroupés et les orteils droits, sur le sol, en direction de la *Qibla*. La personne ne doit pas poser ses avant-bras à même le sol [comme la position assise du chien] et elle ne doit pas laisser son ventre ou sa poitrine tomber sur ses cuisses durant la prosternation.

Le musulman ne doit pas réciter le Coran en étant prosterné. Plutôt, il doit abondamment faire des invocations demandant le bien en ce bas monde et dans l'au-delà. Le Prophète (ﷺ) a dit : « *Le moment où le serviteur est le plus proche de Son Seigneur est lorsqu'il est prosterné, invoquez donc beaucoup.* » (Rapporté par Mouslim).

Le Prophète (ﷺ) avait l'habitude de dire dans sa prosternation : *Soubhânna Rabbi al A'lâ* (gloire à Mon Seigneur, Le Très Haut). Il la répétait trois fois.

[Voir : Inclinaison ; Invocation ; Direction].

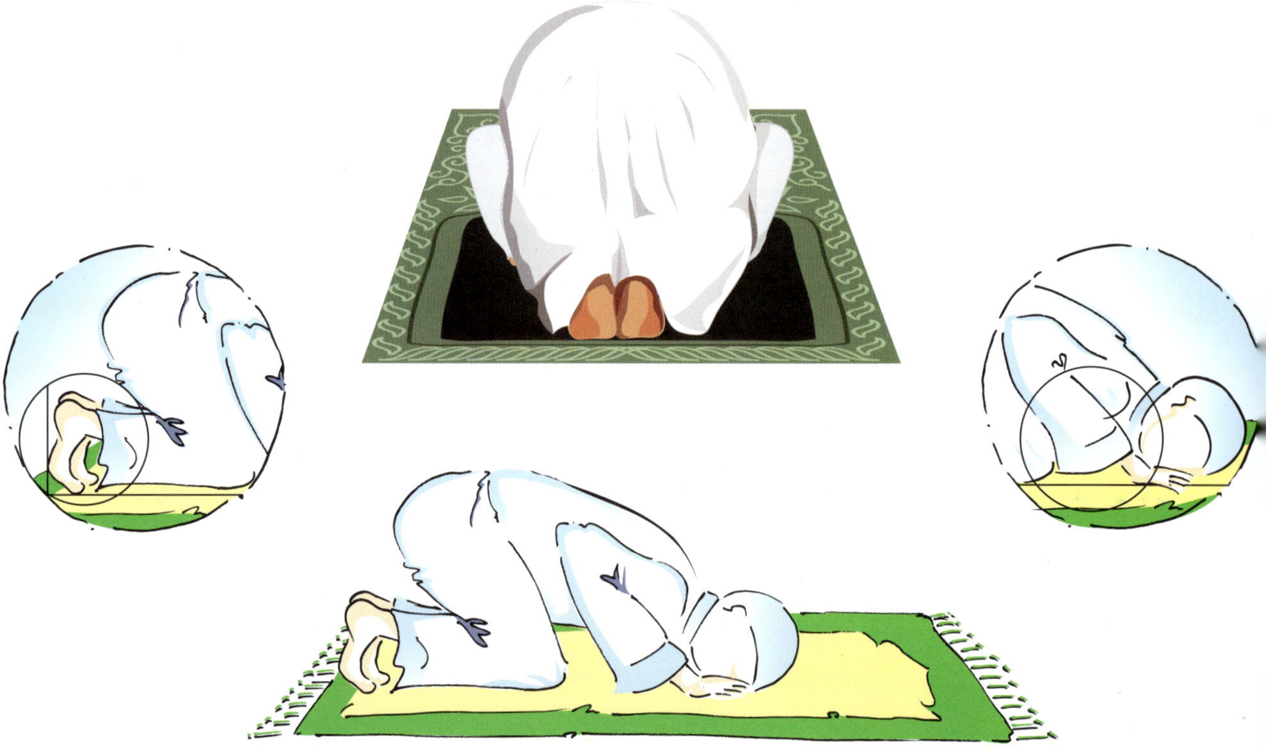

Purification [at-Tahâra]

Tahâra signifie se purifier et être vierge de toute impureté. Les musulmans doivent observer cette purification.

Allah (سبحانه وتعالى) dit : {Si vous êtes en état de grande impureté alors purifiez-vous (lavez-vous) entièrement le corps.} (Sourate : Le Table Servie, 5 :6). Il a aussi dit : {Et purifie tes habits.} (Sourate : Le revêtu d'un manteau, 74 :4). Le Prophète (ﷺ) a dit : *« La prière n'est pas valide sans purification (Woudou). »* (Rapporté par Tirmidhî).

Du fait de l'importance de la purification en Islam, le Prophète (ﷺ) a dit : *« La purification est la moitié de la foi. »* (Rapporté par Mouslim).

Le Coran insiste inlassablement sur la grande importance de la purification individuelle. {Vraiment, Allah aime ceux qui se purifient.} (Sourate : Le Repentir, 9 :108). Il dit aussi : {Certes, Allah aime ceux qui se repentent et Il aime ceux qui se purifient.} (Sourate : La Vache, 2 :222). La purification est de deux types :

1- Une purification intérieure qui correspond à la purification du cœur de toutes les impuretés de la mécréance, le polythéisme, la haine, la jalousie et tous les péchés.

2- Une purification extérieure qui correspond à la purification du corps, des habits, du sol des impuretés comme l'urine, le sang ou les selles. Cette purification inclut la pratique des ablutions avec de l'eau, soit le *woudou* ou le *ghousl* ; ou sans eau, comme le *tayammoum*. Cette sorte d'ablution peut être accomplie de deux manières, soit avec de l'eau pure comme pour la première ou soit avec du sable ou de la terre pure en absence d'eau.

[Voir : Ablution ; Grande Ablution ; Ablution Sèche]

Ramadan est le neuvième mois du calendrier islamique. Durant ce mois un jeûne strict doit être observé du lever du soleil jusqu'au coucher.

Le jeûne du mois de *Ramadan* est un des cinq piliers de l'Islam. Les mérites, mentionnés dans des traditions prophétiques authentiques, de jeûner ce mois sont nombreux. En voici quelques-uns :

- l'haleine du jeûneur est plus agréable auprès d'Allah que l'odeur du musc.

- Le jeûneur a deux joies : une au moment de sa rupture et une autre lorsqu'il rencontrera Son Seigneur qui le récompensera d'avoir jeûné.

- Au Paradis, il y a une porte nommée *Rayyân* par laquelle ne rentreront que les jeûneurs et uniquement eux.

- Durant ce mois, les portes du Paradis sont ouvertes, les portes de l'Enfer sont fermées et les démons sont enchaînés.

- Allah a choisi le jeûne pour Lui-même et Il récompensera personnellement le jeûneur en multipliant sa récompense, comme Il dit dans un *hadith qoudsî* : *« excepté le jeûne que Je me chargerai personnellement de rétribuer.»*

- La Nuit du Destin est présente durant ce mois, elle est meilleure que 1000 mois. Celui qui prie durant cette nuit avec foi et espoir dans la récompense sera pardonné de tous ses péchés passés. (Rapporté par Boukhârî et Mouslim).

- Chaque nuit du mois de Ramadan, Allah délivre de l'Enfer un nombre de personnes. (Rapporté par Tirmidhî et al Hâkim l'a authentifié).

En effet, le mois de *Ramadan* est comme une « institution morale » qui enseigne la vertu et la piété. Lorsqu'un musulman jeûne, non seulement il s'abstient de manger, boire et avoir des rapports mais en plus il s'efforce avec vigueur, à sa plus haute capacité, d'éviter toutes les mauvaises actions qui peuvent invalider son jeûne. Le Prophète (ﷺ) a dit : *« lorsque l'un d'entre vous jeûne qu'il ne soit pas grossier et qu'il n'agisse pas avec rudesse. Si quelqu'un le provoque, qu'il dise : « je jeûne ! Je jeûne ! »* (Rapporté par Boukhârî et Mouslim).

Il a aussi dit : *« Quiconque ne délaisse pas le mensonge, Allah n'est pas dans le besoin de son abandon de nourriture et de boisson. »* (Rapporté par Boukhârî).

Le Seigneur des Mondes (سبحانه وتعالى), Le Sage, Celui qui a créé les êtres humains connaît ce qui est le mieux pour Sa créature. Le bien se situe dans tout ce qu'Il ordonne. Il se peut que nous ne cernons pas ce bien dû à nos esprits étroits, mais le bien est présent. En tant que serviteurs dévoués, nous devons nous efforcer d'obéir à Ses ordres et éviter les choses qu'Il a interdites. Nous ne devons pas chercher que les profits mondains, car ces faveurs viendront en même temps que l'obéissance et la soumission totale à Sa volonté. Le Coran dit : {Il est meilleur pour vous de jeûner, si seulement vous saviez}. (Sourate : La Vache, 2 :184).

[Voir : Jeûne ; Nuit du Destin ; Retraite Spirituelle ; Hadith Qoudsî].

Repentir [at-Tawba]

Le repentir est une des formes d'obéissance les plus nobles et les plus aimées d'Allah. En réalité, Allah (سبحانه وتعالى) ordonne au croyant de revenir à Lui repentant : {Et repentez-vous tous ensemble, Ô vous qui avez cru, afin que vous réussissiez.} (Sourate : La Lumière, 24 :31).

Le Prophète (صلى الله عليه وسلم) nous a informés qu'Allah (سبحانه وتعالى) se réjouit plus du repentir de Son serviteur que quelqu'un ayant perdu sa monture dans le désert sur laquelle se trouvent ses provisions et sa nourriture, puis s'assoit sous un arbre en attendant [la mort] et finalement la retrouve.

Le repentir, dans le cas d'un péché impliquant les droits d'Allah (c'est-à-dire : personne d'autre n'est concerné) doit remplir trois conditions :

1- Délaisser le péché immédiatement.
2- Eprouver le regret de l'avoir commis.
3- Se résoudre sincèrement à ne pas le recommencer.

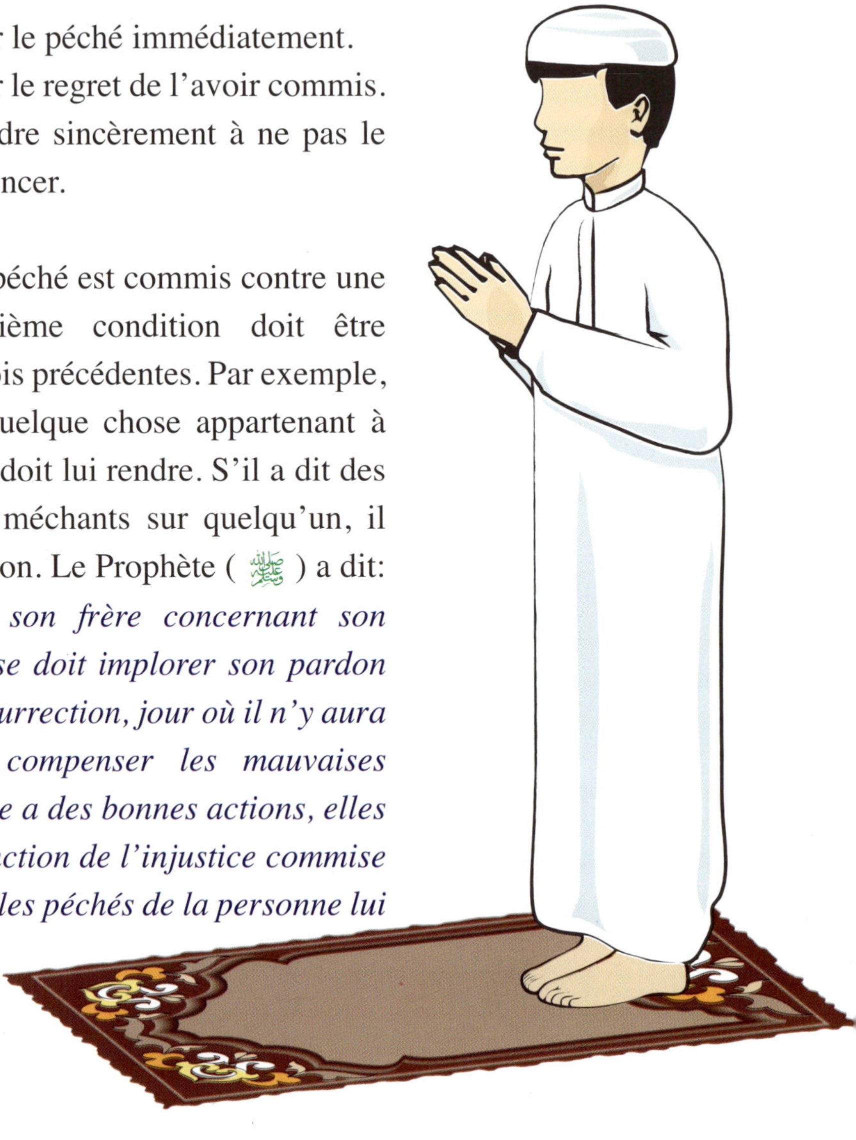

Cependant, si le péché est commis contre une personne, une quatrième condition doit être remplie, en plus des trois précédentes. Par exemple, si quelqu'un a volé quelque chose appartenant à une tierce personne, il doit lui rendre. S'il a dit des propos déplaisants et méchants sur quelqu'un, il doit lui demander pardon. Le Prophète (صلى الله عليه وسلم) a dit: *« Quiconque a lésé son frère concernant son honneur ou autre chose doit implorer son pardon avant le Jour de la Résurrection, jour où il n'y aura pas d'argent [pour compenser les mauvaises actions]. Si la personne a des bonnes actions, elles lui seront prises en fonction de l'injustice commise et s'il n'en a pas alors les péchés de la personne lui seront donnés. »* (Rapporté par Boukhârî).

Un musulman ne doit pas retarder le repentir. Allah (ﷻ) dit : {Mais le repentir n'est pas pour ceux qui font de mauvaises actions jusqu'au moment où la mort se présente à l'un d'eux et alors il dit: « Certes, je me repens maintenant », non plus pour ceux qui meurent mécréants. Pour eux, Nous avons préparé un douloureux châtiment.} (Sourate : Les Femmes, 4 :18).

Le Prophète (ﷺ) a aussi dit qu'Allah accepte le repentir de Son serviteur aussi longtemps qu'il n'est pas à l'agonie et que le soleil ne s'est pas levé à l'Ouest.

Retraite Spirituelle (I'tikâf]

Al I'tikâf est le fait de se retirer dans une mosquée parmi les trois mosquées vers lesquelles il est permis de voyager. Al Masjid al Haram, Al Masjid an-Nabawi, Al Masjid al Aqsâ durant les dix derniers jours du mois de Ramadan avec l'intention de se rapprocher d'Allah et de participer aux bénédictions que contient la nuit du Destin (*Laylat al Qadr*) que le Coran a décrite comme étant meilleure que 1000 mois. La personne observant une retraite spirituelle n'est pas autorisée à quitter la mosquée excepté pour un bref instant et en cas de nécessité, comme aller faire ses besoins ou se nourrir si personne ne vient lui apporter à manger. Il est recommandé pour la personne qui fait l'*itikâf* de passer son temps dans des actes d'adoration comme la lecture du Coran et le Rappel d'Allah, en Le glorifiant et en Le louant. Cette pratique est une *Sounnah*, elle n'est pas obligatoire. Cependant, si quelqu'un fait le vœu de l'observer alors il doit respecter son engagement et l'accomplir.

[Voir : Ramadan ; Nuit du Destin].

Sacralisation [Ihrâm]

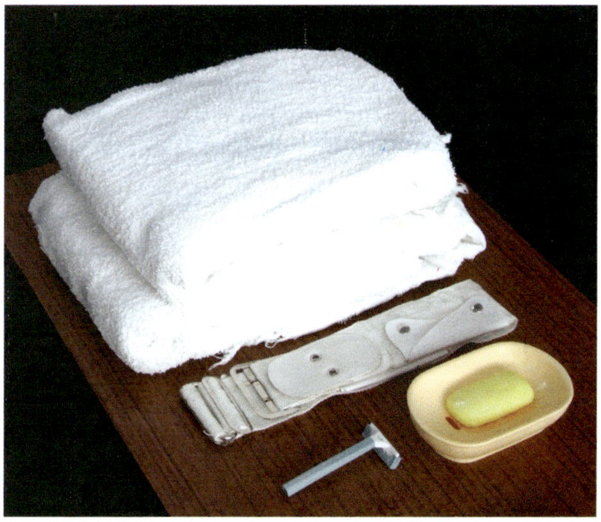

Al Ihrâm, ou sacralisation, est l'acte d'intention d'accomplir le *Hajj* ou la *'Umra* ou les deux à la fois.

L'intention est un élément important pour les deux. Lorsqu'une personne se met en état de sacralisation, il ne doit pas accomplir un certain nombre de choses comme :

1- Se couper les ongles.
2- Se raser, se couper ou s'arracher les cheveux intentionnellement.
3- Se parfumer ou utiliser un savon parfumé.
4- Avoir des relations intimes avec son épouse.
5- Faire des propositions de mariage pour soi-même ou pour d'autres, ou consommer le mariage.
6- Porter des gants.
7- Se couvrir la tête (pour les hommes) avec quelque chose qui touche la tête. Les parapluies et objets similaires sont autorisés aussi longtemps qu'ils n'entrent pas en contact avec la tête.
8- Porter des maillots, turbans, burnous, chemises, pantalons ou des habits cousus pour les hommes. Mais aussi des chaussures (sauf les sandales) tant pour les hommes que pour les femmes.
9- Se voiler le visage (*niqâb*) excepté lorsqu'il y a des hommes aux alentours.
10- Chasser.

Quand une personne est en état d'*ihrâm*, il doit redoubler d'effort pour éviter ce qu'Allah a interdit. Il doit éviter de faire du tort, en acte ou en parole, à ses coreligionnaires musulmans.

[Voir : Pèlerinage ; 'Umra ; Circumambulation ; et Course entre Safâ et Marwâ].

Sacrifice pour le nouveau-né [Aqîqa]

Al 'Aqîqa est le nom donné à l'animal offert en sacrifice pour le nouveau-né le septième jour après sa naissance. Il est recommandé pour la personne qui en a les moyens de sacrifier un animal sans aucun défaut. En effet, dans le cas contraire cela annulerait le sacrifice. Si c'est un garçon, on sacrifie deux moutons et pour une fille, un seul.

Il est aussi recommandé de raser la tête du bébé en ce jour, de donner en aumône l'équivalent du poids des cheveux rasés en argent ou en or et de donner un nom à l'enfant.

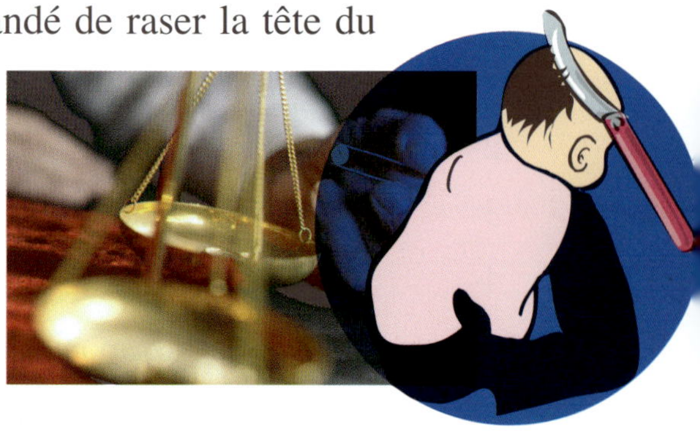

On doit donner au nouveau-né un beau nom comme *'Abdallah* et *'Abderahman* qui sont parmi les noms les plus aimés d'Allah (سبحانه وتعالى), comme le Prophète (صلى الله عليه وسلم) l'a dit une fois.

Si le sacrifice de la *'Aqîqa* a été négligé au septième jour, il peut être effectué au quatorzième ou vingt et unième jour de la naissance de l'enfant. Si le nouveau-né décède avant le septième jour, il n'y a nul besoin de sacrifier une bête pour sa *'Aqîqa*.

[Voir : Bête de Sacrifice].

Sâlih (عليه السلام)

Allah (سبحانه وتعالى) a envoyé le prophète Sâlih (عليه السلام) au peuple de Thamoud qui vivait dans la corne du nord-ouest de l'Arabie, entre Médine et la Syrie. Cette région incluait à la fois un pays rocailleux (Sourate : al Hijr, 15 : 80 à 84) et une vallée fertile (Wadî).

Les Thamoud étaient un peuple ayant de grandes richesses agricoles, il bâtissait des maisons dans les montagnes avec une grande dextérité. Le prophète Sâlih (عليه السلام) leur rappela les faveurs d'Allah sur eux et les appela à abandonner l'adoration des idoles pour adorer Allah seul, sans Lui associer quoi que ce soit: {Ô mon peuple ! Adorez Allah, vous n'avez d'autre dieu en dehors de lui. Il est Celui qui vous a créés de la terre et vous l'a fait peupler. Implorez Son pardon et repentez-vous à Lui. Mon Seigneur est bien proche et Il répond toujours [aux invocations]}. (Sourate : Houd, 11 :61).

Le peuple de Thamoud était si arrogant qu'ils rejetèrent la vérité et considérèrent même le Prophète Sâlih (عليه السلام) comme ensorcelé. Craignant que ses partisans s'accroissent, ils lui proposèrent un défi pour prouver qu'il était bien un Messager d'Allah en accomplissant un miracle qui était de faire sortir une chamelle de la montagne. Il leur demanda de jurer pour ce défi et il invoqua Allah, Le Tout-Puissant, de

répondre à leur requête. Allah (سبحانه وتعالى) ordonna au rocher distant de se briser et une chamelle enceinte de 10 mois et imposante en sortit. Certains d'entre eux crurent en Allah alors que la majorité continua dans son obstination et sa mécréance.

Quand il craignit qu'ils puissent tuer la chamelle, il leur dit : {Ô mon peuple ! Cette chamelle est un signe pour vous, laissez-la paître sur la terre d'Allah et ne lui faites aucun mal, sinon, un châtiment proche vous saisira.} (Sourate : Houd, 11 :64).

Beaucoup de gens crurent et suivirent Sâli<u>h</u>, mais les riches arrogants rejetèrent la vérité et défièrent l'injonction de ne pas faire de mal à la chamelle, qui était un signe d'Allah. Finalement, ils la tuèrent et complotèrent pour tuer Sâli<u>h</u> et les membres de sa famille.

Trois jours après l'avertissement de Sâli<u>h</u>, des éclairs envahirent l'atmosphère, suivis par de terribles tremblements de terre qui détruisirent leur civilisation arrogante et les engloutirent dans leurs propres bâtisses. Pourtant, ils pensaient être en sécurité à

l'intérieur et protégés contre tout mal {Et le cri saisit les injustes. Et voilà qu'ils furent foudroyés dans leurs demeures, au matin.} (Sourate : Houd, 11 :67).

En l'an neuf de l'Hégire, le Prophète Muhammad (ﷺ) mena une expédition à Tabouk (environ 600 km au nord de Médine) contre les forces romaines suite à l'information de l'invasion de la Syrie. Il passa près des ruines et vestiges archéologiques des Thamoud, il avertit ses compagnons contre le fait d'entrer dans leurs maisons en ruine ou même de boire leur eau.

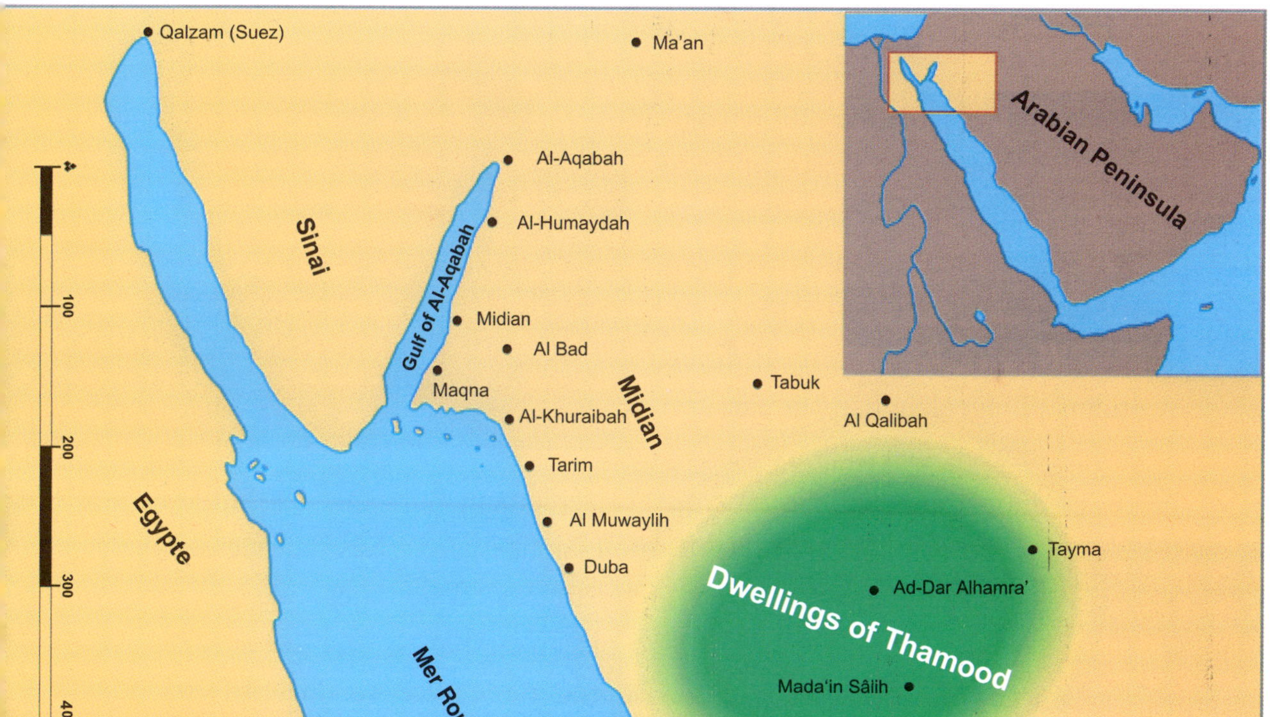

Salomon (عليه السلام) [Soulaymân]

Salomon (عليه السلام), Soulaymân en arabe, était le fils de David (عليه السلام) [Dawoud]. Il fut un puissant roi et un noble Prophète d'Allah (سبحانه وتعالى). Allah (سبحانه وتعالى) lui accorda des pouvoirs merveilleux, de la sagesse et une grande connaissance.

Il (سبحانه وتعالى) lui enseigna aussi le langage des oiseaux et des animaux. Le Coran nous raconte qu'une fois, Salomon et son armée passèrent à travers une vallée habitée par des fourmis. Il en entendit une avertir les autres de rentrer dans leurs demeures avant que Salomon et son armée ne les écrasent accidentellement. En entendant cela, Salomon (عليه السلام) sourit et invoqua Allah de lui accorder puissance et capacité afin de Le remercier pour Ses faveurs qu'Il avait répandues sur lui et ses parents. Pour cela, il accomplirait des actions vertueuses pour la satisfaction d'Allah et ainsi il serait parmi Ses bons serviteurs. (Voir : sourate : Les Fourmis, 27 :19).

Allah (سبحانه وتعالى) lui assujettit le vent. Il soufflait doucement sous son ordre et s'il le souhaitait il le transportait où il désirait aller. Les djinns travaillaient sous ses ordres et accomplissaient ce qu'il désirait. Certains plongeaient dans la mer afin d'en extraire ses merveilleux trésors, d'autres accomplissaient des travaux extrêmement durs que les humains ne pouvaient faire. Ses armées étaient constituées d'hommes, de djinns et d'oiseaux. Allah (سبحانه وتعالى) lui attribua une source de cuivre fondu qui jaillissait pour lui. Pourtant, en dépit de tous ces bienfaits et de bien d'autres faveurs mondaines, Salomon (عليه السلام) remerciait toujours Allah pour Ses faveurs et

appelait les gens à croire en Allah, Seul et à Le remercier pour Ses innombrables grâces.

Un jour, en inspectant ses armées d'oiseaux, il remarqua que la huppe manquait à l'appel alors il décida de la punir sévèrement ou de la tuer à moins qu'elle ne lui fournisse une bonne excuse pour son absence. Peu de temps après, elle vint avec des nouvelles importantes en disant qu'elle arrivait d'une ville lointaine appelée Saba'. Bilqîs en était la reine. Elle possédait plein de choses, incluant un splendide trône. Mais en dépit de toute sa richesse, Satan la trompa, elle et son peuple, en adorant le soleil au lieu d'Allah, Le Tout-Puissant.

Afin de vérifier l'information de la huppe, Salomon décida d'envoyer une lettre avec l'oiseau. Lorsqu'elle reçut la lettre dans laquelle Salomon l'invita, elle et son peuple, à adorer Allah, Seul, elle consulta ses conseillers qui lui dirent qu'ils étaient assez puissants pour faire la guerre à Salomon.

Bilqîs n'apprécia pas l'idée, donc elle décida d'envoyer de précieux cadeaux à Salomon. Cela donnerait aussi l'opportunité à ses émissaires de connaître [des choses] à propos de Salomon et sa puissance militaire.

Quand les émissaires posèrent les précieux présents devant Salomon comme acte de bonne volonté de leur part, il (عليه السلام) leur répondit que ce qu'Allah lui avait donné était bien meilleur que ce qu'ils possédaient. Il souhaitait seulement d'eux qu'ils deviennent musulmans. Donc, il leur ordonna de reprendre leurs présents et de les rendre à leur reine et si cette dernière ne cessait pas son adoration, il détruirait son royaume et exilerait ses habitants. Lorsque les émissaires revinrent délivrer le message, elle décida d'aller rendre visite à Salomon en envoyant en avance un émissaire pour l'informer de sa visite.

Salomon (ﷺ) demanda alors à un djinn, à son service, si quelqu'un pouvait lui ramener son trône avant qu'elle n'arrive. [L'un d'entre eux lui proposa de lui ramener avant qu'il ne se lève de son trône mais] Quelqu'un à qui la science du livre avait été donnée lui proposa de le ramener avant qu'il n'ait cligné de l'oeil, bien que le Royaume de Salomon était en Palestine et le palais de Bilqîs au Yémen !

Lorsque la reine arriva au Palais de Salomon, elle fut accueillie avec splendeur et cérémonie. Puis, en pointant son trône, qui avait légèrement changé, Salomon (ﷺ) lui demanda si son trône ressemblait à celui-ci. Lorsqu'elle l'examina minutieusement, elle nota une ressemblance frappante et répondit : « *C'est comme si c'était le même* ». Cette réponse convainquit Salomon qu'elle était très intelligente.

Ensuite, il l'invita dans le grand hall, le sol était transparent et en dessous il y avait de l'eau qui coulait. Pensant que cela était de l'eau [assez profonde], et avant qu'elle ne marche sur le sol, elle releva légèrement son habit. Alors, Salomon l'informa que ceci était un palais pavé de cristal.

Bilqîs réalisa qu'elle ne fut pas seulement en compagnie d'un puissant Roi mais aussi d'un Messager d'Allah. Ainsi, elle abandonna l'adoration du soleil, accepta la véritable foi à laquelle Salomon l'appela et il lui demanda d'appeler son peuple à faire de même.

Un jour que Salomon (عليه السلام) supervisait les djinns au travail, il mourut soudainement et resta longtemps dans sa position assise. Aucun d'entre eux ne se douta de sa mort jusqu'à ce qu'une termite ronge la canne sur laquelle il était

appuyé. Alors, elle tomba à terre et son corps s'effondra sur le sol. Les djinns réalisèrent que s'ils avaient su l'invisible, que seul Allah connaît, ils n'auraient pas continué à travailler avec autant d'ardeur, en pensant que Salomon (عليه السلام) était toujours vivant.

Salutation (ou Celui qui est la source de Paix) [as-Salâm]

As-Salâm (La source de Sécurité et de Paix) est un des noms d'Allah. *As-Salâm* signifie aussi paix. De même, c'est la salutation entre musulmans. On dit : « *as-salâm 'alaykoum* » c'est-à-dire : que la paix soit sur vous. Allah (﷾) ordonne aux croyants de demander la permission et de se saluer mutuellement : {Ô vous qui avez cru ! N'entrez pas dans des demeures autres que les vôtres si ce n'est en demandant la permission et en saluant leurs résidents. Ceci est la meilleure chose pour vous si seulement vous vous souveniez} (Sourate : La Lumière, 24 : 27).

Un musulman doit répondre au salut qui lui est adressé. Allah dit: {lorsque l'on vous salue avec une salutation alors répondez avec une salutation meilleure [que celle que l'on vous a adressée] ou [tout au moins] aussi bonne} (Sourate : Les Femmes, 4 : 86).

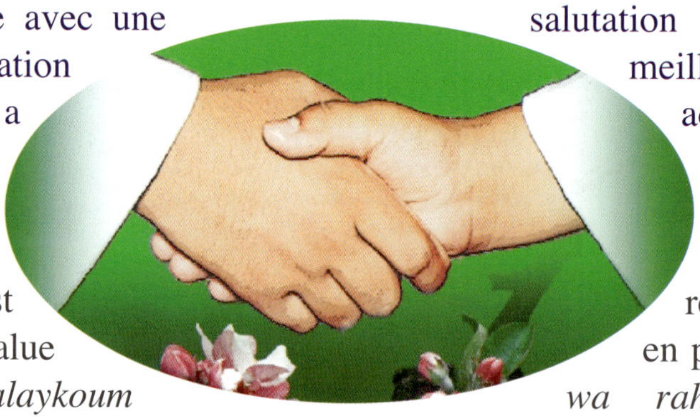

Il est recommandé à la personne qui salue en premier de dire : « *as-salâm 'alaykoum wa rahmatoullah wa barakâtouh* », c'est-à-dire : que la paix, la miséricorde d'Allah et Ses bénédictions soient sur vous. En retour, la personne répond : « *wa 'alaykoum salâm wa rahmatoullah wa barakâtouh* », c'est-à-dire : et que la paix, la miséricorde d'Allah et Ses bénédictions soient sur vous.

Le Prophète (ﷺ) expliqua dans un hadith que plus la personne est prodigue dans sa salutation plus elle récolte de récompense. Par conséquent, pour « *Salâm 'alaykoum* », il aura dix bonnes actions. S'il ajoute « *wa rahmatoullâhi* », il en aura vingt. Et s'il rajoute encore « *wa barakâtouh* », il aura alors trente bonnes actions.

Le jeune doit saluer la personne âgée ; le petit nombre doit saluer le grand nombre, la personne sur une monture doit saluer la personne à pied et la personne debout doit saluer la personne assise. Quand on demanda au Prophète (ﷺ) quel était le plus bel Islam, il répondit : « [Le bel Islam est de] *nourrir le nécessiteux et de saluer aussi bien les gens que tu connais que ceux que tu ne connais pas.* » (C'est-à-dire : en saluant selon la manière islamique) (Rapporté par Boukhârî et Mouslim).

Satan [Chaytân]

Allah (سبحانه وتعالى) a créé satan de feu. Le Coran dit : {Allah dit : « qu'est-ce qui t'a empêché de te prosterner devant lui lorsque Je te l'ai ordonné ? Satan répondit : « Je suis meilleur que lui. Tu m'as créé de feu alors que Tu l'as créé d'argile.} (Sourate : al A'râf, 7 :12).

Le mot arabe *Chayṯân* est dérivé de la racine [cha-ṯa-na] qui signifie être différent de ou être opposé à. Par conséquent, la nature de Satan est différente de celle des êtres humains. De même, dû à ses mauvaises manières, il est opposé à tout bien. En arabe, toute personne rebelle au bien est appelée un démon (*Chayṯân*). Allah (سبحانه وتعالى) dit: {Ainsi, à chaque prophète Nous avons assigné un ennemi, des démons parmi les hommes et les djinns.} (Sourate : Les Bestiaux, 6 :112).

Satan est l'ennemi mortel de l'homme. Il causa à ses premiers parents, Adam et Eve, d'être expulsés du Paradis en les tentant afin de désobéir à Allah. De même, il a juré d'égarer la descendance d'Adam. Voilà pourquoi il les tente jour et nuit, il les séduit afin de commettre le mal et d'éviter le bien afin qu'ils entrent en Enfer. Par conséquent, un musulman doit toujours chercher refuge en Allah contre le mal de Satan. Allah (سبحانه وتعالى) dit: {Et si jamais le Diable t'incite à faire le mal, cherche refuge auprès d'Allah. Car Il entend tout et sait tout. Assurément, ceux qui craignent Allah, lorsqu'une suggestion du Diable les touche, ils se rappellent et les voilà redevenus clairvoyants.} (Sourate : al A'râf, 7 :200-201).

La personne peut rechercher refuge auprès d'Allah contre Satan en disant: *A'oudhou billah min ach-Chaytân ar-rajîm* (Je cherche refuge auprès d'Allah contre Satan le lapidé).

Un autre nom de Satan est Iblis.

[Voir : Iblis ; Adam].

Successeurs [at-Tâbi'oun]

At-Tâbi'oun (les successeurs) sont la seconde génération de musulmans après les compagnons du Prophète (ﷺ). En réalité, ils sont de différentes classes : certains ont vécu au temps du Prophète (ﷺ) mais ils ne l'ont pas rencontré ; certains ont rencontré des compagnons du Prophète ; certains sont nés au temps du Prophète (ﷺ) mais il mourut alors qu'ils ne pouvaient comprendre aucune de ses paroles.

En fait, toutes les narrations que les successeurs ont rapportées proviennent des compagnons du Prophète.

Certains successeurs sont très connus, notamment : Al Hasan al Basrî ; Abû 'Abdillah Sufyân ibn Masrûq ath-Thawrî ; Mujâhid ibn Jubayr al Makkî ; 'Atâ' ibn Rabâh ; [et bien d'autres, qu'Allah soit satisfait d'eux tous.]

[Voir : Compagnons].

Talbiya

La *talbiya* est la proclamation des mots suivants que l'on prononce et répète durant le pèlerinage ou la 'Umra à La Mecque :

Labbayka Allahoumma labayk. Labbayka lâ Charika laka labayk. Innal Hamda wan-Ni'mata Laka wal Moulk lâ Charika lak.

Ce qui signifie: Ô Allah! Me voici répondant à Ton appel! Me voici! Il n'y a aucun associé avec Toi. Me voici! Vraiment, la Louange, la grâce et la Royauté T'appartiennent. Tu n'as aucun associé.

La *talbiya* doit être prononcée dès le lieu du *mîqât*. Ce lieu est l'endroit spécifié par le Prophète (ﷺ) à partir duquel ceux qui vont à La Mecque pour le *Hajj* ou la *'Umra* doivent se sacraliser [en se mettant en état d'*Ihrâm*].

La *talbiya* doit aussi être prononcée en allant de La Mecque en direction de *Mina*, le jour de *Tarwiya* (qui correspond au huitième jour de *Dhoul Hijja*). Dès lors, elle doit être répétée le plus souvent possible jusqu'à ce que le pèlerin termine le rite du jet de pierres en jetant des petits cailloux sur la stèle d'al '*Aqaba*, le dixième jour de *Dhoul Hijja*.

Les hommes doivent la prononcer à voix haute alors que les femmes la prononcent à voix basse.

[Voir : Pèlerinage ; 'Umra ; Mina ; Mosquée Sacrée].

Tradition [as-Sounnah]

Sounnah signifie littéralement voie, méthode, cela peut être une bonne ou une mauvaise *sounnah*, comme le Prophète (ﷺ) a dit: *« Celui qui institue une bonne tradition [déjà présente] en Islam, il en aura la récompense ainsi que ceux qui œuvrent à la suite sur celle-ci, sans que cela ne leur fasse perdre leur récompense. Quant à celui qui institue une mauvaise tradition [non présente] en Islam, il en récoltera le péché et le péché de ceux qui l'accomplissent à sa suite, sans en ôter leur fardeau. »* (Rapporté par Mouslim).

Cependant, la définition de la Sounnah diffère selon le domaine de la Charia, ou Loi Islamique. Par exemple, un savant dans le domaine des Fondements de religion (Ousoul ad-Dîn) l'a définira comme étant tout ce que le Prophète (ﷺ) a dit, fait ou approuvé.

La *Sounnah* est la seconde source de la jurisprudence islamique après le Coran. Ces deux sources, à la fois, sont essentielles. En effet, on ne peut pratiquer l'Islam sans les consulter toutes les deux. Un aspect important de la *Sounnah* est qu'elle explique le Coran et détaille de nombreux aspects de la Loi

Islamique dans la manière d'accomplir l'adoration. Un exemple concret est l'accomplissement des prières. Allah (ﷻ) nous ordonne de prier cinq fois par jour mais Il ne nous explique pas comment le faire.

Le rôle de la Sounnah, ici, est d'expliciter comment accomplir ce grand acte d'adoration.

Allah (ﷻ) ordonne aux croyants, dans maints versets du Coran, de suivre la voie du Prophète (ﷺ), notamment le suivant: {Ce que le Messager vous donne prenez-le et ce qu'il vous interdit évitez-le. Et craignez Allah, vraiment Allah est dur en châtiment.} (Sourate : Le Rassemblement, 59 :7).

Le Prophète (ﷺ) avait l'habitude d'enseigner la *Sounnah* à ses compagnons et il les incitait à la suivre. Une fois, il a dit dans un long hadith : *« Suivez ma Sounnah et celle de mes califes bien guidés. Attachez-vous y fermement. »* (Rapporté par Tirmidhî qui a dit : hadith bon authentique).

L'opposé de la *Sounnah* est la *Bid'a*, ou innovation. L'innovation contredit la voie du Prophète. Le Prophète (ﷺ) a dit : *« Celui qui innove quelque chose dans notre affaire qui n'y figure pas, sera rejeté. »* (Rapporté par Boukhârî et Mouslim).

Il incombe au musulman de s'attacher au Coran et à la *Sounnah* [authentique] du Prophète (ﷺ) et d'inciter ses frères musulmans à faire de même. En effet, en la pratiquant cela mène au bonheur dans cette vie d'ici-bas et à la félicité éternelle dans l'au-delà. Le Prophète (ﷺ) a dit : *« Je vous ai laissé deux choses, aussi longtemps que vous vous y attacherez, jamais vous ne vous égarerez : Le Livre d'Allah et la Tradition de Son Messager. »* (Rapporté par l'imam Mâlik dans son Mou'wattâ).

[Voir : Innovation]

'Umar ibn Al-Khaṯṯâb (رضي الله عنه)

'Umar était le fils d'al Khattâb et sa mère était Khatma bint Haḥim. Il est issu de la branche '*Adi* de *Qouraych*, qui était tenue en grand respect car ils agissaient aussi bien en tant que porte-parole de Quraych auprès des autres tribus que juges dans leurs disputes.

'Umar est né treize ans avant l'année de l'Eléphant et il était un des rares ayant appris à lire. En réalité, 'Umar fut, au début, un ennemi déclaré de l'Islam qu'il supporta plus tard de toutes ses forces.

Une nuit, le Prophète (ﷺ) invoqua Allah de renforcer l'Islam par deux hommes, soit 'Umar ibn al Khattâb soit 'Amr ibn Hichâm. Son invocation fut immédiatement exaucée. Allah (سبحانه وتعالى) choisit 'Umar pour servir l'Islam et 'Amr ibn Hichâm mourut comme Abou Jahl (littéralement: *le père de l'ignorance)* ainsi surnommé par le Prophète.

'Umar (رضي الله عنه) fut le second Calife bien guidé de l'Islam et un des meilleurs modèles représentant toutes les vertus de l'Islam. Le Prophète (ﷺ) l'appela *al Farouq,* celui qui discerne entre le vrai et le faux. Il fut la seule personne qui émigra ouvertement de La Mecque à Médine, alors que la plupart des musulmans quittèrent et émigrèrent secrètement, lorsque l'émigration débuta. 'Umar (رضي الله عنه) prit ses armes, se rendit à la *Ka'ba*, pria [puis proclama son émigration]. Les chefs de La Mecque le regardèrent en silence. Après sa prière, il leur a dit à voix haute : « *Je pars pour Médine. Si quelqu'un veut m'arrêter, qu'il me rencontre dans la vallée, mais sa mère pleurera, probablement, sur lui de tristesse*.»

De nombreuses fois, la révélation descendit afin de soutenir l’avis de ‘Umar (ﷺ). Il se tint aux côtés du Prophète (ﷺ) à toutes les batailles et expéditions. Son amour pour Allah et Son Messager était si grand qu’il n’autorisa aucun lien de sang ou une quelconque amitié à se tenir en face de cet amour.

Il était connu pour sa justice, sa droiture, son humilité et son grand souci pour les affaires. Il fut le premier Calife à être appelé *Amîr al Mou’minîn* (l’Emir des croyants) et il figurait parmi les dix éminents compagnons promis, de leur vivant, au Paradis par le Prophète (ﷺ).

Le nom de ‘Umar (ﷺ) est intimement lié à beaucoup de réalisations islamiques comme la première organisation des registres administratifs (*diwân*), l’introduction officielle du calendrier islamique Hégirien, l’établissement du trésor public, les services postaux, les cours de justice et l’assignation de juges. Il fut aussi connu pour avoir pris une part significative à la première compilation du Coran sous Abou Bakr As-Siddîq (ﷺ).

‘Umar (ﷺ) fut assassiné, tout juste à la fin de la prière du *fajr*, par Abou Lou’lou’a, un esclave perse, qui avait une rancune personnelle contre lui. Il avait 63 ans, on l’enterra dans la chambre de ‘A’icha aux côtés du Prophète (ﷺ) et de Abou Bakr (ﷺ).

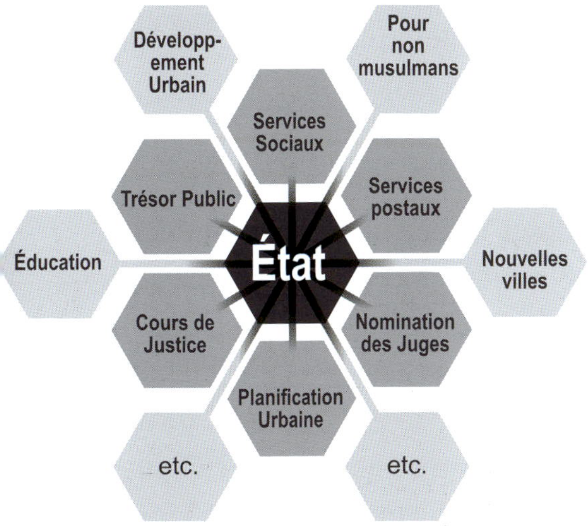

Une fois, le Prophète (ﷺ) a dit en ce qui le concerne : « *Il y avait avant vous des gens qui étaient inspirés ; s’il doit y en avoir un parmi ma communauté alors ‘Umar ibn al Khattâb en fait partie.* » (Rapporté par Mouslim).

[Voir : Compagnons ; Califes bien guidés ; Calendrier Islamique].

'Umra

Le mot *'umra* est dérivé du mot arabe *i'timâr*, qui signifie visite. En Islam, cela consiste à se mettre en état de sacralisation (*ihrâm*), accomplir la circumambulation (*tawâf*) autour de la ka'ba, aller et venir entre *Safâ* et *Marwâ* et se raser la tête ou se couper les cheveux.

La *'Umra* est un acte vertueux. Le Prophète (ﷺ) a dit : « *De l'accomplissement d'une 'Umra à la suivante, les péchés commis sont effacés et la récompense pour un pèlerinage vierge de tout péché n'est rien d'autre que le Paradis.* » (Rapporté par Boukhârî et Mouslim).

Le Prophète (ﷺ) a encouragé ses compagnons à accomplir une *'Umra* pour d'autres personnes en leur nom. Laqît ibn 'Amir (رضي الله عنه) a rapporté : « J'ai vu le Prophète (ﷺ) et je lui ai dit : *Mon père est un très vieil homme et il n'a pas assez de force pour accomplir le pèlerinage, la 'umra ou même entreprendre un voyage.* Le Prophète (ﷺ) me répondit : *accomplis le pèlerinage et la 'Umra au nom de ton père.* » (Rapporté par Abou Dawoud et Tirmidhî avec une chaîne authentique de narrateurs).

Il (ﷺ) a aussi dit : « *Accomplir une 'Umra pendant le mois de Ramadan est égal* [en récompense] *à l'accomplissement d'un* pèlerinage [avec moi]. » (Rapporté par Ahmad et Ibn Mâjah).

Cependant, cela ne doit pas exempter la personne d'accomplir le pèlerinage obligatoire si celle-ci en a la capacité physique et financière.

Durant une autre occasion, il (ﷺ) a aussi dit : « *Les pèlerins et ceux qui accomplissent la 'Umra sont les invités d'Allah. Leurs invocations sont exaucées et leurs demandes de pardon sont accordées.* » (Rapporté par Nasâ'î, Ibn Mâjah, Ibn Khouzayma et Ibn Hibbân dans leurs recueils authentiques de hadith.).

Enfin, il (ﷺ) a dit : « *Les invités d'Allah sont de trois [types] : ceux qui combattent pour la cause d'Allah ; ceux qui accomplissent le pèlerinage ; et ceux qui accomplissent la 'Umra.* » (Rapporté par Nasâ'î).

Comment accomplir la 'Umra :

- Se mettre en état d'*ihrâm* au *mîqât* qui a été précisé par le Prophète (ﷺ). De là, il a l'intention d'accomplir un pèlerinage ou une 'umra et se sacralise.
- Prononcer la *talbiya* jusqu'à l'arrivée devant la Mosquée Sacrée à La Mecque.
- Accomplir la circumambulation en complétant sept tours autour de la *Ka'ba*, en commençant à partir de la Pierre Noire et en tournant dans le sens inverse des aiguilles d'une montre.
- Accomplir deux unités de prière derrière la station d'Abraham, si possible, après avoir terminé le *tawâf*. Ou sinon, les accomplir n'importe où ailleurs à l'intérieur de la Mosquée.
- Accomplir la course entre *Safâ* et *Marwâ* sept fois en commençant par *Safâ* et en terminant à *Marwâ*.
- Se raser la tête ou se couper les cheveux. Les femmes doivent juste se couper une mèche de cheveux.

[Voir : Ramadan ; Sacralisation ; Circumambulation ; Pèlerinage ; Course entre Safâ et Marwâ].

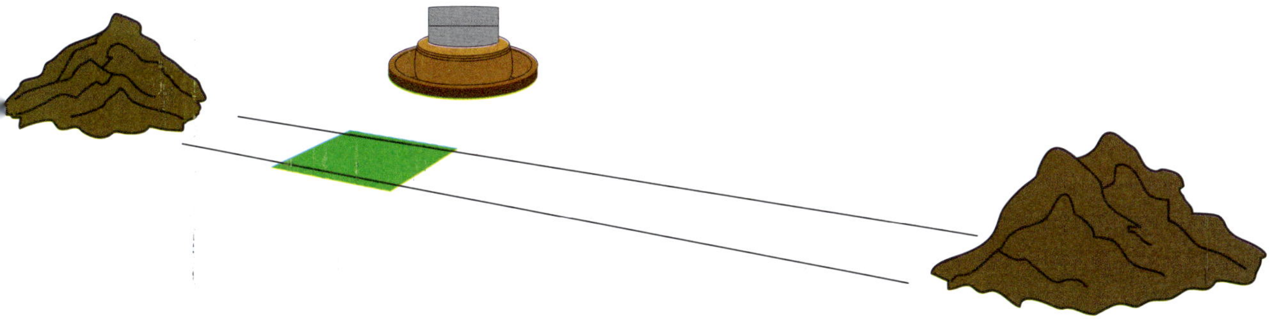

Unité de prière [ar-Rak'at]

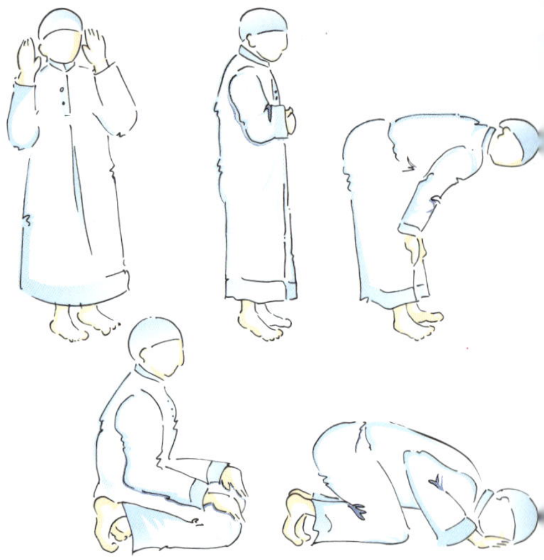

Chaque prière est une combinaison de deux, trois ou quatre unités de prière (*rak'at*). Chaque unité ou *rak'at* consiste en [différentes] positions : être debout, incliné (en posant la paume des mains sur les genoux) puis redressé, prosterné, assis et enfin prosterné de nouveau. Le nombre de ces unités compose une prière. Le nombre de rak'at dans chaque prière est comme suit :

1- deux pour la prière du *Fajr*.

2- quatre pour la prière du *Dhuhr*.

3- quatre pour la prière du *'Asr*.

4- trois pour la prière du *Maghrib*.

5- quatre pour la prière du *'Icha*.

[Voir : Prière].

‘Uthmân ibn ‘Affân (رضي الله عنه)

‘Uthmân ibn ’Affân (رضي الله عنه) fut le troisième calife bien guidé de l’Islam. Il est né sept ans après le Prophète (ﷺ). Il était très éduqué ainsi qu’un des plus riches marchands de La Mecque. Lorsqu’il se convertit à l’Islam, son oncle le soumit à la torture et lui mit une grande pression afin qu’il rejette l’Islam, mais ‘Uthmân (رضي الله عنه) resta ferme. Il est connu sous le nom de *Dhou Nourayn* (Celui qui possède deux lumières) du fait qu’il se maria avec deux des filles du Prophète (ﷺ) : Ruqayya (رضي الله عنها) et, après le décès de cette dernière, ‘Oum Koulthoum (رضي الله عنها).

‘Uthmân (رضي الله عنه) était aussi connu pour sa générosité sans limites. Il aidait volontairement ceux qui étaient en détresse et dépensait une grande partie de sa richesse pour le bien-être des musulmans. Quand le Prophète (ﷺ) invita les gens à contribuer pour soutenir la pauvre armée de l’expédition de *Tabouk*, ‘Uthmân (رضي الله عنه) fit la plus large contribution en pourvoyant 300 chameaux avec tout leur équipement. De même, lorsque le Prophète (ﷺ) sentit le besoin d’agrandir la mosquée de Médine, Uthmân (رضي الله عنه) acheta la terre adjacente pour cet objectif. Encore une fois, quand les musulmans furent frappés de famine, durant le califat de Abou Bakr, il importa des grains pour 25 000 dirhams ce qui représentait un somme astronomique et il les distribua parmi les gens en détresse. Ceci n’est que quelques exemples de sa générosité pour la cause de l’Islam et des musulmans.

‘Uthmân (رضي الله عنه) était aussi connu pour sa pudeur et sa piété. Une fois, le Prophète (ﷺ) a dit à ‘A’icha (رضي الله عنها) que même les anges étaient pudiques envers ’Uthmân. Il passait souvent une partie de la nuit en prière, il jeûnait tous les deux ou trois jours et il accomplissait le pèlerinage chaque année. En dépit de sa richesse, il vivait modestement. Il était aussi un des dix compagnons à qui le

Prophète (ﷺ) avait annoncé la bonne nouvelle du Paradis durant son vivant.

Durant son califat, le royaume islamique s'étendit à l'Ouest au Maroc, à l'Est en Afghanistan et au Nord en Arménie et en Azerbaïdjan. Une flotte maritime fut organisée, des divisions administratives de l'état furent redéfinies et beaucoup de projets publics furent développés et achevés.

Quand on l'informa que les citoyens de différentes villes avaient différentes copies du Coran, il comprit que cela pouvait être préjudiciable à l'Islam. Il réunit alors toutes les copies du Coran et nomma un comité afin d'arriver à un exemplaire authentique en accord avec le dialecte standard arabe des Mecquois, en ayant à l'esprit le manuscrit compilé à La Mecque sous la direction d'Abou Bakr (رضي الله عنه) et sous la protection de Hafsa (رضي الله عنها), une veuve du Prophète (ﷺ). Après maintes délibérations et efforts, une copie conforme au standard dialectal vit le jour et toutes les autres, non conformes à cette dernière, furent brûlées pour éviter une quelconque confusion à l'avenir.

'Uthmân (رضي الله عنه) dirigea l'Empire Islamique pendant douze ans. Durant les six premières années, les musulmans jouirent d'une paix et d'une tranquillité intérieure, mais durant la seconde partie de son Califat, le mécontentement monta parmi les gens et la situation devint sérieuse et préoccupante. Afin d'affaiblir l'Islam de l'intérieur, un juif yéménite appelé 'Abdallah ibn Sabâ' embrassa l'Islam pour ce but malsain et commença ainsi une subtile campagne en créant des désaccords entre les gens. Les tribus juives et leurs semblables profitèrent du mécontentement parmi les gens en complotant contre 'Uthmân. Ce dernier (ﷺ) aurait pu réprimer la rébellion à sa racine et défaire les rebelles, mais étant doux de cœur, il choisit de s'adresser à ceux qui se plaignaient et de solutionner le problème de manière pacifique. En fait, il ne voulait pas être le premier à verser le sang d'un musulman. Quand les rebelles demandèrent sa destitution, il ne le fit pas car il sentait qu'il était tenu par la promesse qu'il avait faite au Prophète Muhammad (ﷺ), lorsque celui-ci lui avait dit un jour : *« 'Uthmân, il se peut qu'Allah te revête d'un habit et si les gens désirent que tu l'enlèves pour eux alors ne le fais pas. »*

De toutes les contrées, les rebelles malfaisants marchèrent sur Médine et après un long siège, ils escaladèrent les murs, entrèrent dans la chambre de 'Uthmân (رضي الله عنه) qui récitait le Coran et l'assassinèrent. Le verset que récitait 'Uthmân à ce moment, juste avant son assassinat, était le suivant: {S'ils croient en ce que vous croyez alors ils seront bien guidés mais s'ils se détournent alors ils seront dans la scission. Allah te suffira contre eux et Il est Celui qui entend tout et Celui qui sait tout.} (Sourate : La Vache, 2 :137).

La prophétie du Messager, au regard de ce qui arriva à 'Uthmân, se réalisa. L'imam Mouslim rapporte que le Prophète (ﷺ), de son vivant, lui a donné la bonne nouvelle du Paradis pour l'épreuve qu'il allait subir. Quand il (رضي الله عنه) la reçut, il a dit : *« Ô Allah, accorde-moi d'être ferme. Allah est celui dont on recherche l'Assistance. »* (Rapporté par Mouslim).

'Uthmân (رضي الله عنه) décéda dans l'après-midi du vendredi 18 de Dhoul Hijja en l'an 35 de l'hégire, qui correspond au 17 juin 656 de l'ère chrétienne. Il avait 82 ans.

[Voir : Compagnons ; Califes bien guidés ; Médine].

Vendredi [al Joumou'a]

Al Joumou'a est le jour du vendredi. C'est le meilleur jour de la semaine. Le Prophète (ﷺ) a dit : « *Le meilleur jour où le soleil se lève est le Vendredi. En ce jour, Adam fut créé, il entra au Paradis et il en fut expulsé. L'Heure se lèvera un vendredi.* » (Rapporté par Mouslim).

Allah (سبحانه وتعالى) ordonne aux croyants d'accomplir en ce jour la prière du *Joumou'a*. Il dit: {Ô vous qui avez cru ! lorsque l'appel à la prière est proclamé le jour du vendredi, accourez à l'évocation d'Allah et délaissez le commerce. Ceci est meilleur pour vous, si vous saviez.} (Sourate : Le Vendredi, 62 :9).

D'après ce verset, il est clair que la prière du Vendredi est une obligation individuelle (*fard 'ayn*). Ibn al Moundhir, dans [son livre] *al Ijmâ'* dit que les savants sont entièrement unanimes sur le fait que « *la prière du Vendredi est obligatoire pour toute personne adulte, libre, résidente et qui n'a pas de raison valable (de ne pas y assister)* ».

L'accomplissement de la prière du Vendredi a des vertus que l'on ne peut recenser. Le Prophète (ﷺ) a dit: « *Aucune personne n'accomplit sa grande ablution (ghousl) le Vendredi puis se purifie, s'oint et se parfume chez lui. Ensuite, il se rend à la mosquée et prie ce qui lui a été écrit de prier, sans avoir séparé deux personnes, puis il reste silencieux durant le prêche de l'imam, sans qu'Allah ne lui pardonne ses péchés commis entre ce vendredi et le précédent.* » (Rapporté par Boukhârî).

Durant ce jour, il y a un temps où quiconque invoque Allah sera garanti d'être exaucé, excepté si la personne demande une chose interdite. Ceci est rapporté par Ahmad avec une bonne chaîne de narrateurs.

Le Prophète (ﷺ) a aussi dit : «*Quiconque accomplit ses ablutions et les parfait puis se rend à la mosquée et écoute le prêche (khoutba) en restant silencieux sera pardonné de ce qu'il a accompli entre ce vendredi et le précédent et trois jours supplémentaires.* » (Rapporté par Muslim).

Dans une autre narration, chez Ibn Mâjah, il est rajouté: « *aussi longtemps qu'il ne commet pas de péché majeur.* »

Les savants musulmans ont expliqué que le pardon des péchés mentionnés, ici, dans ce hadith s'applique aux petits péchés et non aux péchés majeurs. Concernant les grands péchés, il est demandé au musulman de montrer un sincère repentir.

[Voir : Prière].

Verset du Kursî (Ayat al Kursî)

Le verset du “Kursî” est le verset n° 255 de la sourate La Vache. Ce verset commence par: **{Allah ! Point de divinité excepté Lui, Le Vivant, Celui qui subsiste par lui-même, “al-Qayyûm”. Ni somnolence ni sommeil ne Le saisissent. A lui appartient tout ce qui est dans les cieux et sur la terre. Qui peut intercéder auprès de Lui sans Sa permission ? Il connaît leur passé et leur futur. Et, de Sa science, ils n'embrassent que ce qu'Il veut. Son Repose-pied (*Kursiy*) déborde les cieux et la terre, dont la garde ne Lui coûte aucune peine. Et Il est le Très Haut, le Très Grand.}** Sans aucun doute, *Ayat al Kursî* est le plus grand et le plus majestueux des versets du Coran. Un jour, un homme vint voir le Prophète (ﷺ) et lui demanda : « *Quel est le meilleur verset du Coran ?* Le Prophète (ﷺ) répondit : « *Ayat al Kursî* » (Rapporté par Abou Dawoud).

اللَّهُ لَا إِلَٰهَ إِلَّا هُوَ الْحَيُّ الْقَيُّومُ لَا تَأْخُذُهُ سِنَةٌ وَلَا نَوْمٌ لَهُ
مَا فِي السَّمَوَاتِ وَمَا فِي الْأَرْضِ مَنْ ذَا الَّذِي يَشْفَعُ عِنْدَهُ إِلَّا بِإِذْنِهِ يعلم
مَا بَيْنَ أَيْدِيهِمْ وَمَا خَلْفَهُمْ وَلَا يُحِيطُونَ بِشَيْءٍ مِنْ عِلْمِهِ إِلَّا بِمَا شَاءَ
وَسِعَ كُرْسِيُّهُ السَّمَوَاتِ وَالْأَرْضَ وَلَا يَئُودُهُ حِفْظُهُمَا وَهُوَ الْعَلِيُّ الْعَظِيمُ

Le verset du « Kursî » a de nombreux mérites et vertus incluant :

1- Il est le plus majestueux verset du Coran.
2- Il contient le plus grand nom d’Allah (*al ism al a’zam)* par lequel Allah exauce l’invocation de celui qui L’invoque.
3- Allah (سبحانه وتعالى) adjoint un gardien [qui le protège] à quiconque le récite au moment de se mettre au lit et aucun démon ne l’approchera jusqu’au matin.
4- Quiconque récite, au matin, les trois premiers versets de la sourate *al Ghâfir*, aussi appelée sourate *al Mu’min,* et ensuite récite *Ayat al Kursî* restera sous la protection d’Allah jusqu’au soir. Pareillement, quiconque récite cela durant la nuit restera sous la protection d’Allah (سبحانه وتعالى) jusqu’au matin.
5- Quiconque le récite après les prières obligatoires, rien ne l’empêchera d’entrer au Paradis si ce n’est la mort. C'est-à-dire, il ira au Paradis après son décès.

Vertu [Ihsân]

Le mot arabe *ihsân* à de nombreuses significations incluant [des termes comme] action pieuse, bonté, sincérité, charité et perfection. Dans la Loi Islamique, la Vertu (*ihsân*) est le plus haut niveau de la Religion, ensuite il y a la Foi (*imân*) et enfin la Soumission (*islâm*). Quand l'ange Jibrîl (عليه السلام) interrogea le Prophète (ﷺ) à propos d'*al Ihsân,* il répondit : *« C'est d'adorer Allah comme si tu Le voyais, et si tu ne Le vois pas, Lui te voit.»* (Rapporté par Muslim).

Pris dans leur ensemble, *al islâm*, *al imân* et *al ihsân* constituent le dogme de l'Islam. Il y a une graduation, ici : l'*islâm* est le début, l'*imân* est un niveau plus élevé et l'*ihsân* est le plus haut niveau. L'*islâm* est une manifestation extérieure ; l'*imân* est ce qui a trait au cœur ; l'*ihsân* s'applique à la fois à l'*islâm* et à l'*imân*.

La vertu représente la perfection tant dans l'*Islâm* que dans l'*Imân*. C'est l'excellence et la perfection dans chaque acte. C'est adorer Allah avec la pleine connaissance qu'Il voit tout, même si nous ne Le voyons pas.

[Voir : Islam ; Foi].

Voile [Hijâb]

Du fait que l'Islam vise à protéger les femmes des abus et des regards des hommes, il commande à celles-ci d'observer une modestie [et une pudeur] en portant le voile qui couvre le corps en entier. Allah (ﷻ) dit: { Ô Prophète ! Dis à tes épouses, à tes filles et aux femmes des croyants de ramener un pan de leurs voiles sur elles. C'est le meilleur moyen pour elles de se faire connaître et d'éviter ainsi d'être offensées.} (Sourate : Les Coalisés, 33 : 59). Il a aussi dit: {à ne faire paraître de leurs charmes que ceux qui ne peuvent être cachés} (Sourate : La Lumière, 24 : 31).

Une femme musulmane porte le voile pour la simple raison qu'Allah (ﷻ) lui commande de le faire dans le Coran et parce que le Prophète (ﷺ) l'a aussi ordonné. Certainement, porter le voile est un acte d'obéissance à Allah et un signe de pureté, de modestie, de vertu et de foi. Le voile doit remplir les conditions suivantes :

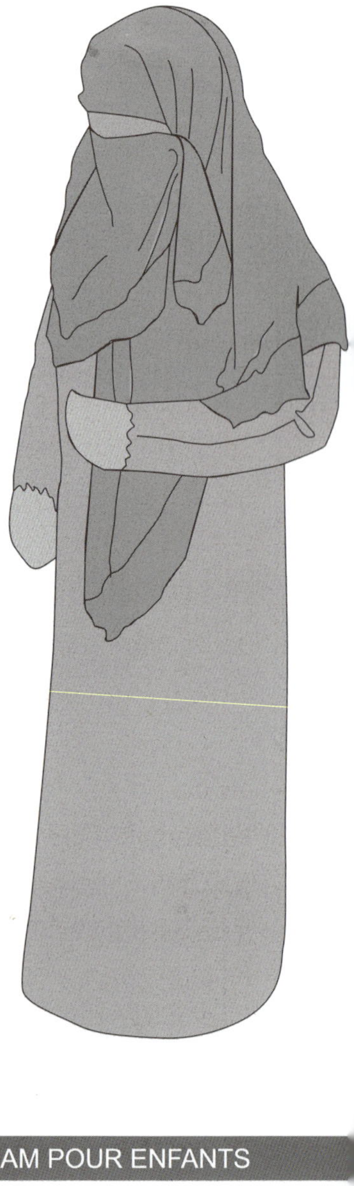

1- Il doit couvrir le corps entier.

2- Il ne doit pas être moulant ou être transparent.

3- Il doit être large afin que la forme du corps ne soit pas révélée.

4- Il ne doit pas ressembler aux habits des hommes.

5- Il ne doit pas avoir d'embellissement ou de parure qui peuvent attirer l'attention des hommes.

6- Il ne doit pas être conçu de telle sorte à ce qu'il ressemble aux habits des femmes non musulmanes.

Porter le voile n'est pas une pratique traditionnelle mais plutôt une forme d'obéissance à Allah qui sait ce qui est le mieux pour Ses serviteurs. Certaines femmes, dans certaines contrées du monde, qui ne savent pas que le voile est un commandement Divin ne le portent pas. D'autres croient que c'est une pratique traditionnelle et un fardeau social donc elles ne le portent pas non plus. Elles peuvent le porter lorsqu'elles sont dans leurs propres pays mais une fois à l'étranger elles l'ôtent. En plusieurs occasions, certaines musulmanes ignorantes sont vues habillées des pieds à la tête dans le hall d'embarquement des aéroports de leurs pays, mais sitôt celui-ci quitté, elles enlèvent l'habit qui les recouvrait pour apparaître comme les femmes occidentales, habillées à la dernière mode.

Une femme, en Islam, est comme une pierre précieuse qui a besoin d'attention et de protection. Le Hijâb, sans aucun doute, est un moyen efficace pour la protéger et la préserver. En réalité, le voile vise à sauvegarder sa dignité et sa décence et à rendre clair le fait qu'elle n'est pas un objet ou une marchandise à vendre, ni même une annonce publicitaire vantant sa beauté et ainsi nourrissant des regards pleins de convoitise de "loups à l'affût".

Une femme musulmane qui porte le voile est une femme respectable et décente. Elle aura certainement une grande récompense dans l'au-delà.

Voyage nocturne et Ascension [Al Isrâ' wal Mi'râj]

Al Isrâ' fait référence au voyage nocturne au cours duquel le Prophète (ﷺ) se rendit de la Mosquée Sacrée de la Mecque à *Bayt al Maqdis* à Jérusalem. *Bayt al Maqdis* est aussi appelé *al Masjid al Aqsâ'* (la Mosquée distante). Allah (سبحانه وتعالى) dit: {Gloire à Celui qui a fait voyager de nuit Son serviteur d'al Masjid al Harâm à al Masjid al Aqsâ' dont Nous avons béni les alentours.} (Sourate : Le Voyage Nocturne, 17 : 1).

Cet évènement eut lieu en l'an 10 de la mission prophétique. *Jibrîl* (عليه السلام) vint au prophète et le conduisit au sommet de la Mosquée Sacrée de La Mecque. *Al Bourâq*, un animal blanc légèrement plus grand qu'un âne et plus petit qu'une mule, l'attendait. Il était si rapide que là où portait son regard il s'y rendait à l'instant. Arrivé à Jérusalem, le Prophète (ﷺ) descendit du *Bourâq* et l'attacha par la bride, il était utilisé aussi par les autres Prophètes. Il (ﷺ) entra dans la mosquée et dirigea la prière. Abraham, Moïse, Jésus et les autres Prophètes étaient présents. Après cela, il sortit. *Jibrîl* (عليه السلام) vint à lui avec un récipient de vin et un autre de lait. Il choisit de boire le lait et *Jibrîl* (عليه السلام) lui a alors dit : « *Tu as choisi la disposition naturelle (al fitra)*. »

Le Prophète (ﷺ) commença son ascension (*al Mi'râj*) à travers les sept cieux. Ensuite, il fut amené à l'arbre du Lotus (*Sidrat al Mountahâ*), là où aucun être créé ne peut aller. On lui montra La Maison Remplie (*Bayt al Ma'mour*) où chaque jour un nouveau groupe de 70000 anges entrent pour prier [et jamais ne reviennent]. Durant cette nuit, il reçut l'ordre divin concernant la prière qui était [fixée initialement] à cinquante par jour. Mais sur le conseil de Moïse (عليه السلام), qui était au sixième ciel, le Prophète ne cessa de demander à Allah de les réduire en nombre jusqu'à ce qu'elles ne furent que de cinq prières quotidiennes. On montra aussi au Prophète (ﷺ) le Paradis et l'Enfer et des exemples de châtiments qui seront donnés aux graves pécheurs, notamment tous ceux qui pratiquent l'intérêt et qui commettent l'adultère et la fornication.

[Voir : Mosquée Sacrée ; Jérusalem ; Intérêt ; Gabriel].

Zamzam

Quand le Prophète Abraham (عليه السلام) émigra avec sa femme Hajar et son fils Ismaël (عليه السلام) dans une vallée vierge de plantes et d'eau, connue de nos jours comme La Mecque, il les laissa seulement avec un sac contenant des dattes et une outre d'eau remplie. Lorsqu'il n'y eut plus d'eau, Hajar s'inquiéta pour son fils, alors elle escalada le petit monticule de *Safâ* afin de voir s'il y avait quelqu'un. Comme elle ne vit personne, elle descendit et alla rapidement en direction de *Marwâ* où elle monta sur le monticule pour voir s'il y avait quelqu'un. Ainsi, elle alla et revint sept fois entre ces deux monticules. Quand elle se tint pour la dernière fois à *Marwâ*, elle entendit une voix et vit un ange se tenant debout sur le site de *Zamzam* qui creusait la terre avec son talon (ou son aile) jusqu'à ce que l'eau jaillisse. Elle fit comme un petit bassin autour, utilisant ses mains pour cela puis elle commença à remplir l'outre avec ses mains mais l'eau jaillissait dès qu'elle en puisait. Enfin, elle se mit à boire et elle allaita son fils. L'ange lui dit alors : *« N'aie pas peur qu' on t'oublie car ceci est La Maison d'Allah. Ton fils que voici ainsi que son père la construiront. Allah ne néglige jamais Son peuple. »* (Rapporté par Boukhârî, n°3364).

Le puit de *Zamzam* est situé près de la *Ka'ba*, sans aucun doute son eau est la plus sainte et la plus pure à la surface de la terre. Le Prophète (ﷺ) a dit : *« La meilleure eau à la surface de la terre est l'eau de Zamzam. Elle est une nourriture mais aussi un remède contre la maladie. »* (Rapporté par Tabarânî et ses narrateurs sont décrits comme étant de confiance).

Une fois Abou Dharr (رضي الله عنه) ne dépendit que de l'eau de *Zamzam* pendant trente jours et trente nuits. Il grossit tellement qu'il sentait les replis de graisse au niveau de son estomac et n'eut jamais faim. Lorsqu'il mentionna cela au Prophète (ﷺ), il lui a dit : *« Cette eau est bénie et elle est aussi une nourriture.»* (Rapporté par Mouslim).

Le Prophète (ﷺ) a aussi dit : *«L'eau de Zamzam est pour celui qui la boit ce qu'il désire.»* (Rapporté par Ibn Mâjah).

Par conséquent, quiconque la boit avec l'intention de chercher le remède, Allah (ﷻ) le soignera certainement de sa maladie. Il y a plusieurs histoires véridiques de personnes qui souffraient de graves maladies et Allah les a guéries lorsqu'elles burent cette eau bénie avec l'intention de la guérison. Notamment, il y a l'histoire de cette femme appelée Layla al Hilw, originaire du Maroc. Elle souffrait d'un cancer. Lorsqu'elle consulta les docteurs en Belgique, ils échouèrent à lui trouver un traitement du fait de sa maladie incurable. Ils dirent à son mari de la ramener dans son pays, chez elle afin qu'elle y meure tranquillement. Alors, ils décidèrent de visiter les lieux saints à La Mecque où elle but de l'eau de *Zamzam*. Elle savait avec quelle intention elle buvait cette eau, elle pleura à chaudes larmes, elle lut le Coran et elle invoqua Allah (ﷻ) de la guérir. Ses amis lui conseillèrent de laver la plus haute partie de son corps qui était remplie de suintements purulents du fait de son cancer des poumons dont elle souffrait. Un jour, à son grand étonnement et avec une immense joie, elle vit qu'Allah (ﷻ) l'avait soignée ! Elle écrivit son histoire dans un livre qui fut plus tard traduit en diverses langues dont l'anglais.

[Voir : Abraham ; Ismaël ; Course entre Safâ et Marwâ].

Bibliographie

1- *Al masjid an-Nabawî ach-Charîf wa Masjid Qubâ*: Dr. 'abd al 'Azîm, Dar as-Sahâba li turâth, Tanta, Egypte. 1993.

2- *Al Mu'jam al Mufaharas li alfaz al Qur'an [2nde édition]*: Muhammad Fouad 'abd al Baqî, Dar al Hadîth, Le Caire, Egypte. 1988.

3- *Sahîh al Bukhârî [Traduction Anglaise de Dr. Muhsin Khân]* : Muhammad ibn Ismâ'îl al Bukhârî, Darussalam, Riyad, Royaume d'Arabie Saoudite. 1997.

4- *Al Mulakhas al fiqhî* : Sâlih ibn Fawzân Al Fawzân, Dar ibn al Jawzî, Royaume d'Arabie Saoudite. 1999.

5- *Mu'jam al Bouldan [1ère édition]* : Yaqût al Hamawî, Dar al Kutub al 'Ilmiya, Beyrouth, Liban. 1990.

6- *Le Noble Coran et la traduction en langue française de ses sens* : Complexe du Roi Fahd, Médine, Royaume d'Arabie Saoudite.

7- *Le Coran, nouvelle traduction française du sens de ses versets* : Mohammed Chiadmi, Editions Tawhid, Lyon, France. 2006.

8- *Tarh at-Tathrîb fî charh at-Taqrîb*: Zin ed-dîn 'Abderahîm al Irâqî, Maktaba Nazar M.Al Baz, La Mecque, Royaume d'Arabie Saoudite. 1999.

9- *La voie du Musulman* : Abû Bakr al Jazâ'irî, Darussalam, Riyad, Royaume d'Arabie Saoudite. 2001.

10- *Le nectar cacheté* : Safî ar-rahman al Mubarakfûrî, Daroussalam, Riyad, Royaume d'Arabie Saoudite.1995.

11- *L'histoire de La Mecque* : Safî ar-rahman al Mubarakfûrî, Daroussalam, Riyad, Royaume d'Arabie Saoudite.2002.

12- *L'histoire d'al Madîna al Munawwara* : Safî ar-rahman al Mubarakfûrî, Daroussalam, Riyad, Royaume d'Arabie Saoudite. 2002.

13- *Al Mawsû'a al Fiqhiyya* : Ministère des Waqf et des affaires islamiques, Dar as-Safwa, Koweit. 1993.

14- *La Forteresse du Musulman* : Sa'îd ibn 'Alî al Qahtânî, Daroussalam, Riyadh. 2006.

15- *Les Jardins des Vertueux* : Yahyâ ibn Charaf an-Nawawî, Daroussalam, Riyad, Royaume d'Arabie Saoudite.2007.

16- *Dâ'irat al Ma'ârif al Islamiyya* : Merkez ach-Chariqa lil 'ibdâ' al fikrî, Emirats Arabes Unis.

17- *Great Women of Islam [Traduction anglaise de Jamila Qawi]*: Mahmud Ghandafar, Darussalam, Riyad, Royaume d'Arabie Saoudite. 2001 ;

18- *Leçons Importantes pour la Communauté Musulmane*: 'Abdel 'Azîz ibn Baz, Daroussalam, Riyad, Royaume d'Arabie Saoudite.

19- *As-Sîra an-Nabawiyya:* Ibn Hichâm, Dar Ihyâ et-Turâth al 'Arabî, Beyrouth, Liban. 1995.

20- *Tafsîr Ibn Kathîr*: Ismâ'îl ibn Kathîr, Daroussalam, Riyad, Royaume d'Arabie Saoudite.

21- *Histoire des Prophètes*: Ismâ'îl ibn Kathîr, Daroussalam, Riyad, Royaume d'Arabie Saoudite. 2003.

22- *Introduction aux Fondements de l'explication du Coran [Traduction française Moussaoui Mahboub] :* Ibn Taymiyya, Editions Sabîl, Lyon, France.

23- *Manâsik al Hajj wal 'Umra* : Ibn 'Uthaymine, Dar Wakî', Qasim, Royaume d'Arabie Saoudite. 1993.

24- *Forty Hadîth*: Dr Ibrahim Ezzedin et Denys Johnson-Davies, Dar al Koran al Karîm, Beyrouth, Liban. 1981.

25- *40 Hadith Nawawî*: Nawawî, Daroussalam, Riyad, Royaume d'Arabie Saoudite. 2003.

26- *Interpretation of the Meanings of the Qur'an*: Dr. Muhsin Khan et Taqî ad-Din al Hilâlî, Darussalam, Riyad, Royaume d'Arabie Saoudite. 1996.

27- *The translation of the Meanings of Sahîh al Bukhârî*: Dr. Muhsin Khan, Darussalam, Riyad, Royaume d'Arabie Saoudite. 1997.

28- *Lessons for New Muslim*: Darussalam, Riyad, Royaume d'Arabie Saoudite. 2004.

29- *Sahîh Muslim [Traduction anglaise: 'Abdul Hamid Siddiqi]*: Muhammad Achraf Publisher, Lahore, Pakistan. 1990.

30- *Islamic Studies, Book 3*: Dr. Bilal Philips, al Hidâya Publishing, Birmingham, United Kingdom. 1997.

31- *Pillars of Islam*: Ibn Jibrîn, Darussalam, Riyad, Royaume d'Arabie Saoudite. 1998.

32- *Fiqh us-Sunnah*: Sayyid Sabiq, al Fath lil I'lâm al 'Arabî, Le Caire, Egypte. 1998.

33- *The Qur'an, Arabic text with Corresponding English Meanings*: International Sahîh, Abul Qasim Publishing House, Riyad, Royaume d'Arabie Saoudite. 1997.

34- *Tafsîr al 'Uchr al Akhîr min al Qur'an al Karîm [11ème édition]*

35- *Le Robert Pratique*, 1996.

36- *Larousse as-Sabil al Wasit Arabe-Français*: Daniel Reig, Larousse. 1987.

37- *Al Mawrid English-Arabic / Arabic-English*: Baalbaki, Dar el Ilm Lilmalayin, Beyrouth, Liban. 1998.

38- *Le Grand Robert de la Langue Française* : CD-Rom, sous la Direction d'Alain Rey.